教育类专业基础课系列教材

教育统计与测量评价
新编教程
（第二版）

主　编◎黄光扬　　副主编◎原　霞

华东师范大学出版社
·上海·

图书在版编目(CIP)数据

教育统计与测量评价新编教程/黄光扬主编. —2 版.
—上海:华东师范大学出版社,2019
ISBN 978 - 7 - 5675 - 9444 - 9

Ⅰ.①教… Ⅱ.①黄… Ⅲ.①教育统计—教材②教育
测验—教材③教育评估—教材 Ⅳ.①G40-05②G424.74

中国版本图书馆 CIP 数据核字(2019)第 140733 号

教育类专业基础课系列教材

教育统计与测量评价新编教程(第二版)

主　编　黄光扬
副主编　原　霞
责任编辑　吴海红　范美琳
审读编辑　范美琳
责任校对　赵小双
装帧设计　俞　越

出版发行　华东师范大学出版社
社　　址　上海市中山北路 3663 号　邮编 200062
网　　址　www.ecnupress.com.cn
电　　话　021 - 60821666　行政传真 021 - 62572105
客服电话　021 - 62865537　门市(邮购)电话 021 - 62869887
地　　址　上海市中山北路 3663 号华东师范大学校内先锋路口
网　　店　http://hdsdcbs.tmall.com

印 刷 者　杭州日报报业集团盛元印务有限公司
开　　本　787 毫米×1092 毫米　1/16
印　　张　15.5
字　　数　290 千字
版　　次　2020 年 1 月第 2 版
印　　次　2024 年 7 月第 12 次
书　　号　ISBN 978 - 7 - 5675 - 9444 - 9
定　　价　39.00 元

出 版 人　王　焰

第二版前言

由华东师范大学出版社于 2013 年 8 月出版的《教育统计与测量评价新编教程》一书,已列入华东师范大学出版社"教育类专业基础课系列教材"和"教师教育精品教材"。该书是国内第一本把教育统计学、教育测量学和教育评价学这三门学科中最基本、最重要、最精华的相关内容有机整合形成的综合基础实用性教材。时至今日,该教材的内容整合在国内仍然是唯一的、独特的、富有创意和超具实用性的。因此,该教材得到了越来越多读者的认可,并有着越来越大的市场需求。为贯彻党的二十大精神,进一步强化教材在"立德树人"和"教书育人"中的协同作用;同时,考虑到基础教育课程改革在不断深化与调整、教育统计与测量评价专业学科出现新发展、高校各类人才培养教育教学改革不断创新以及学习制度更富有弹性等趋势,所以,非常有必要对《教育统计与测量评价新编教程》进行修订。

回想当年创编这本教材时的初衷,我们强调并凸显了教材知识内容的精华性、基础重要性和长效性,篇章结构以及内容要义阐述的简洁性,应用范围和读者面广泛性等特征。所以,这次修订总的指导思想是不忘初心,对教材中的内容做适当更新补充,与时俱进地修改相关概念内容,并尽可能地保持原教材的篇章结构内容和测验评价试卷结构的稳定性。这将有利于学校课任教师的备课和教学,也有利于那些基于该教材业已建好题库或试卷库的学校单位可持续地、更好地使用本教材。这次修订主要针对以下几个方面:

第一,关注到近几年来教育部等有关部门已经陆续完成了基础教育课程标准的修订,尤其是高中课程标准的修订,因此,对教材中与此有关的概念、内容做了更新或适当补充。

第二,对教材中有些年份老旧的例子做适当地革故鼎新,尽可能联系新时代新要求的实际情况加以修订。

第三,针对教材中有些描述统计指标,比如等级相关系数、点双列相关系数缺少相应的推断统计方法,其内容前后衔接不够完整等问题,这次修订在第十章中提供了相应统计量的显著性检验。

第四,为适当强化问题导向,在教材的每一章精心设计了一个"课堂讨论题"和一个"课后拓展研读题",旨在增加教材的教书育人功能和学习弹性功能。

本教材编写和修订由黄光扬担任主编主修、原霞担任副主编副主修。由于受作者地域、财力等多种条件限制,所以在编写和修订过程中,先由黄光扬提出全书各章节的框架结构、编写体例要求和修订思路,然后分工编写和统一修订,由黄光扬执行全书的修订、统稿和统校。为尊重作者的劳动成果,对本书各章节编写及其修订分工的署名调整如下:第一、二、三、四、九章由黄光扬执笔;第五章由董圣鸿、黄光扬执笔;第六章由董圣鸿执笔;第七章由龙文祥、黄光扬执笔;第八章由龙文祥执笔;第十章由戴海崎、黄光扬执笔;附录一中的模拟测验一、二、三、四由黄光扬执笔;附录一中的模拟测验五、六以及附录二和附录三由原霞执笔。原霞博士还对各章练习题的参考答案、各个模拟测验的答案、全书各章的错漏疏忽之处做了审查校正,并且帮助主编做了许多细节工作。

总之,这次教材修订,我们依然站在新时代党和国家关于教育改革发展以及学科专业发展的前沿,关注基础教育深化课程改革,强调教育考试评价的科学化进程,努力使这本教材体现时代精神和改革创新精神,使本教材具有更好的引领性、可读性、科学性、发展性、综合性和应用性。本教材可以作为高等师范院校或教育学院系统的教师教育教材,也可作为高校网络教育学院有关专业学生的学习教材,还可以作为高校跨系选修课教材,同时可供从事实际教学和教育管理的工作人员自学。特别是在中小学骨干教师培训、高等师范院校卓越教师教育以及教育硕士研究生培养过程中使用这种综合性的教材,既经济又适用。

在教材编写和修订过程中,我们参阅了国内外同行的一些最新资料,也引用了他们的一些新的研究成果与数据资料。对此,本书除了尽可能给予详细的注明外,还由于受到条件限制,事先未能一一致函征询,在这里向他们表示歉意和深深的谢意。由于我们水平所限,编写和修订中可能还存在个别不妥或错漏之处,敬请各位专家同行与读者批评指正。

编写和修订者

2023 年 6 月

第一版前言

教育统计学、教育测量学和教育评价学在教育科学体系中是重要的应用性学科和技术性学科，这三个学科之间有着密切的内在联系，所以，有人称它们是学科"三兄弟"。它们不仅在学校教育教学、教育管理、教育研究中有着重要的应用，而且在社会各个领域的人才选拔与评价过程中也有广泛而重要的应用，同时也是教师专业发展的重要素养。为适应新时期各级各类教师教育发展的需要，我们把教育统计学、教育测量学和教育评价学这三门学科中最基础、最重要、最精华、最常用的内容进行有机整合，在国内率先尝试性地编写了这本《教育统计与测量评价新编教程》。本书既可以作为高等师范院校或教育进修院校的教师教育教材，也可以作为高校网络教育相关专业的课程教材，还可以作为普通高校跨系选修课教材，同时可供从事实际教学和教育管理的工作人员学习与应用。特别是在中小学幼儿园骨干教师培训、各学科教育硕士研究生培养、教育教学类专业硕士研究生课程设置中，使用这种综合性的教材，既经济又合宜，具有较好的可读性、科学性、人文性、发展性、综合性和应用性。

《教育统计与测量评价新编教程》由黄光扬教授担任主编、原霞博士担任副主编，最后由黄光扬教授统稿。各章节编写分工如下：第一、二、三、四、九章由黄光扬教授执笔；第五、六章由董圣鸿教授执笔；第七、八章由龙文祥教授执笔；第十章由戴海崎教授执笔；附录一中的模拟测验一、二、三、四由黄光扬教授执笔；模拟测验五、六以及附录二与附录三由原霞博士执笔。原霞博士对各章的练习题参考答案以及各个模拟测验的答案做了统一校正，并且协助主编做了许多细节工作。

在教材编写过程中，我们参阅了国内同行的一些新资料，也引用了他们的一些新的研究成果与数据资料。对此，本书除了尽可能给予详细的注明外，在这里向他们表示深深的谢意。受限于种种因素，教材中可能还有不妥或错漏之处，敬请各位教材使用者和读者批评指正。

教材编写者

2013 年 4 月

目　录

第十章　教育研究中的统计假设检验 ·············· 168

附录一

附录二

附录三

参考文献

第一章　数据与教育统计图表

内容导读

　　本章介绍有关数据的基本知识和整理数据的基本方法,主要内容包括:数据的种类,次数分布的概念,次数分布表的种类,次数分布表的编制和次数分布图的绘制,简要介绍若干常用的教育统计分析图。

　　本章重点掌握(简单)次数分布表与相对次数分布表的编制方法,次数分布直方图与多边图的绘制方法。

　　学习本章内容,要通过必要的练习,掌握制作和阅读教育统计图表的技能,在理解概念与专业名词的基础上,抓住内容重点,提高实际操作技能。此外,对本章有关组限的表述方法,要认真加以区别和领会。

第一节　数据的种类与特点

　　无论我们是从事教育行政管理,还是致力于教育科学研究,抑或是进行实际的教学工作,一句话,我们所面临和从事的职业,决定了我们离不开对周围有关人物、事物或现象进行必要的调查研究与观测记录。

　　这些记录资料中有的直接用数字的形式来反映事实情况,有的则用符号或分类的词语来反映。从广义的角度上讲,用数量或数字形式表示的资料事实,称为数据。人们在实际工作与研究中通过测量、调查、实验、观察和评估等方法,获取了大量的数据资料,这正是我们深入了解事物、揭示事物内在联系的第一手宝贵资料,其中蕴含着种种有用的信息,需要我们用科学的方法来处理这些数据资料。但对不同性质的数据,我们将采用不同的统计方法加以处理。

一、数据的种类

根据不同的分类标准,数据可以分成不同的类型。

（一）根据数据的来源，可把数据分为计数数据、测量评估数据和人工编码数据

1. 计数数据

计数数据是以计算个数或次数获得的，多为整数，如班级人数、学校专业教师人数、实验研究中被试人数、一分钟内呼吸次数和脉搏跳动次数等观测数据，都是计数数据。

2. 测量评估数据

测量评估数据是借助测量工具或评估方法对事物的某种属性指派给数字后所获得的数据，如学生的身高、体重、语文科成绩、数学科成绩等的测量结果。再如，对学生田径运动项目水平的测量，对教师的教学水平进行量化评估所得的分数，以及心理测验时学生的测验分数等，都是测量评估数据。

3. 人工编码数据

人工编码数据是人们按一定的规则给不同类别的事物指派适当的数字号码后所形成的数据。例如，男生用"1"表示，女生用"0"表示；学生个体可用相应的座位序号或学号编码加以表示；态度测验中对特定问题所持的态度（如"你对取消校外统一考试的做法持何态度"），可用数字"5,3,1"分别表示"同意、中立、不同意"的程度。事实上，人工编码数据在一定程度上具有主观随意性，但为了使用与操作上的便利，人们总是寻找更简便、更有价值的编码数据系统。

（二）根据数据所反映的变量的性质，可把数据分为称名变量数据、顺序变量数据、等距变量数据和比率变量数据

1. 称名变量数据

称名变量数据只说明某一事物与其他事物在名称、类别或属性上的不同，并不说明事物与事物之间差异的大小、顺序的先后。例如，人的性别分成男与女；人对衣服颜色的倾向性选择有红色、黄色、蓝色、白色、黑色等；人的气质可分为多血质型、胆汁质型、黏液质型和抑郁质型；而人的血型则可分为 A 型、B 型、O 型、AB 型等。在资料管理与科学研究中，常需要采用一定的规则对称名变量的观察结果进行人为的赋值与编码，从而得到称名变量数据。如前述的性别数据，用数字符号"1"表示男性，用数字符号"0"表示女性（当然也可以用其他数字符号表示），以及用 6 位数字组成全国各地的邮政编码等，皆是称名变量数据。这些数据仅是类别符号而已，没有量方面的实质性意义，一般不能对这类数据进行加、减、乘、除运算，但通常可对每一类别计算次数或个数等。

2. 顺序变量数据

顺序变量数据是指可以就事物的某一属性的多少或大小按次序将各事物加以排列的变

量数据,具有等级性和次序性的特点。例如,学生的阅读能力可划分为"好、中、差"三个等级;态度等级可划分为"赞成、倾向赞成、中立、倾向反对、反对"五个等级;对体育运动会中各个项目上的表现,可以用名次"第 1 名、第 2 名、第 3 名……"来表示;心理测验结果常用"10 点量表"或"9 点量表"来表示测验得分高低等级顺序;学校常采用"五级记分制"来评定学生的学习成绩。这些都是顺序变量的具体表现。不难看出,顺序变量的观测结果有些是直接用序数等级来表示事物属性的多少与大小,另外一些观测结果则是用有序的类别来区分事物属性的差异。在实际应用和研究中,常用有序的整数或自然数来表示顺序变量的各种观测结果,从而得到顺序变量数据。例如,可用"5、4、3、2、1"来表示对某个问题所持赞成还是反对态度之间的五个不同的等级;可用"3、2、1"或"5、3、1"等数字序列来表示阅读能力的"好、中、差"三个等级。值得指出的是,顺序变量数据之间虽有次序与等级关系,但这种数据之间不具有相等的单位,也不具有绝对的数量大小和零点,因此,只能进行顺序递推运算。如,"因为 A 优于 B,B 优于 C,所以 A 优于 C"的运算结果充其量只是反映位次顺序的关系而已。

3. 等距变量数据

等距变量数据除能表明量的相对大小外,还具有相等的单位。事实上,日常生活或生产中使用的温度计所测出的气温量值就是等距变量数据。例如测气温量值,星期一 20℃,星期二 22℃,星期三 24℃,则我们可以知道,星期三的气温高于星期二,星期二的气温又高于星期一,而且我们还可以从实质性的角度说明相邻两天的气温之差是相等的。等距变量观测数据的单位是相等的,但零点却是相对的。如气温 0℃,并不表示没有冷热,而是特定的相对的冰点温度,若在华氏温度计或其他类型的温度计测定下,这里的 0℃ 就不再是零。在教育测量中,人们有时用标准分数来反映人的能力的相对高低,这种情形下所得到的测量结果也是一种等距变量数据。由于这类数据的零点是相对的,因此,对这类数据一般不能用乘、除法来反映两个数据(两个个体的某种能力属性)之间的倍数关系。比如,不能说 20℃ 的气温是10℃气温的"两倍"那么热。

4. 比率变量数据

比率变量数据除了具有量的大小、相等单位外,还有绝对零点。例如,学生身高、体重的测量数据等,都可以看成是比率变量数据。比率变量数据可以进行加、减、乘、除运算,允许人们用乘、除法处理数据,以便对不同个体的测量结果进行比较,并作比率性(即倍比关系)描述。例如,一位学生在 20 岁时身高 180 厘米,而他 3 岁时身高是 90 厘米,我们可以说,他20 岁时的身高是 3 岁时的身高的两倍。反过来也可以说,他 3 岁时的身高是 20 岁时身高的一半(1/2 倍)。

二、数据的特点

教育工作者通过必要的途径与方法,能够获得反映教育现象或事物数量的大量数据。这些数据通常有三个特点。

1. 数据的离散性

数据的离散性指的是数据通常以一个个分散的有一定间隔的数字形式出现。事实上,无论是连续性变量还是非连续性变量,由于事物在属性上表现出的数量差异性以及观测结果取值精确度等因素的影响,观测所得数据总是或多或少地表现出离散性。

2. 数据的变异性

数据的变异性指的是人们在得到数据的过程中,这些数据总是在一定范围内以变化的形式出现,很少有绝对相同的数据不断出现。例如,统计一个城市中各所小学的学生人数;利用心理测验评估学生的智商;观察一组儿童在两分钟内的跳绳次数;测定少年儿童在 5~16 岁期间每年身高、体重方面的增量;记录某一桥梁一天中不同时刻每分钟的机动车流量等,总会发现这些观测数据在一定范围内不断变化着。

3. 数据的规律性

数据的规律性指的是在一定范围内变化着的一组观测数据,其间潜存着某些规律性。例如,对某一年段的学生进行身高与体重的测量,尽管这些数据是离散的和变化的,甚至从表面上看起来是杂乱无章的,但经过对数据的整理、分析与研究,我们可以发现其中所隐含着的规律。例如,我们可以发现大多数学生的身高或体重集中在相应的平均值附近,特别高(矮)或特别重(轻)的学生是少数。再如,对一批学生进行心理测验或某种考试,测量得到的数据从表面上看似乎没有规律性,但若采用一定的方法对数据加以整理与描述,我们可以发现,这批数据总是显示出中等分数的人数居多,而两端分数的人数逐渐减少,说明这批数据仍然隐含着内部规律性。

在信息化社会特征越来越明显的今天,数据对所有的教育工作者以及所有关心教育的人来说,都是重要的信息。然而,更重要的是我们应当学会怎样更加科学、有效地去获取数据和分析数据,以便揭示和认识其中的一些规律,从而从"偶然性王国"走向"必然性王国"。

【课后拓展研读题】

什么是大数据? 大数据时代有什么特点?

第二节　次数分布表

数据是我们了解事物和研究事物的第一手宝贵资料,含有许多有用的信息,有待人们采用特定的方式进行揭示和开发。从技术上讲,需要采用一些必要的统计手段对数据进行整理与分析,以便揭示数据的内部规律性,获取有价值的教育信息。这一节我们首先介绍次数分布表,它是整理数据的一种常用方法。

一、次数分布

显然,研究一批数据时,我们首先关心的是这批数据中最小的数是多少、最大的数是多少,以及这批数据从小到大是如何演变的。这就是数据的分布。例如,我们要研究某班 52 名学生在一项拼写测验上的分数,最基本、最自然的一种想法就是把这 52 名学生的测验成绩按照分数高低依次排列,见表 1－1。

表 1－1　某班 52 名学生拼写测验分数(从高到低依次排列)

59	56	52	50	50	47	46	44	43	43	42	42	40	39	38	38	38	37	37	37	36	36
36	36	35	35	34	34	33	32	32	32	31	31	31	30	30	29	29	28	27	27	27	25
24	22	22	21	21	20	17	17														

从表 1－1 中我们固然可以了解到诸如最高分和最低分是多少、所有的分数分布区间是多大、不同的分数各自重复出现的次数是多少、大多数学生的分数分布在什么区间等信息,但这种简单地把所有数据按照大小顺序一一排列并加以整理的方法,难以简要地表达一批数据的次数分布,人们在阅读后也不能产生印象深刻、一目了然的效果。特别是对于一批为数众多的数据来讲,这种方法更加不能有效地达到整理数据的目的。为此,我们常从计数的角度统计与整理出数据的次数分布。

所谓次数分布,指的是一批数据中各个不同数值出现次数多少的情况,或者是这批数据在数轴上各个区间内所出现的次数多少的情况。

由于次数分布是对数据分布最简单、最直接的描述,因此,在许多情形下,我们把数据分布和次数分布看成同义词。从次数分布的操作性定义来看,统计一批数据的次数分布有两种方法:第一种方法是按不同的测量值逐点统计次数。例如表 1－2 就是根据表 1－1 的原始数据,从高到低详细地统计不同得分点次数所得到的次数分布表。在心理测验和教育考试分数的转换过程中(如高考的标准分数转换),常使用这种方法统计次数分布。第二种方法是为了缩简数据,以区间跨度来统计次数,如平时人们常提到的分数段统计,就是这一类。下面介绍这类次数分布表的编制方法。

表 1－2 某班 52 名学生拼写测验分数次数分布

分数	次数	分数	次数	分数	次数
59	1	39	1	29	2
56	1	38	3	28	1
52	1	37	3	27	3
50	2	36	4	25	1
47	1	35	2	24	1
46	1	34	2	22	2
44	1	33	1	21	2
43	2	32	3	20	1
42	2	31	3	17	2
40	1	30	2		

二、次数分布表的编制

统计学中的次数分布表有简单次数分布表、相对次数分布表、累积次数分布表、累积相对次数分布表和累积百分数分布表等多种形式。

(一) 简单次数分布表

简单次数分布表,通常简称为次数分布表,其实质是反映一批数据在各等距区组内的次数分布结构。下面以表 1－1 中的数据为例,简述编制次数分布表的主要步骤。

1. 求全距

所谓全距,乃是一批数据中最大值与最小值之间的差距。观察全部数据,找出其中的最大值($X\text{max}$)和最小值($X\text{min}$),以符号 R 表示全距,则全距的计算公式为:

$$R = X\text{max} - X\text{min} \tag{1-1}$$

故,全距在有的书中也被称为两极差。以表 1－1 中的数据为例,显然这批数据的全距是:

$$R = 59 - 17 = 42$$

2. 定组数

定组数就是要确定把整批数据划分为多少个等距的区组。组数用符号 K 表示,它的大小要由数据的多少而定。一般来说,当一批数据的个数在 200 个以内时,组数可取 8~18 组。

如果数据来自一个正态的总体,则可利用下述经验公式来确定组数,即:

$$K = 1.87(N - 1)^{\frac{2}{5}} \tag{1-2}$$

上述公式中的 N 为数据个数。就表 1-1 中的数据而言, $N = 52$;若按公式(1-2)计算后取整,则 $K = 9$。

3. 定组距

在知道全距 R 和组数 K 之后,就可以来确定分组的组距了,用符号 i 表示。其一般原则是取奇数或 5 的倍数,如 1、3、5、7、9、10 等。具体的取值办法可通过全距 R 与组数 K 的比值来取整确定。对于本例来讲,由于 $R/K = 42/9 \approx 4.67$,故可把组距 i 确定为整数 5。

4. 写出组限

组限是每个组的起止点界限,有表述组限和实际组限之区别。在教育与心理统计学的文献中,组限的表述方法主要有两种(如表 1-3 所示),这两种组限表述方法意义不尽相同。

表 1-3　组限的表述方法及实际区间范围

方法一		方法二	
表述组限	区间范围	表述组限	区间范围
30~35	$[30, 35)$	30~34	$[29.5, 34.5)$
25~30	$[25, 30)$	25~29	$[24.5, 29.5)$
20~25	$[20, 25)$	20~24	$[19.5, 24.5)$
15~20	$[15, 20)$	15~19	$[14.5, 19.5)$
10~15	$[10, 15)$	10~14	$[9.5, 14.5)$

第一种方法以连续的形态表述组限,每一组实际组限是"左闭右开"的区间范围。如"10~15"和"15~20"这两组,其实际组限是指 $[10, 15)$ 和 $[15, 20)$ 的区间范围。

第二种方法以跳跃的形态表述组限,在相邻组别中形成"缺口",例如,"10~14"和"15~19"这两组在相邻处不连续,从 14 跳跃到 15 时留下"1"个单位缺口。对于这种表述组限,其实际组限分别是指 $[9.5, 14.5)$ 和 $[14.5, 19.5)$ 的区间范围。本课程中的数据分组采用表 1-3 中的第二种表述方法。

5. 求组中值

组中值是各组的组中点在量尺上的数值,其计算公式为:

$$组中值 = (组实上限 + 组实下限) \div 2 \tag{1-3}$$

例如,在表 1-3 中,第二种组限表述方法下的"15~19"这一组,其实上限为 19.5,实下限为 14.5,故该组的组中值为 $(19.5 + 14.5) \div 2 = 17$。

不同的组距以及不同的组限,必然会产生不同的组中值。如果希望每组的组中值恰好为整数以便于后续运算,那么,组距最好选择奇数。

6. 归类划记

完成上述各个步骤后,我们就可以设计一个表格来记录上述有关结果并对数据进行归类划记(如表 1-4 所示),具体方法可以用类似唱票的方式依次把每个数据准确地划归到所属的组别中,并以某种记录方式体现在表 1-4 的第 3 栏内,以便于计数检查。

表 1-4　52 名学生拼写测验成绩分布统计结果

组别	组中值	划记	次数(f)	相对次数	累积次数	累积相对次数	累积百分数
(1)	(2)	(3)	(4)	(5)	(6)	(7)	(8)
55~59	57	2 个数据	2	0.04	52	1.00	100
50~54	52	3 个数据	3	0.06	50	0.96	96
45~49	47	2 个数据	2	0.04	47	0.90	90
40~44	42	6 个数据	6	0.11	45	0.86	86
35~39	37	13 个数据	13	0.25	39	0.75	75
30~34	32	11 个数据	11	0.21	26	0.50	50
25~29	27	7 个数据	7	0.14	15	0.29	29
20~24	22	6 个数据	6	0.11	8	0.15	15
15~19	17	2 个数据	2	0.04	2	0.04	4
Σ			$N = 52$	1.00			

7. 登记次数

根据表 1-4 中第 3 栏的划记结果,点计各组的次数 f,记入表 1-4 中的第 4 栏。

当我们把表 1-4 中的第 1 栏、第 2 栏和第 4 栏拼在一起时,就构成了本例所指的"52 名学生拼写测验成绩次数分布表"。在这里,我们把更多的内容项目合并在同一张表中(如表 1-4 所示),是因为基于这个统计表的内容,我们将更为方便地编制一些其他形式的次数分布表。

(二) 相对次数分布表

相对次数就是各组的次数 f 与总次数 N 之间的比值,以 R_f 表示相对次数,则相对次数的计算公式为:

$$R_f = f/N \tag{1-4}$$

表 1-4 中第 5 栏里的数值就是各组的相对次数。当我们把表 1-4 中的第 1 栏、第 2 栏

和第 5 栏拼在一起时,便构成了一个相对次数分布表。当我们阅读相对次数分布表时,若某组相对次数(当然是小数)较大,则说明落入该组内的数据个数占全部数据个数的比例也较多;反之,则较少。

相对次数分布表与简单次数分布表各有不同的用途,它们既可单独使用,又可联合使用。当我们主要对各组的绝对次数感兴趣时,则可编制简单次数分布表。

例如,在教育发展规划研究中,若我们按年龄段把某个地区的师资队伍进行统计归类,编制成一个次数分布表,那么我们可能会发现位于某些年龄段之间的教师人数出现低谷(即断层现象),也可能从次数分布表的数据中发现,位于某些高年龄段之间的教师将在未来的几年中相继退休,其绝对人数似乎比往年正常年份退休的人数多得多。这些来自次数分布统计结果的重要信息,将为师资队伍规划工作提出一系列重要的问题。

再如,在制定基础教育发展规划以及社会发展规划时,必须对一个时期内的人口按年龄组进行统计归类并对其发展趋势进行预测。在以往的研究中,国内有些研究者就从某地区人口按年龄组统计的次数分布表中,发现人口的年龄结构中有“双高峰”现象。人们从人口年龄结构的“双高峰”现象中认识到,某些时期的小学入学人数将出现高峰,某些时期的“婚育”人数将出现高峰等。这些重要的信息,虽来自简单次数分布表的统计结果,但它对于我们做好基础教育发展规划和社会发展规划具有非常重大的意义。可见,我们不能小看简单次数分布表的作用。

相对次数分布表主要反映各组数据的百分比结构,当我们侧重关心各组次数的相对比例结构时,通常要编制相对次数分布表。例如,我们在研究高等教育自学考试的合格率问题时,就可能对一些课程的考试成绩按分数段进行统计归类。由于不同的课程和不同的专业其自学考试人数可能相差很大,这时研究各分数段里的考生人数的简单次数分布意义不大,因此,我们要编制相对次数分布表,以便进行比较研究。当然,在上述所举的例子中,也可以同时考察一批数据的简单次数分布和相对次数分布。

(三)累积次数分布表

假如我们希望通过一个统计表就能较方便地了解到处于某个数值以下的数据有多少时,就可编制一个累积次数分布表。从简单次数分布表出发,可以容易地做到这一点。实际上,在表 1-4 中,只要把第 1 栏、第 2 栏、第 6 栏拼在一起,就构成了一个累积次数分布表。例如,从表 1-4 统计的结果中我们不难看出,测验成绩在 49.5 分以下的人数有 47 人,在 39.5 分以下的人数还有 39 人,等等。

累积次数分布表还分成"以下"累积次数分布表与"以上"累积次数分布表两种。本例阐述的是"以下"累积次数分布表,其目的在于反映位于某个分数"以下"的累积次数共有多少。故在编制"以下"累积次数分布表时,我们是从表1-4中下面最低组往最高组方向依次累积的。同样,读者可以想一想如何编制"以上"累积次数分布表,以及为什么要编制"以上"累积次数分布表等问题。

(四) 累积相对次数分布表和累积百分数分布表

前面介绍的累积次数分布是对简单次数进行累积的结果。与此相对应的是,还可对相对次数进行累积。如表1-4第7栏里的数值,便可看成是从最低组往最高组的方向依次把有关各组的相对次数进行累加的结果。而把表1-4中的第1栏、第2栏和第7栏拼在一起,就构成了一个累积相对次数分布表。由于累积相对次数仍然是小数(但累加到最后一组的结果必然为1),因此把这些小数乘上100,便可得到"百分数",从而可把累积相对次数分布表等价地转换为累积百分数分布表。若把表1-4中的第1栏、第2栏和第8栏拼在一起,便编制成了一个累积百分数分布表。

累积相对次数分布和累积百分数分布在心理与教育测量研究中有着广泛而又重要的应用。

值得一提的是,累积相对次数分布和累积百分数分布均有"以下"分布和"以上"分布两种,在应用时,应根据具体情况决定选用其中的一种。

三、次数分布表阅读理解

在现代信息社会中,大量的信息往往是用统计资料来反映的。教育工作者要提高综合分析和开发利用统计资料的能力,不仅要懂得如何编制各种次数分布表,而且要提高对各种次数分布表的阅读技能和理解能力。下面结合一个具体例子来说明阅读理解次数分布表的一般要求。

【例1-1】 某区甲、乙两所中学的高二学生参加一项语言阅读能力测验,其次数分布统计结果如表1-5所示,请根据表中数据,逐项回答下列问题:

(1) 甲校参加测验的学生人数比乙校参加测验的人数多几人?

【分析解答】 从表1-5最下面的"合计"一行可知,甲校学生人数为160人,乙校为120人,故甲校比乙校人数多40人。

(2) 在分组归类统计数据中,甲、乙两校学生的语言阅读能力测验数据各划分成几组?

【分析解答】 从表1-5的第1栏中看,共有8组,但是,由于该表数据是将两个次数分布放在同一张表格上编制而成的,注意到甲校数据在最高分的一组上次数为 0,而乙校数据在最低分一组上次数为 0,因此,甲、乙两校数据实际上各分成 7 组。

表 1-5　甲、乙两校学生语言阅读能力测验成绩次数分布表

原分数	组中值	次数		相对次数(%)	
		甲	乙	甲	乙
80~85	82	0	12	0	10.0
75~80	77	9	20	5.6	16.7
70~75	72	12	32	7.5	26.6
65~70	67	32	24	20.0	20.0
60~65	62	48	18	30.0	15.0
55~60	57	27	8	16.9	6.7
50~55	52	20	6	12.5	5.0
45~50	47	12	0	7.5	0
合计		160	120	100.0	100.0

(3) 在数据分组归类时,各组的实际组限是怎样确定的? 各组的组距是多少?

【分析解答】　根据本章前面有关组限表达方面的特别规定,表 1-5 中各组的表达组限和实际组限是基本一致的,如"70~75"这组的实际下限是 70,实际上限是 75,其区间是一个左闭右开的区间,即包含 70 这个点但不包含 75 这个点。该组若用代数区间来表示,则为 [70, 75)。故各组的组距是 5。

当然,针对表 1-5 中的次数分布统计资料,我们可以提出和了解一些更深入的问题,而要回答和认识这些问题,一方面有赖于后续统计学知识的增加,另一方面则需基于对次数分布表数据资料的阅读理解。为达到这一目的,主要应掌握如下几个方面:

第一,认清和明确本章对组限表达方法的规定,特别注意表达组限和实际组限在不同表示方式下的关系。

第二,在理解各组组限的内涵之下,能够对各组的简单次数、相对次数、累积次数等数据做出正确的解释。

第三,在对两组数据进行比较时,需要留意两组数据的总个数和是否大体相等。在总个数相差较大的情况下,一般宜从相对次数的数据出发进行比较。

第四,在有累积次数的统计资料中,阅读过程要注意到这种次数(或相对次数)累积的方向。累积方向不同,其相应数据的解释也有所不同。

总之,通过对次数分布表编制方法的了解与实践,通过对上述较规范的次数分布表统计资料的阅读理解,可以提高学习者阅读理解其他各类统计表资料的能力。

第三节　次数分布图

为了更直观、形象地表达次数分布的结构形态及特征,我们可进一步地从次数分布表出发,绘制出相应的次数分布图。

次数分布图通常有两种表达方式,即次数直方图和次数多边图。

一、次数直方图

次数直方图是由若干宽度相等、高度不一的直方条紧密排列在同一基线上构成的图形。图1-1便是根据表1-4中的简单次数分布结果,按一定规则绘制成的次数直方图。它的制作步骤可简述如下:

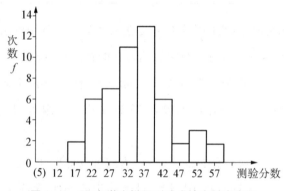

图1-1　52名学生拼写测验成绩次数直方图

(1)以细线条画横轴和纵轴(取正半轴即可),使其垂直相交。为使图形美观,通常使横轴与纵轴的长度比为5∶3。以纵轴为次数的量尺,按比例等间隔地标出刻度,在本例中分别标出0,2,4,…,14即可;横轴代表测验的分数量尺,也按适当的比例等间隔地标出次数分布中各组的组中值。一般说来,纵横轴刻度需根据最低一组的下限来确定,为了不影响图形的美观,通常不从刻度"0"开始。本例是从刻度"5"开始,并在这一特殊的起点值上加上圆括弧,以示区别。

(2)每一直方条的宽度由组距 i 确定并已体现在横轴的等距刻度上。直方条的高度由相应组别的次数 f 决定。所有的直方条以各组的组中值为对称点,沿着横轴,依顺序紧密直立排列。这样,次数直方图即可绘成。

(3)在直方图横轴下边标上图的编号和图题,并检查一下图形结构的完整性。与次数分布表相比较,次数直方图确实比较直观形象,使人一目了然,尤其能很快地看出各组次数之间的相对大小及结构形态。20 世纪 80 年代中期,某些省的研究人员曾经用次数直方图来反映专门人才队伍的年龄结构情况,其次数分布直方图外围呈"马鞍"型,表明了在特定年龄段上的专门人才队伍出现低谷区。这种现象以次数直方图的形式向有关政府部门报告时,就能使人在看后产生强烈的印象。

次数直方图也有其不足之处,那就是人们不易准确且快速地了解到各组的次数大小。为此,在绘制次数直方图时,有人也把各组的次数分别标在各个直方条的顶端,以便阅读。

二、次数多边图

次数多边图是利用闭合的折线构成多边形以反映次数变化情况的一种图形。图 1 - 2 是就图 1 - 1 中的同一个例子而绘制成的次数多边图。其制作步骤概括如下:

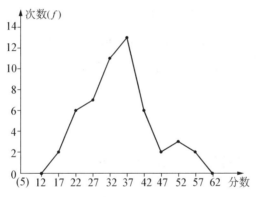

图 1 - 2　52 名学生拼写测验成绩次数多边图

(1) 画出纵轴和横轴,其方法及要求与制作上述次数直方图相同,但要求在横轴上最低组与最高组外各增加一个次数 f 为 0 的组。在本例中,我们在横轴上增加组中值分别为 12 和 62 的两个组,其目的在于构成闭合的多边形。

(2) 在两轴所夹的直角坐标平面上,分别以每个组的组中值为横坐标,相应的次数为纵坐标,画出各个点。如果原先把数据分成 K 个组,那么加上两端额外增加的两个次数为 0 的组后共有 $(K+2)$ 个点,就本例来讲,共有 $(9+2)$ 个 = 11 个点(如图 1 - 2 所示)。

(3) 用线段把相邻的点依次连接起来,连同横轴,构成一个闭合的多边形,即次数多边图。

当一批数据的个数不是很多时,所绘制成的次数多边图常表现为不规则的多边形。其顶部外边表现为不规则的折线形状,这是由于观察次数值较少带来的结果。若观察次数值逐步增多,则相连的折线亦将逐渐变得光滑匀整。从理论上讲,如若总次数无限增大,则随着组距的缩小,这些折线所接近的极限将成为极光滑而富有规则性的曲线,称为次数分布曲线。

在本书后面所介绍的推断统计内容中,会涉及诸如正态分布、t 分布、X^2 分布等概率分布曲线。因此,学习与理解次数多边图及作为极限的次数分布曲线图,将有助于后续内容的顺利学习。

三、相对次数直方图与多边图

与上述简单次数直方图和次数多边图相类似的还有相对次数直方图和相对次数多边图。其绘制的方法与上面所述大致相同,不同的是,简单次数分布图的纵轴是关于次数 f 的量尺,而相对次数分布图的纵轴则是相对次数的量尺。读者一则要深刻领会上述次数分布图的绘制要领,二则可通过本章后面的一个练习,掌握这些统计图的制作方法。

在应用中,有时可能会碰上比较两批或若干批不同数据的相对次数。根据相对次数多边图的特点,可允许在同一个图形中描绘两个或三个不同的相对次数多边图。但要注意:一是数据的分组要相同;二是要用图注或不同的颜色来区别与标明几个不同的次数多边图。

第四节　常用的统计分析图

上一节介绍的次数分布表与次数分布图适用于描述一元连续变量的观测数据,而对于离散性变量的观测数据分析以及二元变量观测数据之间相关性的探讨,则要应用其他一些图示方法。本节介绍几种常用的统计分析图,包括散点图、线形图、条形图和圆形图。

一、散点图

散点图是指用平面直角坐标系上点的散布图形来表示两种事物之间的相关性及联系模式。散点图适合于描述二元变量的观测数据,它在心理学与教育科学研究中有着广泛而重要的应用。

【例1－2】　为研究小学生身高与体重之间的关系,研究人员测量了某小学 30 名 10 周岁女生的身高及体重,并把这 30 对数据描绘在平面直角坐标系上成为 30 个点,其散布图形如图 1－3 所示。根据该散点图,有心的研究人员自然可以从中初步看出 10 岁女生在身高与体重这两个身体特征之间存在着某种相关趋势。

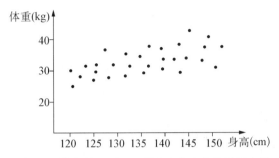

图 1 - 3　某小学 30 名 10 周岁女生身高体重散点图

通过上述这个例子我们不难理解,散点图对于探究两种事物或两种现象之间的关系起着重要的作用。研究人员可以根据散点图中点群的散布形态,结合自己的专业与统计学知识,推测出两种事物或两种现象之间的相关程度与联系模式,并进一步采用有关统计技术进行定量描述与深化研究。

那么,绘制散点图有哪些主要的要求与注意事项呢?

(1) 在平面直角坐标系中,横轴一般代表自变量,纵轴一般代表因变量。

(2) 点的描绘依二元观测数据而定,但在具体描绘时应注意用细线画坐标轴,用稍粗的黑点描绘各个坐标点,点位置的确定按平面解析几何中所介绍的方法进行。

(3) 注意图形的比例要恰当,且应有适当图注说明。

二、线形图

线形图是指以起伏的折线来表示某事物的发展变化及演变趋势的统计图,适用于描述某种事物在时间序列上的变化趋势,也适用于描述一种事物随另一事物发展变化的趋势模式,还可适用于比较不同的人物团体在同一心理或教育现象上的变化特征及相互联系。例如,图 1 - 4 和图 1 - 5 是日本一些学者利用无意义的音节与有意义的词汇,对小学二年级到初中三年级的学生样本做了关于视觉、听觉和识记方法的再现率差异的实验而画出的线形图。从这些线形图中,我们可以看到这一实验的一个重要结果:即对无意义音节的识记,小学生似乎以听觉识记为优,而中学生却以视觉识记为优。但是,对于有意义材料的识记,中、小学生似乎均以视觉识记为优。该研究结果能明确地向教育工作者提供有用的信息,指导他们更好地落实"因材施教"的原则。

线形图的绘制要掌握以下几个要领:

(1) 纵横两个坐标轴的画法及量尺设计同上述的散点图。

(2) 根据有关统计事项的具体数据,在由纵横两轴所决定的平面上画记圆点,然后用稍

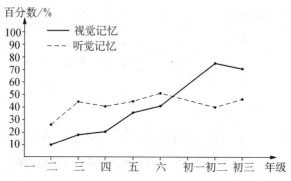

图 1－4　无意义音节识记的再现率比较线形图

粗一些的线段把相邻的点依次连接起来。

（3）在同一个图形中,允许画若干条(一般不超过 3 条)不同的线形图,以便比较分析。但要用不同形式的折线、实线、点划线或不同颜色的折线等加以区分,并在图形的适当位置上标明图例。

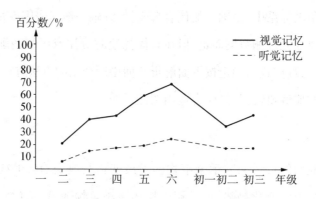

图 1－5　有意义材料识记的再现率比较线形图

三、条形图

条形图是指用宽度相同的长条来表示各个统计事项之间的数量关系。构成条形图的长条类似于前面次数直方图中的直方长条。两者的不同之处在于:次数直方图中的直方长条是紧密排列的,适用于刻画连续性变量的观测数据;而条形图通常用于描述离散性变量(如属性变量)的统计事项。因此,条形图在教育基本情况统计中较常用到。下面介绍条形图中的两种:简单条形图和复合条形图。

（1）简单条形图是用同类的直方长条来比较若干统计事项之间数量关系的一种图示方法,它适用于统计事项仅按一种特征进行分类的情况。例如,图 1－6 是针对某校某班 50 名学生语文科目成绩总评情况而绘制的一个简单条形图。

简单条形图的绘制方法较简单,主要是把握图形结构的协调美观,为此要特别注意两点:①各个直方长条的宽度要相同,色调要一致;②相邻长条之间的间隔要适当,根据统计项目的多少以及直方长条的宽度来权衡,一般说来,这种间距大约为直方长条宽度的0.5~1倍。

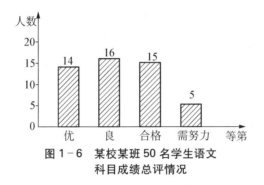

图1-6 某校某班50名学生语文科目成绩总评情况

(2)复合条形图,一般是用两类或三类不同色调的直方长条来表示多特征分类下的统计事项之间数量关系的一种图示方法。以图1-6所示的例子来讲,假如我们把50名学生既按语文科目成绩总评情况来分类,又按性别再次划分的话,这就是一个"双特征分类"的问题。对于这种分类后的统计事项,可以采用复合条形图描述。图1-7就是此例的复合条形图。

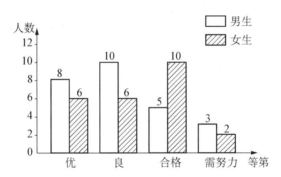

图1-7 某校某班50名学生语文科目成绩总评情况

复合条形图的绘制方法比简单条形图的绘制稍复杂,主要需注意以下几点:①各类直方长条的宽度要相同;②不同类型的直方长条宜用不同的色调加以区别,并在图形右上方适当的位置标明图例;③把要比较的统计事项的直方长条相互分开,其间距一般取直方长条宽度的1~1.5倍。

【课堂讨论题】

如何让我们的教育调查报告或教育研究报告显得"图文并茂",让人能充分理解?

四、圆形图

圆形图是以单位圆内各扇形面积占整个圆形面积的百分比来表示各统计事项在其总体中所占相应比例的一种图示方法。在这里,整个圆代表所研究事物的总体,各扇形可用不同的色调加以区别,分别代表对总体事物进行分类后的统计事项;扇形的面积比例大小,完全依某一统计事项在其总体事物中的比例大小而定。因此,圆形图有其独特的功能,特别适用于描述具有百分比结构的分类数据。例如,描述某高校专职教师队伍中的职称结构或学历结构;描述某地区经济发展中的产业结构;描述某地区中小学、幼儿园的在校生人数结构等,均可利用圆形图来直观表达。

圆形图的制作过程尚需进行一些必要的计算,下面以图1-8所描述的统计事项为例,阐述圆形图的主要制作步骤。

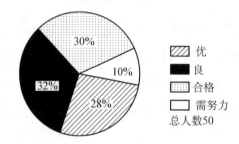

图1-8 某校某班50名学生语文科目成绩总评情况

(1) 以适当的半径作一圆,代表事物总体。在本例中,以整个圆代表某班全体50名学生,其比例为100%。

(2) 分别以各统计事项在其总体中所占的比例乘以圆周角(即360°),求出各相应扇形的圆心角。如本例50名学生中,语文成绩合格的为15人,占班级学生总数50人的百分比是30%,因此对应于"合格"这一扇形的圆心角度数为360°×30% = 108°。同理可计算对应于"优"、"良"和"需努力"的3个扇形的圆心角分别是100.8°,115.2°和36°。

(3) 根据上述计算结果,依次用量角器把整个圆划分成若干个扇形部分,并在其中标上各自的百分比数值。

(4) 用不同的色调对不同的扇形加以区分,并在图形的右边标上图例以便阅读。

(5) 在图表的适当位置上注明总体事物的数量,以弥补圆形图中只出现相对数而无绝对数的缺陷(也可把总体事物的数量体现在图题中)。

(6) 注意整个图形的对称与协调,在图形下面的适当位置上标明图的编号和图题,形成规范的圆形图。

练习与思考

一、名词解释

1. 称名变量 2. 顺序变量 3. 等距变量 4. 比率变量 5. 次数分布 6. 相对次数 7. 组距 8. 组限

二、简答题

1. 什么是数据?

2. 数据有什么特点?

3. 什么是计数数据? 试举一例。

4. 什么是测量评估数据? 试举两例。

5. 人工编码数据有什么特点?

6. 编制简单次数分布表的步骤有哪些?

7. 本章对组限的规范写法有什么规定?

8. 简述散点图的概念及其适用范围。

9. 什么是线形图? 它有什么应用特点?

10. 什么是条形图?

11. 次数分布直方图和条形图有何异同点?

12. 简述圆形图的概念及其应用特点。

三、统计图表制作与分析

1. 以表 1-4 中的次数分布统计资料,绘制相对次数分布直方图与多边图(可画在同一个坐标框图上)。

2. 某市岗位资格考试分数如表 1-6 所示,请回答下列问题:

(1) 参加岗位资格考试的考生总数是多少?

(2) 考试成绩共分几组? 各组组距是多少?

(3) 位于"60~64"这组的次数是多少? 该组的实际组限是什么?

(4) 次数最多的是哪一组? 从表 1-6 中的次数分布来看,考生成绩主要位于什么范围?

（5）在所有考生中,考分低于74.5的人数及比例各是多少?

（6）如果要录取10%的考生,按1:1划线的话,你估计这条分数线位于哪一组内?

表1－6　某市岗位资格考试分数分布表

分数分组	次数	累积次数	累积相对次数(%)
90~94	13	1900	100
85~89	27	1887	99.32
80~84	51	1860	97.89
75~79	70	1809	95.21
70~74	98	1739	91.53
65~69	134	1641	86.37
60~64	131	1507	79.32
55~59	125	1376	72.42
50~54	149	1251	65.84
45~49	136	1102	58.00
40~44	134	966	50.84
35~39	126	832	43.79
30~34	138	706	37.16
25~29	139	568	29.89
20~24	147	429	22.58
15~19	151	282	14.84
10~14	98	131	6.89
5~9	26	33	1.74
0~4	7	7	0.37

第二章 平均数和标准差

内容导读

本章内容在本课程中具有基础性的重要地位,不仅对后续章节的学习起铺垫作用,而且在教育实际工作中也有广泛的应用。

本章主要研究次数分布的两个基本特征量数,即平均数和标准差及其相关的问题。本章要掌握的知识要点是:算术平均数的概念、符号及计算公式;算术平均数的特点及作用;加权和与加权算术平均数的概念与应用;标准差的概念、符号及计算公式;标准差的意义与作用;方差的概念及其与标准差的关系;差异系数的计算与应用。

使用统计图表来概括和表达一批原始观测数据,的确有助于我们直观、形象地认识这批数据的概貌、散落范围、演变情况及各组数据的结构等基本情况,但这种认识还不能满足实际的需求。因为在许多情况下,我们不仅要知道数据的分布形态和结构,而且常常需要用更凝练概括的数量来描述和使用这批数据。例如,在学校统一考试后,一方面需统计考试成绩的次数分布(如分数段统计);另一方面要用最简洁的数量来反映不同班组、不同学校学生考试成绩的总水平;再一方面有时也要向有关当事人报告各班或各校学生的考试及格率、优秀率,甚至有人还会问及考试成绩在某特定分数(如80分)以下的人数比例等事项。为了更有效地利用和研究一批数据,我们要从数量方面对资料做进一步的处理,利用特定的算式对数据结构做必要的统计处理,确定出一些能够反映与描述这批数据的全貌及特征的量数,我们将这些量数称为次数分布(一批数据)的特征量数。次数分布最基本的特征量数是平均数和标准差。

第一节 平 均 数

平均数有算术平均数和几何平均数之分。算术平均数又有简单算术平均数和加权算术平均数之分。在实际应用中,若不作特别说明,平均数指的是简单算术平均数。本节主要介绍简单算术平均数和加权算术平均数。

一、简单算术平均数

在统计学中,算术平均数是一个最基本的特征量数,它对学习统计学中的其他内容具有重要作用。同时,简单算术平均数本身也有其丰富的学术内涵和广泛的应用范围。

一批数据的简单算术平均数,指的是简单地把这批数据的总和除以数据总次数所得的商数。

若用带有下标的大写英文字母 X_1, X_2, $\cdots$, X_n 表示一批观测数据,n 表示数据的总个数(总次数),再用符号 $\bar{X}$ 表示这批数据的简单算术平均数,则简单算术平均数的一般计算公式为:

$$\bar{X} = \frac{X_1 + X_2 + \cdots + X_n}{n} = \frac{\sum_{i=1}^{n} X_i}{n} \tag{2-1}$$

式中:"$\sum$"是连加求和符号,读作 Sigma(西格玛)。$\sum$ 下方和上方的字母符号,分别表示计算数据连加和时的数据起点与终点,即数据连加界限。在明确了进行连加的所有数据后,$\sum$ 上下方的符号可以省略。$\sum$ 下方符号 $i=1$,表示从第一个数据 X_1 开始连加;随着 X_i 下标 i 逐步增加,数据不断连加进去,即 $X_1+X_2+\cdots$;$\sum$ 上方的符号 n,表示数据一直连加到下标为 n 的那个数据为止,即 $X_1+X_2+\cdots+X_n$。下面举几个例子加以说明:

【例 2-1】 设有一组观测数据为 70, 64, 78, 69, 79, 72,求这组数据的平均数。

据公式(2-1),不难知道这组数据的平均数为:

$$\bar{X} = \frac{70 + 64 + 78 + 69 + 79 + 72}{6} = \frac{432}{6} = 72$$

【例 2-2】 试根据表 1-1 中有关 52 名学生拼写测验分数观测值,求他们的测验平均分数。

从表 1-1 中所列具体分数,按公式(2-1),同样可计算出这批学生的拼写测验平均分数(在实际计算时,由于数据较多,故可利用计算器进行计算),其结果(保留 1 位小数)为:

$$\bar{X} = \frac{59 + 56 + \cdots + 17}{52} = \frac{1798}{52} = 34.6$$

【例 2-3】 已知 8 个数据分别是: $X_1 = 6$, $X_2 = 9$, $X_3 = 10$, $X_4 = 10$, $X_5 = 11$, $X_6 = 14$, $X_7 = 14$, $X_8 = 16$,请确定下列各值。

(1) $\bar{X}$ 的值。

(2) $\dfrac{\sum_{i=2}^{7} X_i}{6}$ 的值。

首先,求平均数 $\bar{X}$ 的值,可知:

$$\overline{X} = \frac{X_1 + X_2 + X_3 + X_4 + X_5 + X_6 + X_7 + X_8}{8}$$

$$= \frac{6 + 9 + 10 + 10 + 11 + 14 + 14 + 16}{8} = \frac{90}{8} = 11.25$$

其次,注意到题目待求式中连加和符号 $\sum$ 的上下方所指定的界限,可知:

$$\frac{\sum_{i=2}^{7} X_i}{6} = \frac{X_2 + X_3 + X_4 + X_5 + X_6 + X_7}{6}$$

$$= \frac{9 + 10 + 10 + 11 + 14 + 14}{6} = \frac{68}{6} = 11.3$$

简单算术平均数具有反应灵敏、确定严密、简明易懂、概括直观、计算简便及能做进一步的代数运算等优点,是应用最普遍的一种特征量数。因此,在大多数情形下,人们喜欢使用平均数这一指标来代表一批数据或用它来反映大量事物的整体水平。例如,用平均分来反映一个班组学生的某项能力测验结果;用平均分来描述与代表某一年龄段儿童在特定标准化测验上的通常表现;用平均受教育年限来反映某国家或某地区特定年龄段所有人的教育程度;用平均分来集中概括一些竞赛场合下各位评委对参赛选手进行评分的总结果,等等。

但是,计算简单算术平均数需要每一个数据都加入运算,因此,在数据有个别缺失的情况下,就无法准确计算。特别是,简单算术平均数易受极端数据的影响,一旦在数据分布中出现个别极端数据,就会对平均数产生较大影响,从而使人对平均数产生怀疑。这也就是为什么在许多竞赛场合下,对评委亮分后的成绩分数,要去掉一个最高分和一个最低分,而后再计算平均数的缘故。此外,在一些特别情况下,由于各个数据的重要性不同,因此,直接把数据简单相加以确定平均数的方法,不能充分考虑到各个数据的重要性程度。为此,需要加权计算。

【课堂讨论题】

时至今日,许多中学高三年段的课任教师都把目光投注到各种市质检和省质检的平均分排序上。课任教师常以自己所任教的班级考试平均分高于其他班级平均分两三分而心生欢喜,同样也有教师因自己所任教班级考试平均分低于其他班级两三分而暗自伤心。你觉得利用平均分来评价课任教师的教学水平,是否合理公平?有没有什么可以改进的地方?

二、加权算术平均数

1. 加权和的概念与计算

具体考虑到各个数据的重要性(即权重)后再相加求和,就是加权和。

【例2-4】 学生的成绩记录由三部分组成,即平时练习成绩 X_1、期中检测成绩 X_2、期末考试成绩 X_3。假定学校规定这三部分成绩一律按百分制考评,同时这三部分成绩的权重分别是 0.20, 0.30 和 0.50,那么,学生成绩综合考评的公式是 $0.2X_1+0.3X_2+0.5X_3$。再假定某学生平时作业练习成绩 $X_1=95$ 分,期中检测成绩 $X_2=80$ 分,期末考试成绩 $X_3=86$ 分,则该学生的终评成绩为:

$$0.2×95+0.3×80+0.5×86 = 19+24+43 = 86(分)$$

进一步地推广,若用 ω_1, ω_2, $\cdots$, ω_n 分别表示观测数据 X_1, X_2, $\cdots$, X_n 的权重,那么,这批数据的加权和为:

$$加权和 = \omega_1 X_1 + \omega_2 X_2 + \cdots + \omega_n X_n = \sum_{i=1}^{n} \omega_i X_i \tag{2-2}$$

2. 加权算术平均数

加权算术平均数,简称为加权平均数,它是一组数据的加权和除以这组数据的权重和所得的商,加权算术平均数的计算公式如下:

$$加权算术平均数 \ \bar{X}_\omega = \frac{\sum_{i=1}^{n} \omega_i X_i}{\sum_{i=1}^{n} \omega_i} \tag{2-3}$$

式中:符号 $\bar{X}_\omega$ 表示加权算术平均数;符号 $\sum_{i=1}^{n} \omega_i$ 表示所有权重之和。

【例2-5】 教学评估中的分数合成。利用一张教学水平评估表,从多个方面去评价教师的整体教学水平。假如量化分数满分值为 100 分,今规定教学评估由学生评估意见、个人评估意见和同行专家评估意见三部分加权评定,并规定这三部分的权重分别是 3:2:5,请确定教学水平综合评定计算公式。再假定,某位教师在接受评估时,学生评估结果是 88 分,该教师个人自评是 94 分,同行专家评估结果是 84 分,则该教师教学水平最终评估分数是几分?

【分析解答】 显然,这个问题实质上也是考虑成绩的加权算术平均数。设来自学生评估的分数为 X_1,个人评估的分数记为 X_2,同行专家评估的分数记为 X_3,且根据三部分权重按

3：2：5 分配,则不妨把三部分的权重记为:

$$\omega_1 = 3, \ \omega_2 = 2, \ \omega_3 = 5$$

而总评公式实质上是求加权算术平均数,据公式(2-3)可得:

$$\bar{X}_\omega = \frac{3X_1 + 2X_2 + 5X_3}{10}$$

于是,该教师的最终分数是:

$$\bar{X}_\omega = \frac{3 \times 88 + 2 \times 94 + 5 \times 84}{10} = \frac{872}{10} = 87.2(分)$$

权重的确定方法多种多样。上述例子中的权重是根据经验,人为地给予适当地确定的。在其他场合下,也可以根据数据分布的特定结构加以确定。下面再举一例加以说明。

【例 2-6】 多组数据平均数的合成。假如某校甲班 40 名学生的英语水平测验平均成绩为 85 分,乙班 60 名学生在同一测验中的平均成绩为 75 分,试问全体同学在这次英语测验中的总平均成绩为多少分?

【分析解答】 这里有两组数据,其平均数都是已知的。现在要把两组数据,即题目中两个班级数据看成一个整体,求他们的总平均数。这种情况下,一般不能简单地把甲班的平均分(85 分)加上乙班的平均分(75 分)再除以 2,得到 80 分的结果,并把 80 分作为他们两班的总平均数。除非两班级人数相同,否则这样做是错误的。这是因为,在合成总平均数时,需要考虑班级的人数。正确的方法是,从上面公式(2-3)出发,把两个班级的人数(次数)当作权重,而后对两个平均数进行加权计算,其结果是:

$$\bar{X}_\omega = \frac{40 \times 85 + 60 \times 75}{40 + 60} = \frac{7900}{100} = 79(分)$$

已知若干组数据的个数及平均数,求全体数据的总平均数,这种运算在教学工作中经常遇到。例如,同时在几所不同水平的学校里进行某一教改实验,一方面,可能需要把几所学校的测试结果(平均数等)进行综合;另一方面,又可能要把不同时间下同一测验进行多次重测的数据合成为总平均数。又如,在高考命题研究和分数统计中,针对某科目(如语文)需要确定当年全国数百万考生的总平均分。鉴于高考是全国统考但统计评分却是分省进行的现实,因此,教育部有关部门需要从各省上报的考生人数及某科高考平均分出发,按照加权计算的办法,确定出总平均数。这实质上是求加权算术平均数。确切地讲,这是多组平均数的合成问题,是以各组平均数为基本数据,以各组数据的个数为权重,仿照公式(2-3)的结构,计算加权算术平均数。若适当改变符号,公式(2-3)在这里可能变为另一种表达形式:

$$\bar{X}_t = \frac{n_1\bar{X}_1 + n_2\bar{X}_2 + \cdots + n_k\bar{X}_k}{n_1 + n_2 + \cdots + n_k} \tag{2-4}$$

式中:$\bar{X}_t$ 为总平均数(加权算术平均数);

$n_1, n_2, \cdots, n_k$ 为各组数据的个数,共有 k 组数据;

$\bar{X}_1, \bar{X}_2, \cdots, \bar{X}_k$ 是各组数据的平均数。

【例2-7】 有3个学校的英语测验分数如表2-1所示,求这3个学校的英语测验总平均成绩。

表2-1 3校英语测验分数统计表

校别	$\bar{X}$	n
A	72.6	32
B	80.2	40
C	75	36

根据公式(2-4)求加权平均数,即总平均成绩:

$$\bar{X}_t = \frac{32 \times 72.6 + 40 \times 80.2 + 36 \times 75}{32 + 40 + 36} = 76.21(分)$$

【课后拓展研读题】

什么是中数(也称中位数)? 什么是众数? 它们各有什么特点?

第二节 标 准 差

次数分布中的数据不仅有集中趋势,而且还有离中趋势。所谓离中趋势,指的是数据具有偏离中心位置的趋势,它反映了一组数据本身的离散程度或差异性程度。标准差能综合反映一组数据的离散程度或个别差异程度。

例如,甲、乙两班学生各50人,其语文平均成绩都是80分,但甲班最高成绩98分,最低42

分,而乙班最高成绩 86 分,最低 60 分。初步看出,两班语文成绩是不一样的,甲班学生的语文成绩个别差异程度大,水平参差不齐;而乙班学生的语文成绩差异程度小,语文水平整齐度大些。怎样用标准差这个特征量数来刻画一组数据的差异程度呢? 下面介绍标准差的概念与计算。

一、标准差的概念与计算

1. 标准差的定义与计算公式

一组数据的标准差,指的是这组数据的离差平方和除以数据个数所得商的算术平方根。若用 S 代表标准差,则标准差的计算公式为:

$$S = \sqrt{\frac{\sum_{i=1}^{n}(X_i - \bar{X})^2}{n}} \tag{2-5}$$

标准差的平方,称为方差,用 S^2 表示。

计算标准差时,首先要计算数据的平均数 $\bar{X}$,接着要计算各数据与平均数之间的离差平方,即 $(X_i - \bar{X})^2$,最后由公式(2-5)计算标准差 S。

例如,4 名儿童的身高分别是 110 cm,100 cm,120 cm 和 150 cm,若求 4 名儿童身高数据的标准差,其基本步骤如下:

① 求平均数: $\bar{X} = \dfrac{110 + 100 + 120 + 150}{4} = 120(\text{cm})$

② 求离差平方和:

$$\sum(X_i - \bar{X})^2 = (110 - 120)^2 + (100 - 120)^2 + (120 - 120)^2 + (150 - 120)^2$$
$$= 100 + 400 + 0 + 900 = 1400(\text{cm}^2)$$

③ 求标准差 S: $S = \sqrt{\dfrac{1400}{4}} = \sqrt{350} = 18.71(\text{cm})$

这样,我们大体可认为,这 4 名儿童的身高差异程度,从平均角度来看,约相差 18.71 cm。

2. 标准差的计算方法

计算标准差的方法有三种,一是按公式逐步分析计算,如上述所示;二是列表计算的方式;三是利用计算器或计算机进行计算。下面再举一例说明采用列表方式计算标准差 S。

【例2-8】 已知8位同学在某图形辨认测验中的成绩数据(如表2-2所示),计算这组数据的标准差。

【分析解答】 采用列表计算方式,应用公式(2-5)确定数据的标准差,详见表2-2。

表2-2 计算标准差 S 的示例

X_i		$X_i - \bar{X}$	$(X_i - \bar{X})^2$	结果计算
42		-10.5	110.25	(1) $\bar{X} = \dfrac{420}{8} = 52.5$
46		-6.5	42.25	
46		-6.5	42.25	(2) $\sum (X_i - \bar{X})^2 = 550$
50		-2.5	6.25	
50		-2.5	6.25	(3) $S^2 = \dfrac{550}{8} = 68.75$
56		3.5	12.25	
62		9.5	90.25	(4) $S = 8.29$
68		15.5	240.25	
合计	420	0	550	

标准差在实际工作中有广泛的用途,同时对深化研究数据也具有重要的作用。如不同班级考试成绩的平均数和标准差,不同年度或不同学科测验分数的平均数和标准差,以及其他体能测试或心理测验数据的平均数和标准差,就是一些具体的应用。后续各章内容的学习,将经常用到平均数、标准差和方差这些概念。

由于标准差计算公式结构适合于代数处理,因此,许多具有统计功能的计算器,都有计算方差和标准差的相应功能。学习者只要花少量时间学习与掌握有关计算器的使用方法,即可以轻松自如地处理大量数据,求取平均数和标准差。

在利用公式(2-5)手工求标准差时,如表2-2所示,由于平均数有小数,这使得计算离差平方的数据更加复杂,计算结果小数点的位数加倍增加。与此同时,四舍五入的计算误差以及出错的可能性都有所增加。为克服这个弊病,我们可从公式(2-5)出发,通过代数演算,推导出另一个与公式(2-5)等价的新公式,即公式(2-6)。这一新公式对计算标准差来讲,不用通过计算平均数 $\bar{X}$ 以及离差平方和,便可直接用原始数据计算标准差,因而在许多情况下,具有更简便、更准确的特点。其计算公式为:

$$S = \sqrt{\dfrac{\sum\limits_{i=1}^{n} X_i^2}{n} - \left(\dfrac{\sum\limits_{i=1}^{n} X_i}{n}\right)^2}$$

(2-6)

式中:$\sum\limits_{i=1}^{n} X_i^2$ 是原始数据的平方和;$\left(\dfrac{\sum\limits_{i=1}^{n} X_i}{n}\right)^2$ 实际上是平均数的平方。

下面,举个例子来说明公式的应用。

【例2-9】 7位评委对某一歌手的演唱评分结果如表2-3中第1栏所示,试确定这7位评委评分的差异程度(用标准差表示)。

【分析解答】 如果所有评委对某一歌手的评分一致性很高,说明大家所评的分数差异程度小,因而,用标准差来衡量的话,其值一定较小。根据表2-3第1栏中的原始数据,我们采用上述公式(2-6),从原始数据出发直接计算标准差,整个计算过程如表2-3中的其他各栏所示。

表2-3 用原始数据直接计算标准差的示例

分数 X_i	X_i^2	计算过程
8	64	(1) $n = 7$,$\sum\limits_{i=1}^{n} X_i = 52$
7	49	
9	81	(2) $\sum\limits_{i=1}^{n} X_i^2 = 400$
6	36	
5	25	(3) $S^2 = \dfrac{400}{7} - \left(\dfrac{52}{7}\right)^2 = \dfrac{96}{49}$
8	64	
9	81	(4) $S = \sqrt{\dfrac{96}{49}} = 1.40$
合计 52	400	

标准差这个特征量数对于完整、全面地认识数据的分布特点是重要的,特别是遇到比较两个次数分布时,我们不仅要从集中趋势的角度,而且还要从离中趋势的角度去分析比较。但上述的标准差量数并不是在任何情况下都可以直接应用的,特别是下面这两种情形,就不好直接使用上述具有单位的绝对意义的标准差量数。第一,两个次数分布的数据在测量单位上是不同的。例如,测量身高用"厘米"作单位,测量体重用"千克"作单位,则这两种数据分布的标准差量数不能直接比较。再如,男生的身高用"米"作单位,女生的身高用"厘米"作单位,则男女生身高数据的标准差也不能比较。第二,在一些特别场合下,尽管两组数据的测量单位相同,但两组数据的平均数相差太大,则这两组数据的标准差量数一般也不宜直接比较。例如,研究幼儿园大班小朋友的体重差异程度(用"千克"作单位)和离退休职工体重差异程度(也用"千克"作单位),尽管所用单位相同,但由于来自这两个特殊群体的体重测量数据在数量上存在很悬殊的差异,因而,可以想象,离退休职工的平均体重远远大于幼儿园

大班小朋友的平均体重,此时若用上述的标准差量数来比较两组数据的离散程度,则是不够合理的。针对上述两种情况,下面引进差异系数。

二、差异系数

差异系数是把标准差量数和平均数量数两相对比后所形成的相对差异量数。差异系数又称为变异系数和变差系数,用符号 CV 来表示。差异系数的计算公式是:

$$CV = \frac{S}{\bar{X}} \times 100\% \qquad (2-7)$$

式中:S 表示一组数据的标准差;$\bar{X}$ 表示该组数据的平均数。

公式(2-7)中的标准差 S 和平均数 $\bar{X}$ 具有统一的测量单位,因而,差异系数是一种反映相对离散程度的系数,即相对差异量数。它消去了单位,因而,适合于不同性质数据的研究与比较。

【例2-10】 某城市调查 10 岁男童的身高与体重的发展情况,得到如表 2-4 所示的资料。试问:10 岁男童在身体发展变化方面究竟是身高的差异程度大,还是体重的差异程度大?

表2-4 某市 10 岁男童身高、体重调查资料

变量	单位	平均数 $\bar{X}$	标准差 S
身高	厘米	143.6	5.1
体重	千克	35.7	4.5

【分析解答】 本例身高数据单位是"厘米",而体重数据的单位为"千克",因而,这两种变量的平均数之间以及标准差之间是不能直接比较的。要判断 10 岁男童究竟在身高方面差异程度大,还是在体重方面差异程度大,需要从相对差异量数出发进行判断。根据上述差异系数计算公式(2-7),分别计算 10 岁男童在身高与体重方面的差异系数:

$$CV_{身高} = \frac{5.1}{143.6} \times 100\% = 3.55\%$$

$$CV_{体重} = \frac{4.5}{35.7} \times 100\% = 12.60\%$$

由于 $CV_{体重}$ 明显大于 $CV_{身高}$,因此,我们有理由认为,就 10 岁男童来看,其体重方面的差异程度比身高方面的差异程度大得多。

练习与思考

一、简答题

1. 什么是加权和?

2. 什么是加权算术平均数?

3. 平均数有什么作用(功能)?

4. 标准差有什么作用(功能)?

5. 平均数的特点是什么?

6. 为什么要引进差异系数?

二、计算题

1. 已知如下 5 个数据,请用分步分析的方法,计算这组数据的方差与标准差。(保留两位小数)

$$X_i : 65, 70, 86, 94, 75$$

2. 已知如下 10 个数据,请用列表的方式计算这组数据的平均数、方差和标准差。(保留两位小数)

$$X_i : 80, 60, 90, 70, 80, 90, 50, 70, 60, 50$$

3. 有 A, B, C, D 四个班级的学生都参加同一测验,其主要测试结果如表 2-5 所示,试求这四个班级学生的总平均分数。

表 2-5 四个班级学生测试结果

班别	n	$\bar{X}$	S
A	18	93.94	10.02
B	38	93.52	14.13
C	32	91.22	15.96
D	29	89.41	11.70

4. 在高等教育自学考试某次《教育心理学》课程的考试中,A 地区 300 多名考生的平均分数为 38 分,标准差为 14.2 分。而同一试卷放到某大学教育系学生中进行测试,其平均成绩为 72 分,标准差为 13.5 分。试问:如何评价这两个不同群体学生的成绩差异

程度?

5. 已知一组数据 X_1, X_2, $\cdots$, X_n 的平均数为 60,标准差为 12,若令 $Y_i = 10X_i$,试求数组 Y_1, Y_2, $\cdots$, Y_n 的平均数和标准差。

6. 已知一组分数 Z_1, Z_2, $\cdots Z_n$,其平均数为 0,标准差为 1;若使 $T_i = 100 + 15Z$,则新数据 T_1, T_2, $\cdots$, T_n 的平均数及标准差各是多少?

第三章　百分等级和标准分数

内容导读

百分等级和标准分数在教育学与心理学领域有着广泛而重要的应用,因此,本章内容为本课程的重点。读者在学习的过程中,要注意对概念的理解、方法的领会、特点的认识,新观念的确立和应用上的概括。

本章需要掌握的主要知识点有:地位量数的概念,百分等级的概念及含义,百分等级的确定方法,百分等级的若干应用,标准分数的定义与计算,标准分数 Z 的特点、变换及应用,百分等级常模,标准分数常模,标准分数 Z 和百分等级 PR 之间的关系,"标准九分"量表与百分等级和标准分数 Z 之间的相互关系,"标准十分"量表与百分等级和标准分数 Z 之间的相互关系,正态化标准分数的概念及计算方法。

学习本章内容要注重理解与应用,不要死记硬背公式和有关数量比例值。

第一节　百　分　等　级

一、数据在次数分布中的地位

在不同的次数分布中,数值相等的同一数据在其分布中所处的地位是不相同的。例如,在成年男性群体和成年女性群体中,同样身高 1.60 米的一男一女,其身高程度在各自群体中的相对位置是不同的。或许在男性群体中,只有35%左右的成年男子其身高低于 1.60 米,而在女性群体中,却有85%的成年女子其身高低于 1.60 米。可见,同样是身高 1.60 米,其身高的地位在两个不同的数据次数分布团体中是不一样的。又如,某同学的语文考试成绩为 86 分,数学考试成绩为 95 分,若从表面数字来看(这是传统的成绩评价观),显然其数学成绩比语文成绩优秀。但要是考虑到命题难易以及同学之间相互比较的情况:这次全班同学中语文成绩只有5%的学生分数在 85 分以上,而数学成绩 90 分以上的人数比例高达60%,我们肯定会对其语文成绩刮目相看(尽管其分数比数学还低了 9 分)。可见,若能确切了解测量数据在其团体数据中的位置情况,就能使我们更全面地认识一个次数分布,并便于对不同次数分布中的数据进行比较分析。

在一个次数分布中,每一个数据都有其相应的地位,都可用一定的地位量数来说明它所处的位置。凡是能够反映次数分布中各数据所处地位的量,就叫地位量数。本章介绍常用的两种地位量数,即百分等级和标准分数。

二、百分等级的概念及含义

数据在次数分布中所处的地位,可用百分等级来表示。百分等级也称百分位,用记号 PR 表示。百分等级反映的是某个观测分数以下数据个数占总个数的比例的百分数,在 $0 \sim 100$ 之间取值。例如,在 200 名学生参加的某次语文水平测验中,有 30% 的学生其成绩低于 60 分,有 50% 的学生其成绩低于 72 分,有 95% 的学生其成绩低于 85 分,那么,这 3 个测验分数在团体数据中所处的百分等级 PR 分别是 30、50 和 95。这里,语文成绩 72 分位于成绩分布的正中位置,它是这个次数分布的中位数。中位数也称为中数。

三、百分等级的计算

对于未归类的一大批观测数据,可以精确地计算出各个观测数据的百分等级 PR。其步骤如下:

第一步,把观测数据从大到小依次排列,如第一章中表 1-1 中把 52 名学生的拼写测验成绩从高分到低分排列。

第二步,按不同的数据逐个统计次数(不必分组归类),并把它们列表记录。如第一章中的表 1-2 就针对 52 名学生的测验成绩按不同的得分点进行了次数统计。

第三步,从低端开始向高端方向计算各个观测点数据以下的累积次数(不包括本得分点的次数)。这里以表 1-2 中的数据为基础,逐个计算以下累积次数,并列于表 3-1 中的第 3 栏。例如,表 3-1 第 3 栏中的累积次数"39",表明拼写测验分数在 40 分以下的考生人数累积达到 39 人。

第四步,计算各观测点数据的"以下累积相对次数",即比例数。计算方法是把以下累积次数除以数据总个数 n。例如,表 3-1 第 4 栏中的数据,都是"以下累积相对次数",即比例数。

第五步,确定各观测点数据的百分等级 PR 的计算方法,即把各数据的"以下累积相对次数"乘上 100。如表 3-1 中的第 5 栏就是百分等级 PR(或称百分位),其数值一眼便可看出,它们分别是第 4 栏上的比例数乘上 100 后得到的百分数,其值在 $0 \sim 100$ 之间。

从表 3-1 中的百分等级一栏可看到 52 名学生的拼写测验分数在数据中的地位如何。

如有 75% 的学生成绩在 40 分以下,有 50% 的学生成绩在 35 分以下(这里不妨把 35 分看成是该次数分布的中位数 M_{dn})。此外,没有人低于 17 分,98.08% 的学生成绩低于 59 分,最高分是 59 分,只有一个学生得此高分,等等。

表 3-1 确定观测分数的百分等级 PR 的计算示例

分数 X	次数 f	以下累积次数	以下累积相对次数	百分等级 PR
59	1	51	0.9808	98.08
56	1	50	0.9615	96.15
52	1	49	0.9423	94.23
50	2	47	0.9038	90.38
47	1	46	0.8846	88.46
46	1	45	0.8653	86.53
44	1	44	0.8462	84.62
43	2	42	0.8077	80.77
42	2	40	0.7692	76.92
40	1	39	0.7500	75.00
39	1	38	0.7308	73.08
38	3	35	0.6731	67.31
37	3	32	0.6154	61.54
36	4	28	0.5385	53.85
35	2	26	0.5000	50.00
34	2	24	0.4615	46.15
33	1	23	0.4423	44.23
32	3	20	0.3846	38.46
31	3	17	0.3269	32.69
30	2	15	0.2885	28.85
29	2	13	0.2500	25.00
28	1	12	0.2308	23.08
27	3	9	0.1731	17.31
25	1	8	0.1538	15.38
24	1	7	0.1346	13.46
22	2	5	0.0962	9.62
21	2	3	0.0577	5.77
20	1	2	0.0385	3.85
17	2	0	0.0000	0.00
Σ	52			

四、百分等级的应用

百分等级在学校教育和科学研究中有许多实际应用。

1. 成绩的相对评价与记分

评价学生的学习成绩,有绝对评价和相对评价两种。利用测验原始分数直接评价学生的学习情况,往往是绝对评价;根据原始分数在次数分布中的相对地位来评价,则是相对评价。

利用百分等级 PR,可以开展学习成绩的相对评价。其主要应用有两个方面:第一,用百分等级 PR 作为学习成绩记分方式,称为百分等级分数。例如,在前述的语文测验中,原始分数 60 分的百分等级是 30,原始分数 72 分的百分等级是 60,原始分数 85 分的百分等级是 95;若采用百分等级这种相对评价的记分方式,则这三个成绩分别是 30 分,60 分和 95 分。这种分数是百分等级分数。第二,向学生提供测验成绩的百分等级 PR 信息,以便让学生了解自己的卷面成绩在团体中的地位。由于测验分数与命题难度有关,有时从卷面分数难以客观比较不同学科的成绩水平,因此,欲客观了解学生的原始分数在学生成绩总体中所处的地位高低,可借助百分等级 PR 这一位置信息。我国部分省市在建立高考标准分数制度的过程中,就使用了百分等级这一地位量数。

2. 心理与教育测验的常模

常模是用来解释测验结果的数据资料。在制定测验常模时,其中有一种方法是通过有效的抽样测试,取得测验原始数据,并且在测验原始分数和百分等级之间建立对应关系,用以解释测验分数。这种常模称为百分等级常模。它在教育与心理测验中有特殊的使用价值。在智力测量工具中,我国引进与修订的瑞文(Raven)标准推理测验常模资料,就是按不同年龄组建立百分等级常模,以百分等级位置信息来解释和评价人的智力发展水平的。

【课后研读题】

何为瑞文(Raven)标准推理测验?它是如何用百分等级来评价人的智力水平的?

第二节　标　准　分　数

指出学生在团体中的相对地位、解释测验分数在组内相对水平的另一种方法,是确定测验成绩的标准分数。

一、标准分数的基本定义及评分体系

标准分数是指以标准差为单位表示测验成绩与平均分数之间的距离。

假定某常模团体含有 N 个被试,他们在某一测验上的测验分数可记为 X_1, X_2, $\cdots$, X_N, 再设 $\bar{X}$ 和 S 分别表示常模团体在该测验上的平均分数和标准差,那么,分数列 $\{X_i\}$ 中任一个原始分数 X_i 所对应的标准分数用符号 Z_i 表示,其计算公式如下:

$$Z_i = \frac{X_i - \bar{X}}{S} \tag{3-1}$$

或一般地写成

$$Z = \frac{X - \bar{X}}{S} \tag{3-2}$$

这里 $\bar{X} = \frac{1}{N} \sum_{i=1}^{N} X_i$, $S = \sqrt{\frac{1}{N} \sum_{i=1}^{N} (X_i - \bar{X})^2}$。

从上面标准分数 Z 的定义公式可知,标准分数 Z 是一种以平均数为参照,以测验分数的标准差来衡量原分数在其常模团体中地位高低的一种评定方法。当原分数比平均数高时,其相应的标准分数 Z 为正值;当原分数比平均数低时,其相应的标准分数 Z 将为负值。因此,标准分数 Z 值可正可负,且一般取值在 $-3 \sim +3$ 之间。

【例 3-1】 甲、乙、丙、丁 4 人在某次语文考试中分别获得 72 分、60 分、48 分和 90 分,而全体学生的语文平均成绩为 60 分,标准差为 12 分,则 4 人相应的标准分数分别为:

$$Z_{甲} = \frac{72 - 60}{12} = 1$$

$$Z_{乙} = \frac{60 - 60}{12} = 0$$

$$Z_{丙} = \frac{48 - 60}{12} = -1$$

$$Z_{丁} = \frac{90 - 60}{12} = 2.5$$

【例 3-2】 对某校高二学生进行期中学习质量检测,语文、数学和英语成绩的平均数分别是 80 分、70 分和 85 分,这三种成绩的标准差分别是 10 分、15 分和 12 分。某学生的三科成绩分别是 85 分、82 分和 90 分,问:该生这三科成绩哪一科最好?

为回答这一问题,必须用标准分数来比较。根据公式(3 - 2),不难得到:

$$Z_{语} = \frac{85 - 80}{10} = 0.5$$

$$Z_{数} = \frac{82 - 70}{15} = 0.8$$

$$Z_{英} = \frac{90 - 85}{12} \approx 0.42$$

可见,$Z_{数} > Z_{语} > Z_{英}$,故可认为该生的数学成绩相对最好,其次为语文成绩,再次是英语成绩。

【课堂讨论题】

为什么说 Z 分数是对原始分数 X 的一种线性变换分数?

在标准分数 Z 的应用中,由于标准分数 Z 分值过小,并往往带有小数和负值等缺陷,在许多情形下直接使用不大合乎人们表示分数的习惯,故通常把标准分数 Z 通过线性变换,转到更大的标准分数量表上,其一般转换公式为:

$$T = a + bZ \tag{3-3}$$

上式中,a 和 b 为选定的两个常数,Z 为标准分数,T 为线性变换的标准分数。例如,在教育与心理测验发展历程中,曾经使用过的转换公式有如下几种:

① 教育与心理测验中的 T 分数:$T = 50 + 10Z$。

② 韦氏智力量表中各分测验的量表分:$T = 10 + 3Z$;

　韦氏智力量表智商(离差智商):$IQ = 100 + 15Z$。

③ 美国大学入学考试报告分数:$CEEB = 500 + 100Z$。

④ 为出国人员举行的英语水平考试分数:$EPT = 90 + 20Z$。

⑤ 美国教育测验中心举办的"托福"考试分数:$TOEFL = 500 + 70Z$。

二、标准分数常模的建立方法

所谓标准分数常模,就是以常模团体在某一测验上的实测数据为基础,把原始分数转换成

基本标准分数 Z 或转换到更大的标准分数 T 量表上,能够揭示每个测验分数在常模团体测验分数中的相对地位的一种组内常模。建立标准分数常模,实际上就是根据常模团体的实测数据,利用公式(3-1)或(3-3),在原始分数序列 $\{X_i\}$ 和标准分数 $\{Z_i\}$ 之间或者与标准分数 $\{T_i\}$ 之间,建立起对应关系,从而形成某种测验的标准分数常模。若用规范的表来表达标准分数常模,即形成标准分数常模转换表。这类常模转换表有两种类型:一种是简单式常模转换表,它一般是将单个测验的原始分数转换成标准分数量表分,如表3-2所示;另一种是复合式常模转换表,它一般是把成套测验的若干个分测验安排在同一个常模表上转换成标准分数量表分,如表3-3所示。

表3-2 简单式常模转换表示例

原始分	量表分($T=50+10Z$)	原始分	量表分($T=50+10Z$)
100	69	70	60
90	66	60	57
80	63	50	54

表3-3 复合式常模转换表示例

量表分	常识	词汇	算术	类同	理解
1	0~3	0~3	0~3	0~1	0~2
2	4~5	3	4~5	2~3	3~6
3	6~7	4~5	6~8	4	7~8
4	8	6	9	5~6	9
5	9	7~8	10	7	10
6	10	9~10	11	8~9	11
7	11	11~12	12	10	12~13
8	12	13~14	13	11	14~15
9	13	15~16	14	12	16
10	14	17	15	13	17
11	—	18~19	16	14~15	18
12	15	20~24	—	16	19
13	16	25~26	17	17	20
14	17	27	18	18	21
15	18	28~29	—	19	22
16	—	30	19	20	23
17	19	31~32	—	—	24~25
18	20	33~35	20	21	26
19	21~23	36~44	—	22	27~30

资料取自:韦氏学前儿童智力量表中的上海市常模。

三、标准分数的应用

(一)标准分数 Z 的性质与特点

标准分数 Z 具有如下一些性质与特点:

(1)任何一批原始分数,转化成 Z 分数后,这批 Z 分数的平均值为 0,标准差为 1。

(2)在一般情况下,标准分数 Z 的取值范围在 -3~+3 之间。

(3)标准分数 Z 量表的单位是相等的,其零点是相对的。因此,不同科目的 Z 分数具有较好的可比性和可加性。

(4)Z 分数本身是关于原始分数 X 的一种线性变换,因此,不同科目的 Z 分数具有较好的可比性和可加性。

(5)Z 分数的意义可以用正态分布曲线下的面积比例(本质上是概率值)做出最好的解释。

(二)正态分布下标准分数 Z 和百分数等级 PR 之间的关系

标准分数 Z 是与百分等级 PR 相联系的一种相对分数,在正态分布下,其对应的百分等级 PR 与一个以标准分数 Z 为界点的正态曲线左尾部面积比例相对应。这种对应关系由统计学家编制出正态分布面积表供人查找后确定。通过查正态分布表(见附表 3-1),只要简单计算,就可以确定某个 Z 分数所对应的百分等级。例如,当 Z = -1 时,PR = 15.87;当 Z = 0 时,PR = 50;当 Z = 1 时,PR = 84.13,等等。

有关正态分布的内容,我们将在第十章中进一步学习和理解。

(三)正态分布下若干评分体系之间的关系

1.标准九分及其与百分等级和标准分数之间的关系

标准九分(Stanine)是基于百分等级形成的另一种较常用的评分量表,该评分量表是九点评分形式,取值为 1~9 的整数。在正态分布下,标准九分量表与标准分数 Z 及百分等级 PR 之间的关系如表 3-4 所示。

表 3-4　标准九分与其他评分制的相互关系

标准九分	Z 分范围	百分等级范围	标准九分个案百分比(%)
9	+1.75 以上	96~100	4
8	+1.25~+1.75	89~95	7
7	+0.75~+1.25	77~88	12
6	+0.25~+0.75	60~76	17
5	-0.25~+0.25	41~59	20

续　表

标准九分	Z 分范围	百分等级范围	标准九分个案百分比(%)
4	−0.75～+0.25	24～40	17
3	−1.25～−0.75	12～23	12
2	−1.75～−1.25	5～11	7
1	−1.75 以下	1～4	4

2. 其他多点评分量表

除了标准九分量表外,还有标准十分、标准十五分和标准二十分量表等,它们在本质上都是基于百分等级的多点(等级)评分量数。例如卡特尔 16PF 测验就是采用标准十分量表常模。对于标准十分量表,它在正态分布下,各个分值与百分等级之间的对应关系及各个分值所对应的个案百分比如表 3-5 所示。

表 3-5　标准十分与百分等级范围对应表

标准十分	10	9	8	7	6	5	4	3	2	1
百分等级范围	99～100	94～98	85～93	70～84	51～69	32～50	17～31	8～16	3～7	1～2
所占个案百分比(%)	2	5	9	15	19	19	15	9	5	2

(四) 在一定条件下使用标准分数

标准分数计算方便且具有相当程度的优越性与合理性,在教育测量与评价中有其独特的作用。但是,标准分数使用是基于常模数据服从正态分布的假设。数据只有在正态分布条件下才能使用标准分数计算,这样才能充分体现标准分数的优越性与内涵(标准分数 Z 与百分等级 PR 之间存在着一定的关系)。在实际测试过程中,很可能碰到常模团体的测验分数严重偏态的现象,这种情况下,若要直接使用上述的标准分数体系来建立常模就不大妥当。一种可行的办法是先对测验分数分布进行正态化(Normalized)处理,而后再建立标准分数常模。其主要步骤如下:

(1) 根据常模团体的测验分数次数分布表,建立起原分数 $\{X_i\}$ 与百分等级 PR_i 之间的一一对应关系。

(2) 利用正态分布面积表(见附表 3-1),从已知的每一个百分等级 PR_i 反查其对应的标准分数 Z_i,从而间接实现从 $\{X_i\}$ 到 $\{Z_i\}$ 之间的变换。

(3) 根据需要选择上述公式(3-3)中的 a 与 b 两个常数,通过公式(3-3)再次实现 $\{Z_i\}$ 到 $\{T_i\}$ 之间的线性变换,从而建立正态化标准分数常模。

值得注意的是,对于由多个分测验构成的成套测验,若要建立常模,或者利用多个教育测验分数相加的总分进行教育决策,我们要考虑不同分测验的标准分数是否可加的问题。从理论上讲,只要常模团体在各个分测验上的分数分布形态是接近或相同的,那么,利用标准分数建立各个测验的量表分就是可行的,而且是可加的。而在分数分布形态一致的情况下,则必须采用正态化处理,即利用正态分布表,从已知的百分等级 PR 出发,查表得到标准分数 Z。这样得到的 Z 分数,在教育测量中称为正态化的标准分数 Z,以区别于由公式(3-2)计算得到的线性标准分数 Z。

练习与思考

一、简答题

1. 什么是测验的百分等级常模?

2. 什么是测验的标准分数常模?

3. 百分等级有哪些应用?试举两例。

4. 标准分数有哪些应用?试举一例。

5. 标准分数 Z 有什么性质与特点?

6. 从原始数据计算百分等级,需要哪几个步骤?

7. 正态化标准分数怎样转换?

8. 百分等级是顺序量表还是等级量表?为什么?

二、计算题

1. 甲、乙、丙、丁 4 名学生在 3 个学科上的测验分数如表 3-6 所示,请按要求逐步计算,最后利用 Z 分数总和来评价 4 名被试总成绩的优劣。

表 3-6 某 4 名学生的测验分数

	X	S	甲	乙	丙	丁
语文	81.5	8	85	94	76	80
数学	89.5	13	92	80	86	103
英语	72.5	9	75	81	80	87

(1) 4 名学生的原始分数总成绩谁高谁低?

(2) 4 名学生的语文标准分数各是多少?

(3) 4 名学生的数学标准分数各是多少?

（4）4名学生的英语标准分数各是多少？

（5）从 Z 分数的视角来看，这4名学生的总成绩谁优谁劣？

2．若某地12岁女生的身高平均数 $\overline{X}=148.44$ 厘米，标准差 $S=11.25$ 厘米；体重平均数 $\overline{X}=37.06$ 千克，标准差 $S=1.72$ 千克。8岁女童的身高平均数 $\overline{X}=125.64$ 厘米，标准差 $S=10.76$ 厘米。现有一位12岁女生，身高156厘米，体重39千克，请问她是身高发育得好还是体重发育得更好？另有一位8岁女生，身高135厘米，她的身高发育情况比那位12岁女生体重发育情况更好吗？

3．假定某智力测验由4个分测验组成，各分测验分数在标准化样组上的平均数和标准差如表3-7所示，某人在分测验Ⅰ，Ⅱ，Ⅲ，Ⅳ上的成绩依次为80，53，150和40分。请说出他所得成绩的高低顺序，并求其总成绩与平均成绩。

表3-7　分测验分数在标准化样组上的平均数和标准差

分测验	Ⅰ	Ⅱ	Ⅲ	Ⅳ
$\overline{X}$	70	45	130	29.5
S	8	5	22	3.5

第四章　相 关 系 数

内容导读

　　本章内容在课程中具有承上启下的作用。一方面,相关系数是反映与描述一组数据的概括性特征量数,只不过这里的数据是二元变量的观测数据。另一方面,对相关系数内容的理解与掌握,是建立在散点图、平均数、离差、标准差与方差等内容的基础之上的。另外,相关分析的思想方法对于学习与研究后续章节有关教育测验理论或考试理论具有重要的作用。

　　本章重要的知识点有:相关系数的统计学意义与解释,积差相关系数的计算方法,等级相关系数的计算方法,点双列相关计算方法及结果解释。本章的难点是点双列相关系数的计算方法和结果的解释。本章公式较多,容易混淆,在学习本章内容时,不要死记硬背公式,应当在理解统计学相关概念及相关分析的思想方法的基础之上,通过阅读教材内容,系统掌握不同情形下计算相关系数的方法。考虑到相关系数的计算工作量一般较多,因此,读者可更加关注本章内容中的具体例子,领会数据的特点及相关系数的计算,再配合做适量的练习,以加深理解。

第一节　相关的统计学意义

一、对相关现象的感觉

　　教育工作者常常发觉,许多教育现象之间或教育行为之间存在着一定的相互联系。例如,在学习行为上,隐隐约约地表现出这么一些特点:学生的数学成绩和物理成绩之间关系密切,似乎许多数学成绩优秀的学生在物理科目上的成绩也是优秀的,许多数学成绩中等的学生在物理科目上的成绩也是中等的,许多数学成绩较差的学生在物理科目上的成绩也是较差的。这说明数学成绩和物理成绩之间确实存在着一种"水涨船高、水落船低"的互相关联的趋势。当然,并不是所有事物之间都有这么一种相同的明显的关联趋势。比如,数学成绩与语文成绩之间或语文成绩与化学成绩之间,其相互关联的趋势就不是那么明显可察。而另外一些教育现象,如对学习材料的复习次数与遗忘量之间的关系,其遗忘量在一定范围内随着复习次数的增加而减小。可见,行为变量或现象之间存在着种种不同模式、不同程度的联系。

二、相关的统计学意义及相关系数的初步认识

直线性相关是所有关联模式中最简单的一种,有关联的两个变量各自以大体均等的速度变化着。若以平面坐标散点图来理解,直线性相关意指:两个变量的成对观测数据在平面直角坐标系上描点构成的散点图的散点分布会环绕在某一条直线附近。

统计学上用相关系数来定量描述两个变量之间的直线性相关的强度与方向。如果相互关联着的两个变量,一个增大另一个也随之增大,一个减小另一个也随之减小,变化方向一致,就称两个变量之间有正相关。如果相互关联着的两变量,一个增大另一个反而减小,变化方向相反,就称两个变量之间有负相关。如果这种关联十分紧密,一个变量有了某种程度的变化,另一个也有十分类似程度的变化,那么就叫相关的强度大;否则,就叫相关的强度小。相关系数用 r 表示,r 在 -1 和 $+1$ 之间取值。相关系数 r 的绝对值大小(即$|r|$),表示两个变量之间的相关强度。相关系数 r 的正负号,表示相关的方向,分别是正相关和负相关。若相关系数 $r=0$,称零线性相关,简称零相关;相关系数$|r|=1$ 时,表示两个变量是完全相关的,这时,两个变量之间的关系成了确定性的函数关系,这种情况在行为科学与社会科学中是极少存在的。

一般说来,若观测数据的个数足够多,计算出来的相关系数 r 就会更真实地反映客观事物之间的本来面目。对于相关系数 r 观测值的评价,通常可按照图 $4-1$ 来描述相关程度。

图 $4-1$　相关系数值的大小与相关程度描述

(——引自:张厚粲、徐建平著:《现代心理与教育统计学(第四版)》,北京师范大学出版社,2015 年 5 月,第 150 页)

三、由散点图认识相关情况

上面我们已经说过直线性相关的含义,是以平面坐标散点图来理解的。我们还可以从相关散点图的几何分布形态来认识相关的强度与方向。如果散点图形杂乱无章,没有显示出向某个方向延伸的情形,则说明相关程度很低;如果散点图分布形成一个边界不规则的椭圆,则说明两个变量存在中等程度的相关。这里的椭圆越扁长,则相关程度越高。倘若散点图几乎形成一条直线,则说明相关系数接近 1 或-1。至于相关的方向,则可以通过散点椭圆图形的长轴所在直线的斜率来判断。从左下方往右上方延伸的情形是正相关;从左上方往右下方延伸的情形是负相关。这样,我们可以从散点图的分布情况,初步判断两个变量之间的相关情况。

由于事物之间联系的复杂性,在实际研究中,通过统计方法确定出来的相关系数 r 即使是高度相关,我们在解释相关系数的时候,还是要结合具体变量的性质特点和有关专业知识的。两个高度相关的变量,它们之间可能具有明显的因果关系,也可能只具有部分因果关系,还可能没有直接的因果关系,其数量上的相互关联,只是它们共同受到其他第三个变量所支配的结果。除此之外,相关系数 r 接近零,只是表示这两个变量不存在明显的直线性相关模式,但不能肯定地说这两个变量之间就没有规律性的联系。通过散点图我们有时会发现,两个变量之间存在明显的某种曲线性相关,但计算直线性相关系数时,其 r 值往往接近零。对于这一点,读者应该有所认识。

在统计学教科书中,除非特别说明,直线性相关一般情况下就称相关;直线性相关系数就称相关系数。相关系数的计算方法多种多样,本章主要学习积差相关、等级相关和点双列相关。这些相关分析方法在行为科学研究以及在教育与心理测量研究中有着广泛的应用。

第二节 积 差 相 关

研究两种现象、两种行为或两个事物,一句话,研究两个变量之间的相关情况时,积差相关是应用最普遍、最基本的一种相关分析方法,尤其适合于对两个连续变量之间的相关情况进行定量分析。

一、积差相关的概念及基本公式

英国著名统计学家皮尔逊(K. Pearson)跟随英国著名科学家高尔顿(F. Galton)在合作研究有关人类身高遗传问题的过程中,提出了"回归"的概念以及积差相关分析方法。

对于两个连续的变量(比率变量或等距变量),如父辈的身高变量和子辈的身高变量之间有什么连带关系、学生的体重与身高变量之间有什么连带关系、不同学科成绩之间有什么样的相互关联、人的智力发展水平同学业成就之间相关程度如何,等等,通过观测研究,可以用积差相关分析的方法,定量地描述两个变量之间的相关强度与方向。

设有两个变量 X 和 Y,其 n 个观测点的成对数据不妨记为 (X_1, Y_1),(X_2, Y_2),$\cdots$,(X_n, Y_n)。基于这些成对的观测数据,我们可以计算成对的观测数据离差均值,即有:

$$(x_1, y_1), (x_2, y_2), \cdots, (x_n, y_n)$$

式中:$x_i = X_i - \bar{X}$;$y_i = Y_i - \bar{Y}$;$i = 1, 2, \cdots, n$。

基于上述观测数据离差值乘积所得结果进行相关分析的方法,称为积差相关。计算积差相关系数的基本公式是:

$$r_{xy} = \frac{\sum_{i=1}^{n} x_i y_i}{\sqrt{\sum_{i=1}^{n} x_i^2} \sqrt{\sum_{i=1}^{n} y_i^2}} \qquad (4-1)$$

式中:r_{xy} 表示双变量 (X, Y) 数据之间的积差相关系数;$\sum_{i=1}^{n} x_i y_i = \sum_{i=1}^{n} (X_i - \bar{X})(Y_i - \bar{Y})$ 是各对观测数据的离差值乘积之和;$\sum_{i=1}^{n} x_i^2 = \sum_{i=1}^{n} (X_i - \bar{X})^2$ 是变量 X 观测数据离差值自乘积之和,即离差平方和;同理可知,$\sum_{i=1}^{n} y_i^2 = \sum_{i=1}^{n} (Y_i - \bar{Y})^2$ 是变量 Y 的离差平方和。

因此,积差相关系数基本公式(4-1)也可以用下式表达:

$$r_{xy} = \frac{\sum_{i=1}^{n} (X_i - \bar{X})(Y_i - \bar{Y})}{\sqrt{\sum_{i=1}^{n} (X_i - \bar{X})^2} \sqrt{\sum_{i=1}^{n} (Y_i - \bar{Y})^2}} \qquad (4-2)$$

二、积差相关系数的计算方法

积差相关系数基本公式(4-1)和公式(4-2)结构对称,容易掌握,但在具体计算时,其计算量却不小,需要分步计算,最后综合。主要步骤归纳起来是:

(1) 计算平均数 $\bar{X}$ 和 $\bar{Y}$。

(2) 计算离差值 $x_i = X_i - \bar{X}$ 和 $y_i = Y_i - \bar{Y}$。

(3) 计算各对离差值乘积 $x_i y_i$ 以及乘积之和 $\sum_{i=1}^{n} x_i y_i$。

(4) 计算数据 X_i 的离差平方和,即 $\sum_{i=1}^{n} x_i^2$。

(5) 计算数据 Y_i 的离差平方和,即 $\sum_{i=1}^{n} y_i^2$。

(6) 把上述有关结果代入公式(4-1)或公式(4-2),求出 r_{xy}。

为了有条不紊地计算相关系数,通常采用列表的方式逐个计算,这也便于检查计算是否出错以及错在何处。设计的表格一般要有 7 个栏目,分别记录有关数据,并在表格的最后一行进行总计。下面举一个例子说明积差相关系数的基本计算方法。

【例4-1】 随机观测 15 名高一学生在语文推理测验 X 和数字推理测验 Y 上的成绩(两个测验的满分均为 70 分),其结果如表 4-1 中第 1、第 2 栏所示,试求两个测验分数之间的积差相关系数。

表4-1 计算积差相关系数表格法示例1

X_i	Y_i	x_i	y_i	x_i^2	y_i^2	$x_i y_i$
31	32	-1.4	-6.73	1.96	45.2929	9.422
23	8	-9.4	-30.73	88.36	944.3329	288.862
40	69	7.6	30.27	57.56	916.2729	230.052
19	21	-13.74	-17.73	179.56	314.3529	237.582
60	66	27.6	27.27	761.76	743.6529	752.652
15	41	-17.4	2.27	302.76	5.1529	-39.498
46	57	13.6	18.27	184.96	333.7929	248.472
26	7	-6.4	-31.73	40.96	1006.7929	203.072
32	57	-0.4	18.27	0.16	333.7929	-7.308
30	37	-2.4	-1.73	5.76	2.9929	4.152
58	68	25.6	29.27	655.36	856.7329	749.312
28	27	-4.4	-11.73	19.36	137.5929	51.612
22	41	-10.4	2.27	108.16	5.1529	-23.608
23	20	-9.4	-18.73	88.36	350.8129	176.062
33	30	0.6	-8.73	0.36	76.2129	-5.238
总和 486 平均数 32.4	581 38.73			2495.60 $\sum_{i=1}^{n} x_i^2$	6072.9335 $\sum_{i=1}^{n} y_i^2$	2875.600 $\sum_{i=1}^{n} x_i y_i$

【分析解答】 根据公式(4-1)及上述归纳步骤进行表上操作。

第一,准备一个表格如表 4-1,共 7 个栏目,从左到右依次填写有关数据 X_i、Y_i、x_i、y_i、x_i^2、y_i^2 和 $x_i y_i$。

第二,在表4-1最底端空出一行,用以填写有关数据连加和的结果,从左到右依次是 $\sum_{i=1}^{n} X_i$,$\sum_{i=1}^{n} Y_i$,$\sum_{i=1}^{n} x_i$,$\sum_{i=1}^{n} y_i$,$\sum_{i=1}^{n} x_i^2$,$\sum_{i=1}^{n} y_i^2$ 和 $\sum_{i=1}^{n} x_i y_i$。

第三,从已知的15对观测数据出发,根据公式(4-1)的结构,先计算出 $\sum_{i=1}^{n} X_i$ 和 $\bar{X}$,$\sum_{i=1}^{n} Y_i$ 和 $\bar{Y}$,并把这4个数据填写在最后一行所对应的总计格子里。

第四,按表4-1结构内容,从左到右,逐个栏目地完成有关计算,最终得到需要的数据,依次是 $\sum_{i=1}^{n} x_i^2$,$\sum_{i=1}^{n} y_i^2$ 和 $\sum_{i=1}^{n} x_i y_i$。

第五,在表格外面,把第四步得到的3个数据代入公式(4-1)或公式(4-2),计算出积差相关系数 r_{xy}。

一般说来,上述各步计算都可借助计算器来进行。

从表4-1中的计算数据可知:

$$\sum_{i=1}^{n} x_i^2 = 2495.60;\quad \sum_{i=1}^{n} y_i^2 = 6072.9335;\quad \sum_{i=1}^{n} x_i y_i = 2875.600$$

因此,这15名高一学生在语言推理测验 X 和数字推理测验 Y 上的测验分数的积差相关系数是:

$$r_{xy} = \frac{\sum_{i=1}^{n} x_i y_i}{\sqrt{\sum_{i=1}^{n} x_i^2}\sqrt{\sum_{i=1}^{n} y_i^2}} = \frac{2875.600}{\sqrt{2495.60}\sqrt{6072.9335}} = 0.74$$

可见,这两个推理测验分数之间有较高的正相关。

三、利用原始数据直接计算积差相关系数

如同第二章介绍标准差 S 的计算有两种方法一样,除了根据基本公式计算外,还可以不通过计算平均数及离差值而直接利用原始数据计算积差相关系数。

事实上,从公式(4-1)或公式(4-2)出发,通过一系列代数演算与化简,就可得到积差相关系数的另一种计算公式,如下:

$$r_{xy} = \frac{n\sum_{i=1}^{n} X_i Y_i - \left(\sum_{i=1}^{n} X_i\right)\left(\sum_{i=1}^{n} Y_i\right)}{\sqrt{n\sum_{i=1}^{n} X_i^2 - \left(\sum_{i=1}^{n} X_i\right)^2}\sqrt{n\sum_{i=1}^{n} Y_i^2 - \left(\sum_{i=1}^{n} Y_i\right)^2}} \tag{4-3}$$

公式(4-3)是利用原始数据 X_i 和 Y_i 直接计算积差相关系数的公式。

式中：$\sum\limits_{i=1}^{n} X_i Y_i$ 是成对观测数据的乘积之和；$\sum\limits_{i=1}^{n} X_i$ 是 X 变量观测数据之和；$\sum\limits_{i=1}^{n} Y_i$ 是 Y 变量观测数据之和；$\left(\sum\limits_{i=1}^{n} X_i\right)\left(\sum\limits_{i=1}^{n} Y_i\right)$ 是两组数据各自求和之后的乘积；$\sum\limits_{i=1}^{n} X_i^2$ 是 X 变量观测数据平方后的连加和；$\sum\limits_{i=1}^{n} Y_i^2$ 是 Y 变量观测数据平方后的连加和。

下面以一个例子来说明这种方法的计算。

【例 4-2】 假定 10 名小学生的期末语文考试成绩和数学考试成绩分别如表 4-2 中的第 2 栏和第 3 栏中的数据所示,试求语文成绩和数学成绩之间的相关系数。

【分析解答】 我们通常把学生的考试成绩看成是连续变量,只不过实际观测分数大多是取整数。因此,这是需要计算积差相关系数。类似上例的计算方法,可以把整个计算过程归纳成如下几个有序的步骤:

（1）可设计一个表格,共 6 个或 5 个栏目,从左到右依次填写学生编号（或数据编号）,X_i, Y_i, X_i^2, Y_i^2 和 $X_i Y_i$。

（2）把成对的观测数据 $(X_1, Y_1), (X_2, Y_2), \cdots, (X_n, Y_n)$ 分别填写在第 2 栏和第 3 栏中。本例共有 10 对观测数据,即 $n=10$。

（3）把表 4-2 的最后一行留出足够的空格,以记录各栏目数据的连加和数。

（4）先计算 $\sum\limits_{i=1}^{n} X_i$ 和 $\sum\limits_{i=1}^{n} Y_i$,把结果分别填写在表 4-2 第 2 栏和第 3 栏的最后总计格子里。

（5）逐个计算原始数据 X_i^2, Y_i^2 和 $X_i Y_i$,依次填写在相间的空格位置上。为了避免计算上的疏忽,最好是按竖的方向,一个栏目一个栏目地计算。

（6）计算连加和数:$\sum\limits_{i=1}^{n} X_i^2$, $\sum\limits_{i=1}^{n} Y_i^2$ 和 $\sum\limits_{i=1}^{n} X_i Y_i$,并把它们填写在表 4-2 第 4 栏、第 5 栏及第 6 栏最底端的总计格子里。

表 4-2 计算积差相关系数表格法示例 2

学生号	X_i	Y_i	X_i^2	Y_i^2	$X_i Y_i$
01	74	82	5476	6724	6068
02	71	75	5041	5626	5325
03	80	81	6400	6561	6480
04	85	89	7225	7921	7565
05	76	82	5776	6724	6232
06	77	89	5929	7921	6853
07	77	88	5929	7744	6776

学生号	X_i	Y_i	X_i^2	Y_i^2	X_iY_i
08	68	84	4624	7056	5712
09	74	80	5476	6400	5920
10	74	87	5476	7569	6438
Σ	756	837	56952	70245	63369

就本例表4－2中的计算结果可知：

$n = 10$；$\displaystyle\sum_{i=1}^{n} X_i = 756$；$\displaystyle\sum_{i=1}^{n} Y_i = 837$；$\displaystyle\sum_{i=1}^{n} X_i^2 = 56952$；$\displaystyle\sum_{i=1}^{n} Y_i^2 = 70245$；$\displaystyle\sum_{i=1}^{n} X_iY_i = 63369$

把上述数据代入公式（4－3）可得：

$$r_{xy} = \frac{n\displaystyle\sum_{i=1}^{n} X_iY_i - \left(\displaystyle\sum_{i=1}^{n} X_i\right)\left(\displaystyle\sum_{i=1}^{n} Y_i\right)}{\sqrt{n\displaystyle\sum_{i=1}^{n} X_i^2 - \left(\displaystyle\sum_{i=1}^{n} X_i\right)^2}\sqrt{n\displaystyle\sum_{i=1}^{n} Y_i^2 - \left(\displaystyle\sum_{i=1}^{n} Y_i\right)^2}}$$

$$= \frac{10 \times 63369 - 756 \times 837}{\sqrt{10 \times 56952 - 756 \times 756}\sqrt{10 \times 70245 - 837 \times 837}} = 0.48$$

可见，从这10个学生的语文考试成绩和数学考试成绩得到的积差相关系数$r = 0.48$来看，这两个科目成绩之间存在着中等程度的正相关。

需要指出的是，相关系数的观测值r跟抽样数据的容量有关。观测数据越多，其相关系数r值就越稳定，因而，真实性也相对越大。若抽样数据容量越小，计算相关系数r值的误差也越大。因此，解释相关系数时要考虑上述这些因素。若要提高相关系数的真实性，就要采用推断统计的方法，对观测得到的相关系数进行必要的统计检验。这些内容将在本书第十章中加以介绍。

【课堂讨论题】

有人认为，教学研究的最终目的是揭示教学行为和教学效果之间的相关性，从而去调节教学举措。对此，你有什么见解？

第三节　等　级　相　关

皮尔逊创立的积差相关法，是度量两个变量之间相关强度的有效指标，在一般情况下，人们均乐于采用。但积差相关的计算过程较复杂,同时还需双变量均为连续变量、观测数据准确以及样本容量 n 要适当大些等条件。但在教育实际工作中,有时我们收集到的数据可能是其他类型的数据,如顺序变量数据与称名变量数据等,这时,就要用到其他一些相关法。本节介绍等级相关,它适用于下面几种情况:

(1) 两列观测数据都是顺序变量数据,或其中一列数据是顺序变量数据,另一列数据是连续变量数据。如对学生的绘画、书法、作文、体育项目测试成绩排名次,就属于顺序变量数据。

(2) 两个连续变量的观测数据,其中有一列或两列数据,主要依靠非测量方法进行粗略评估得到。比如,语文基础知识水平可用精心编制的掌握测验加以测量,但学生的课文朗读水平却只能根据若干准则由教师给予大体的评价。有些情况下,书画作品的成绩也是由教师进行大体的评估,得到一个粗略的分数。这些类型的数据,经过适当转换后,可采用等级相关法。

一、等级相关的概念及基本公式

针对两列顺序变量数据之间的相关问题,英国心理学家与统计学家斯皮尔曼(C. E. Spearman)在皮尔逊积差相关法思想的基础上,推导出了等级相关的计算方法。等级相关是根据两列顺序变量数据中各对等级数据的差数来计算相关系数的方法。对于连续变量的数据,必要时可分别把两列数据按大小顺序赋给名次等级,进而采用等级相关法计算相关系数。等级相关系数的基本计算公式如下:

$$r_R = 1 - \frac{6\sum_{i=1}^{n} D^2}{n(n^2 - 1)} \tag{4-4}$$

式中:r_R 是等级相关的记号;n 是成对观测数据的数量;D 是成对的等级数据的差数,简称等级差数;$\sum_{i=1}^{n} D^2$ 是所有等级差数的平方和。

二、原始数据是顺序变量的等级相关计算

有时候,因工作条件所限或研究对象的性质特点所限,我们得到的观测数据是顺序变量的数据。若要研究两种现象之间的相关,可直接利用公式(4-4)来确定等级相关。

【例4-3】 某班有8位同学参加普通话演讲比赛和命题作文比赛,他们所得名次如表(4-3)所示,试求这两种比赛成绩之间的相关程度。

【分析解答】 由于这里的普通话演讲比赛和命题作文比赛的成绩是直接评定名次顺序

的,因此,可直接利用公式(4-4)计算等级相关系数。主要方法与步骤如下:

(1)设计一个表格共 5 个栏目,从左到右依次是学生编号或姓名栏、普通话演讲比赛名次栏、命题作文比赛名次栏、等级差数栏和差数平方栏。

(2)根据第 2 栏和第 3 栏中的已知名次等级,逐个计算等级差数 D 和 D^2,并把这些数据填写在相应的位置上。

(3)计算等级差数平方和 $\sum\limits_{i=1}^{n} D^2$,并把数据填写在相应的总计格子上。

由表 4-3 中所计算的结果可知:

$\sum\limits_{i=1}^{n} D^2 = 28$, $n = 8$;代入公式(4-4)得:

表 4-3 等级相关系数计算示例 1

学生编号	演讲比赛名次 R_x	作文比赛名次 R_y	等级差数 D	差数平方 D^2
01	1	3	-2	4
02	5	2	3	9
03	3	1	2	4
04	7	8	-1	1
05	2	4	-2	4
06	6	7	-1	1
07	4	5	-1	1
08	8	6	2	4
$\sum$				28

$$r_R = 1 - \frac{6\sum\limits_{i=1}^{n} D^2}{n(n^2 - 1)} = 1 - \frac{6 \times 28}{8 \times (8^2 - 1)} = 0.6667$$

数据表明,演讲比赛成绩和作文比赛成绩之间存在中等程度的正相关。

【例 4-4】 两位教育专家对 5 篇论文进行独自评价,各自对这 5 篇论文排出名次顺序,其结果见表 4-4 中第 2 栏和第 3 栏有关数据。试问这两位教育专家在评价优秀论文时,他们的评价意见一致性如何?

【分析解答】 一般说来,要研究两位专家的评判标准或评价意见的一致性程度,可以通过相关分析的方法。由于这里的评价意见最终是以排定的名次出现的,因此要用等级相关法。具体计算仿照上例,其结果如表 4-4。据此求得:

$$r_R = 1 - \frac{6\sum\limits_{i=1}^{n} D^2}{n(n^2 - 1)} = 1 - \frac{6 \times 22}{5 \times (5^2 - 1)} = -0.1$$

可见这两位专家对 5 篇论文的评价意见一致性很差。

表 4-4 等级相关系数计算示例 2

论文编号	评委甲(R_x)	评委乙(R_y)	等级差数(D)	差数平方(D^2)
01	2	4	-2	4
02	5	3	2	4
03	4	1	3	9
04	1	2	-1	1
05	3	5	-2	4
Σ				22

三、观测数据含有连续变量时的等级相关计算

如前所述,有些情形下数据的获取主要是靠粗略估算得到的。例如,一些教师平时给学生的作文打分或课后作业打分;参加艺术类或外语类高考的考生除了参加统一的文化课考试外,还要在考前参加高校举行的素描、唱歌、舞蹈、即兴表演或英语口语、英语听力等方面的专业课内容测试,这些专业内容的测试成绩虽然也采用百分制或连续评分制,但所给的成绩往往缺乏精确度,只是一个大致评估的分数。对于这些数据,在求相关的时候,可以用等级相关法。下面举例说明。

【例 4-5】 为研究学校儿童问题行为与母亲的不耐心程度的关系,研究者抽取 10 个家庭,让儿童与母亲一起完成一件需相互配合才能完成的工作,观测并评估他们的表现。表 4-5 为儿童的问题程度分数(X)与母亲的不耐心程度分数(Y),分数值越大表明母亲不耐心程度越大。试采用等级相关研究一下母亲的不耐心程度和儿童问题行为严重性程度之间的相关情况。

【分析解答】 从题目所提供的研究情境来看,儿童问题行为严重性程度的分数和母亲不耐心程度的分数,主要是根据事先设计出的评估表,采用分项评定最后综合的方式得到总分的。这种特点的数据,虽然也可利用积差相关来计算,但考虑到数据的误差太大,为此,采用等级相关的方法往往更为稳妥。其计算步骤简述如下:

(1)设计如表 4-5 所示的表格,共 7 个栏目。与表 4-4 相比,这里增加两个栏目,主要用于记录把连续变量的评估数据转变成名次等级后的数据。

(2)确定一个统一的原则,把原始数据从高分到低分排列依次赋给等级 1,2,…,n;或者从低分到高分排列依次赋给等级 1,2,…,n。这两种等级转换方法都可用,但在同一个

题目上只能统一采用其中的一种,不能同时交叉使用。在本例中,最低分赋给等级"1",其次低分赋给等级"2",最高分赋给等级"10"。这里 $n=10$,因而最高等级不会超过 10。

(3)把表 4-5 中的儿童问题得分数据 X_i 按照上述原则转换成顺序等级,填写在 R_x 栏目中;同样把母亲不耐心得分 Y_i 按相同原则转换成顺序等级,填写在 R_y 栏目中。

(4)计算等级差数 D_i 以及 $\sum_{i=1}^{n} D^2$,填进相应空格中。

表 4-5 等级相关系数计算示例 3

家庭编号	儿童得分 X_i	母亲得分 Y_i	R_x	R_y	等级差数(D)	差数平方(D^2)
1	72	79	8	6	2	4
2	40	62	3	3	0	0
3	52	53	6	2	4	16
4	87	89	9	9	0	0
5	39	81	2	7	−5	25
6	95	90	10	10	0	0
7	12	10	1	1	0	0
8	64	82	7	8	−1	1
9	49	78	5	5	0	0
10	46	70	4	4	0	0
$n=10$						46

从表 4-5 中可知,$n=10$,$\sum_{i=1}^{n} D^2 = 46$,因此可得:

$$r_R = 1 - \frac{6 \sum_{i=1}^{n} D^2}{n(n^2 - 1)} = 1 - \frac{6 \times 46}{10 \times (10^2 - 1)} = 0.72$$

此观测研究结果表明,在母亲与儿童合作完成一件需相互配合的工作中,母亲的不耐心程度与儿童问题行为之间存在相当高的正相关。

在把连续变量的评估数据转换成顺序等级时,有时可能会遇到两个相同的数据(甚至多于两个),这时需要确定相应等级的平均数,而后以并列的名次等级赋给分数。

【例 4-6】 有 12 名考生参加了由某高校外语学院举行的英语听力测试和口语能力面试。英语听力测试采用较规范的设备和测试材料,而口语能力主要采用交谈的方式加以综合评估,其分数的精确性稍差些。这 12 名考生的两项成绩如表 4-6 所示,试用等级相关法研究这两种能力分数之间的连带关系。

表4-6　计算等级相关系数示例4

考生号码	听力 X_i	口语 Y_i	R_x	R_y	等级差数(D)	差数平方(D^2)
001	40	33	8	8	0	0
002	36	42	9.5	2	7.5	56.25
003	45	35	7	6.5	0.5	0.25
004	28	38	11	4.5	6.5	42.25
005	46	20	6	12	6	36
006	25	27	12	10	2	4
007	55	45	4	1	3	9
008	58	30	3	9	−6	36
009	65	38	1	4.5	−3.5	12.25
010	60	40	2	3	−1	1
011	50	35	5	6.5	−1.5	2.25
012	36	25	9.5	11	−1.5	2.25
Σ						201.5

【分析解答】　这个题目所提供的数据都是连续变量的观测数据,若用积差相关法也可以。但题目告诉我们,有关口语能力的评估分数不够准确,因此,采用等级相关计算是合适的。与上述的例4-5一样,等级相关计算均可在一个表格上进行。但本例的原始数据在转换成顺序等级时,由于遇到取值相同的数据,因此,需要作必要的计算,其主要方法是:

（1）把原始数据从高到低分别赋给等级1,2,3,…,n;表4-6中听力测试分数中第1名是65分,第2名是60分,…,第8名是40分,但40分之后有两个数据都是36分,因此,它们是取第9名和第10名的平均值,即 $\dfrac{9+10}{2}=9.5$。继续往下排时,第11名是28分,第12名是25分。

（2）对口语能力评估分数排定等级名次按照同样的原则与方法进行,其结果见表4-6中的第5栏目。

（3）计算等级差数 D 以及 $\sum\limits_{i=1}^{n} D^2$,并把计算过程的详细数据填写在相应的格子中。

由表4-6计算结果可知,$n=12$,$\sum\limits_{i=1}^{n} D^2 = 201.5$,因此得到:

$$r_R = 1 - \frac{6\sum\limits_{i=1}^{n} D^2}{n(n^2-1)} = 1 - \frac{6 \times 201.5}{12 \times (12^2 - 1)} = 0.29545$$

研究表明,听力测试分数和口语能力评估分数之间存在低度的正相关。

最后指出,倘若观测数据中相同的数据较多的话,采用公式(4-4)来计算等级相关是不够准确的,更为科学的方法是采用经过校正后的计算公式。不过,在通常情况下,两者之间的计算值相差不大。所以此公式在这里略去。

第四节　点 双 列 相 关

在研究一些教育问题时,我们常遇到两个变量中的一个是连续变量,另一个是二分类的称名变量,并且要求分析它们之间的相关连带关系的情况。

【例4-7】　某研究人员取得14位学生参加国际中学生奥林匹克数学竞赛地区选拔赛的成绩,其数据如表4-7所示,试问性别和数学能力之间有连带关系吗?

表4-7　14名学生参加奥林匹克数学选拔赛成绩一览表

学生代号	A	B	C	D	E	F	G	H	I	J	K	L	M	N
性别	男	男	男	男	男	男	男	男	男	女	女	女	女	女
数学成绩	69	40	30	43	61	57	48	65	33	44	60	40	23	30

这里的性别变量是称名变量,是名副其实的二分类称名变量,而数学成绩是连续变量数据。对这样类型的两列数据,应该怎样研究变量之间的相关呢?显然,前面介绍的方法都不适用。为此,我们介绍一种新的相关分析法,即点双列相关。

【课后研讨题】

什么叫四分相关?什么是 Φ 系数(phi coefficient)?它们各应用于什么类型的变量及其观测值?

一、点双列相关的适用范围及基本公式

点双列相关适用于双变量数据,例如,有一列数据是连续变量数据,包括体重、身高以及许多测验与考试的分数;另一列数据是二分类的称名变量数据,包括性别(分男与女)、态度(分赞成和不赞成)、学习经历(分有与无)、考试结果(分合格与不合格)、题目解答(分答对与答错)等数据。点双列相关的基本公式为:

$$r_{pb} = \frac{\overline{X}_p - \overline{Y}_q}{S_x} \sqrt{pq} \tag{4-5}$$

式中:r_{pb} 是点双列相关系数的符号;p 是二分类数据中某类事物所占的比例;q 是二分类数据中另一类事物所占的比例,$q=1-p$;$\overline{X}_p$ 是 p 类事物的连续变量数据的平均数;$\overline{Y}_q$ 是 q 类事物的连续变量数据的平均数;S_x 是全部连续变量数据的标准差。

二、点双列相关系数计算

根据上述点双列相关的基本公式(4-5),可从已知数据出发,分步进行计算。

【例4-8】 根据本节表4-7的有关数据,研究一下数学能力与性别之间有多大的关联。

【分析解答】 采用点双列相关法来研究教学能力和性别之间的相关情况,可按公式(4-5),由表4-7中的数据资料分步计算。

(1) 在14名学生中有9名男生和5名女生,若用 p 表示男生的人数比例,q 表示女生的人数比例,则有:

$$p = \frac{9}{14} = 0.6429, \quad q = 1 - p = 0.3571$$

(2) 把14名学生的数学比赛成绩按男生和女生分成两部分,第一部分即 p 部分是9名男生的数学成绩,第二部分即 q 部分是5名女生的数学成绩,并分别计算这两部分数据的平均数。

男生成绩:69,40,30,43,61,57,48,65,33

女生成绩:44,60,40,23,30

$$\overline{X}_p = \frac{69 + 40 + 30 + 43 + 61 + 57 + 48 + 65 + 33}{9} = \frac{446}{9} = 49.5556$$

$$\overline{X}_q = \frac{44 + 60 + 40 + 23 + 30}{5} = \frac{197}{5} = 39.4$$

(3) 计算14名学生的数学成绩的标准差 S_x。为此,根据第二章中标准差的公式,表4-7中的数据通过计算可得下列各值:

$$\sum_{i=1}^{n} X_i = 643$$

$$\sum_{i=1}^{n} X_i^2 = 32263$$

$$S_x = \sqrt{\frac{\sum_{i=1}^{n} X_i^2}{n} - \left(\frac{\sum_{i=1}^{n} X}{n}\right)^2} = \sqrt{\frac{32263}{14} - \left(\frac{643}{14}\right)^2} = 13.9667$$

（4）把上述各值代入公式（4-5），求得点双列相关系数为：

$$r_{pb} = \frac{\overline{X}_p - \overline{X}_q}{S_x} \sqrt{pq} = \frac{49.5556 - 39.4}{13.9667} \sqrt{0.6429 \times 0.3571} = 0.5780$$

因此，从本研究的数据来看，奥林匹克数学竞赛地区选拔赛的数学成绩与学生性别之间存在中等程度的相关。具体地讲，从男生组和女生组的平均分数来比较，似乎男生的数学平均分数较明显地高于女生的数学平均分数。

当然，计算点双列相关系数也可以设计一张表格来完成上述各个数量的计算。读者不妨利用这种计算格式来完成后面的有关练习题。特别应提到的是，若用数字"1"和"0"分别表示二分类称名变量数据中的男生和女生，或选择题的答对与答错反应，再应用积差相关系数公式（4-1）或公式（4-2）来计算，其计算结果与用公式（4-5）计算的相同。原来，点双列相关公式就是按照积差相关的思路推导出来的，因而，点双列相关是积差相关的特殊应用。在这种特殊情形下，不论积差相关系数也好，点双列相关系数也好，正负相关的意义对结果的解释都要结合具体问题和具体情况来进行。

练习与思考

一、名词解释
1. 积差相关　　2. 等级相关　　3. 点双列相关

二、计算题

1. 已知 5 个学生的数学成绩与化学成绩如表 4-8 所示，试用公式（4-1）求积差相关系数。

表 4-8　5 名学生的数学和化学成绩

学生编号	A	B	C	D	E
数学 X	80	75	70	65	60
化学 Y	70	66	68	64	62

2. 有 9 位小学生参加了两种不同的能力测验，其分数如表 4-9 所示，试用公式（4-2）求积差相关系数。

表4-9　9名小学生两种不同能力测验分数

学生编号	01	02	03	04	05	06	07	08	09
测验 X	56	60	61	62	65	67	71	71	74
测验 Y	34	26	62	30	30	28	34	36	40

3. 体育教师选取某组10名大学生进行100米短跑和5000米长跑两项运动水平测试,以观察研究这两种运动能力之间的连带关系。测试时,体育教师站在终点线上,记下各人的顺序名次,其结果如表4-10所示,请计算这两项运动能力之间的相关系数。

表4-10　10名大学生两项运动水平测试名次

学生编号	01	02	03	04	05	06	07	08	09	10
短跑名次	6	7	3	8	1	9	2	10	4	5
长跑名次	7	10	2	5	4	8	3	9	1	6

4. 有12名学生参加一种推理测验,其中4名学生在测验之前曾学过逻辑学,其余的没学过逻辑学。他们的测验结果如表4-11所示,问学生的逻辑学习与推理测验成绩是否相关?

表4-11　12名学生逻辑学习与推理测验成绩

学生编号	01	02	03	04	05	06	07	08	09	10	11	12
学逻辑学	1	0	1	0	0	0	1	0	0	1	0	0
推理测验	27	25	22	20	20	18	18	18	15	12	10	10

注:表中用"1"表示学过逻辑学,用"0"表示没学过逻辑学。

5. 甲乙两位学前教育资深专家采用分项打分综合评估的方法,对某市10所实验幼儿园的办园整体水平进行独立评估,各所幼儿园的分数如表4-12所示,请计算等级相关系数并判断这两位专家评判结果的一致性程度。

表4-12　10所幼儿园办园水平评估

幼儿园编号	1	2	3	4	5	6	7	8	9	10
专家甲	94	90	86	66	64	61	86	72	70	76
专家乙	93	92	92	76	68	60	79	82	76	65

第五章　教育测量与评价概述

内容导读

　　本章主要探讨教育测量与评价的基本问题,包括教育测量与评价的基本概念、学科地位、应用价值,教育测量与评价的类型和功能等问题。

　　在学习本章内容时,应当注意理解概念,了解教育测量与评价的基本分类,开动脑筋思考教育测量与评价的若干基本问题,不要死记硬背概念和名词。学完本章后,应当能够做到:定义教育测量和教育评价;明确教育测量与教育评价之间的关系;认识教育测量与评价的学科地位及社会价值;了解基础教育课程改革精神及其对教育测量与评价的要求;认识教育测量与评价对教师职业专业化的重要性;按不同分类标准对教育测量与评价进行分类;了解形成性、诊断性和总结性测验(评价)之间的区别和联系;初步了解常模参照测验和标准参照测验的意义与区别;认识潜力参照测量与评价的意义和特点;认识最佳行为评价和典型行为评价的意义及其区别;阐述教育测量与评价的判断功能;阐述教育测量与评价在改进教师教学方面的功能;阐述教育测量与评价在促进学生学习方面的功能;阐述教育测量与评价在教育管理方面的功能。

第一节　教育测量与评价的基本问题

　　教育测量与评价是成功教学的基础,也是诸多教育决策的重要依据。正因为如此,在教育领域乃至社会各界,已有越来越多的人士在关注着教育测量和教育评价的学科发展,并有越来越多的教育工作者在学习和研究教育测量与评价的基本理论、基本知识和方法。那么,什么是教育测量与评价? 它们与教育测验、教育考试、教育评估等概念有什么联系和区别? 在这一节中,我们将对这些基本问题做一探讨。

一、教育测量与评价的含义

（一）测量的含义与要素

1. 测量的含义

唯物辩证法告诉我们,任何事物都是质与量的统一体。研究事物时,人们总是希望能够既从质的规定性又从量的规定性两方面去研究它们,以便更全面、客观、准确地把握事物。所谓测量(measurement),从广义上讲,就是根据某些法则与程序,用数字对事物在量上的规定性予以确定和描述的过程。例如,我们依据事先约定的长度单位,用标准化的长度量具测量人或物体的高度;根据力学中的杠杆原理,或者根据作用力与反作用力之间的关系,用杆秤、磅秤或天平秤等量具测量人的体重或物体所受的重力;按照热胀冷缩的规律,借助标准化的温度量具测量物体的温度等。这些都是物理特性的测量例子。

2. 测量的要素

要实现上述种种物理特性的测量,无论是直接测量(如测量人的身高),还是间接测量(如测量地球与月亮之间的距离),都需要具备如下一些基本条件:

首先,必须依据某些科学原理和法则,设计出合适的量具,或制定出科学的测量方案。试想一下,倘若没有公认的长度单位和标准化的量具,怎么可能准确地测量物体的长度。

其次,必须有意义相对明确的测量单位。也就是说,无论是直接的还是间接的物理测量,通常都需要有意义明确的并为大家所公认的测量单位。如"1 厘米"、"1 米"、"1 秒"、"1 千克"、"1 立方米"、"1 光年"、"1 纳米"等。有了明确的测量单位,就可以使测量结果有意义,并使测量结果可以让人理解。例如,当人们明确了长度单位"1 厘米"的内涵后,说某人的身高是 170 厘米,则意味着这个人的身高正是"1 厘米"单位长度的 170 倍。

最后,要用数字对事物在量上的规定性予以确定,就需要有一个测量或计算的起点,这个起点叫参照点。参照点不同,其测量结果也就不同,而且测量结果之间也无法进行直接比较。例如,测量大山的高度,以山底下某标志为测量起点和以某个海平面为测量起点,所测的高度显然是不同的。在国内通常说某个山峰的海拔高度,指的就是以我国黄海的平均海平面为测量起点来测量山峰的垂直高度。再如,用温度计来测量水温,可以用"摄氏"温度计,也可以用"华氏"温度计,但它们的测量参照点是不同的。摄氏温度为零度时,华氏温度则不是零度。就广义的测量来讲,参照点有两种,一种是绝对的零点,另一种则是相对的零点。例如,测量物体的质量、长度等都是以"绝对零"为起点的;而以海平面为测量山峰高度的起点、以摄氏零度作为水温的测量起点时,就是一种相对的参照点,这是人为确定的参照点。

总之,测量的量具、单位和参照点是测量的三个基本要素或三个基本条件。测量结果是否准确可信,依赖于科学规范的测量程序、有效的测量工具、意义明确的测量单位和测量的参照点。

（二）教育测量的含义与特点

人们不仅能对事物的许多物理、化学属性如长度、重量、距离、体积、温度等做出准确的测量,也能够对人的知识水平、能力、气质、性格、兴趣、态度等精神特性进行测量,这些精神特性方面的测量,不仅表现在学校教育领域,而且涉及社会许多部门。

1. 教育测量的概念

关注学校教育教学的效果,这是理所当然的事。教育测量,就是针对学校教育影响下学生各方面的发展,侧重从量的规定性上予以确定和描述的过程。换言之,教育测量就是侧重从量化手段上去关注学校教育教学的效果。学校教育实践活动的客观需要,促进了教育测量的科学研究及学科发展。教育测量学是一门发展较早、应用较多、内容较丰富的教育科学分支。从下面几方面可进一步理解教育测量概念。

第一,教育测量是为促使学生发展,包括为学生评定学习成绩而进行的测量活动。这是教育测量活动最原始的动机,也是教育测量学科发展的最早的立足点。在学校教育背景下,教师和学生通过课程相互作用,无论是教育者还是受教育者,都需要了解:学习者学到了什么? 掌握程度如何? 学习者有哪些变化? 用什么方式加以考核记载? 所有这些基本的原始的教育需要,都要借助于教育测量活动加以实现。

第二,教育测量关注学校的教学效果,而教学效果是教与学双方共同作用的结果。因此,教育测量结果在用于评定学生学习效果的同时,还被用于了解教师的课堂教学效果。一句话,教育测量反馈的是课堂教与学两方面的信息。

第三,教育测量关注学生的发展,而学生的发展是多方面的。除了掌握学科的知识与技能外,还要发展学生的道德、情感、态度、价值观、兴趣、思维能力、实践能力、创造能力等。一句话,教育测量涉及德育、智育、体育、美育、劳动技能以及个性心理素质等许多方面。然而,许多身心特性都存在着复杂性和模糊性,使得教育测量比物理测量存在更多的困难,因此教育测量的结果也不像物理测量的结果那么容易理解。

2. 教育测量的特点

物质与精神是哲学范畴的两个基本概念,质与量的矛盾统一是所有事物的基本特性之一。从总的方面看,教育测量是属于精神特性的测量。这种测量活动的实现,当然也要满足一般测量的三个基本条件,即前面所说的测量的单位、测量的工具和测量的参照点。但与物理(物质)特性的测量相比,教育测量具有如下一些鲜明的特点:

第一,教育测量的间接性和推断性。虽然教育测量无一例外地涉及人类自身,但测量内容主要是关于人的种种非物质属性,如人的知识水平、聪明才智、气质性格、心理素质、创造能力等。今天的科学技术还无法支持教育测量科学发展到能用某种量具直接进入人脑或人体内去测量人的这些属性,目前,我们只能通过人的外显行为或通过人对来自外界的一组刺激所做出的反应结果,对人的知识技能、智力水平、思维品质、创造能力、心理素质、情感态度、思想道德等做出间接性的推断性的测量。

第二,教育测量对象的模糊性和测量误差的不可避免性。测量的误差一般有系统误差和随机误差。通过采用精良的测量工具,按照科学的测量法则和规范的测量程序,我们完全有可能把物理特性的测量误差控制在人定的误差范围内。但教育测量则不然,我们所测的精神特性,如知识水平、智力水平、社会适应能力、创造能力、创新精神、人际关系技能等,一方面它们不像桌子的长度或人的体重等物理特性那样明确,另一方面它们又一直受人的心理活动的影响,第三方面它们的测量只能是对外显行为与反应的取样分析加以推断,这就使教育测量的对象具有模糊性和不确定性。教育测量的误差除了随机误差、系统误差之外,还存在抽样误差。尽管科学规范的教育测量过程能让我们尽最大的努力减少这些误差,但我们无法消灭这种误差,而且与物理特性的测量相比,教育测量的误差相对较大。因此,教育测量的结果只是学校各种教学决策的依据之一。凭借学生之间成绩的微小差异,判定或排列学生的能力高低名次,其证据是不充分的,其做法需要谨慎而行。

第三,教育测量的量表具有多样性,教育测量的结果具有相对抽象性。所谓量表(scale)或量尺,指的是确定了测量单位和参照点并采用具有取值系统的测量工具。例如,有刻度的尺子,是测量物体长度的量表或量尺。在教育测量中,按照标准化程序命制的试卷就是教育测量的一种量表。教育测量对象的复杂性和多样性,以及制定教育测量量表的类型与精确度不同,使得教育测量量表具有多样性。心理学家史蒂文斯(S. Stevens)根据测量的精确程度,把量表从低级到高级分成称名量表、顺序量表、等距量表和比率量表四种水平。

二、教育评价的基本问题

(一) 评价的含义

在我们的日常生活和文化活动中,经常用到"评价"(evaluation)这个词语。从评价某人的"烹调手艺",到评价某人的为人处世;从评价某学生的科技作品,到评价某作家的文学新作;从评价学生的学习结果,到评价课程的有效性和教师课堂教学的质量;从评价某高校的办学指导思想是否明确以及学校定位是否合理,到评价一所高校的整体办学水平等,可以说,"评价"这个词语无处不在,我们每个人都自觉不自觉地参与评价活动或处于被评价的位置上,学校教育工作者尤其如此。

那么,何谓评价?广义地讲,评价泛指衡量、判断人物或事物的价值。评价活动的过程是对人物或事物的价值进行分析、衡量和判断的过程。在评价过程中,无论是事实判断还是价值判断,都需要以事实为依据,通过收集多方面的资料证据,对人类社会活动的效果、物质产品和精神产品的质量及价值等作出判断。

(二)教育评价的概念

当把"评价"一词特别地用于学校教育领域或课堂教学情境时,在一些情况下,"评价"就是"教育评价"一词的简称。在另一些情况下,它指的是教育目标分类中最高层次的认知能力水平——评价。下面是国内外一些学者对"评价"一词在教育教学活动情境下的若干典型的解释:

(1)格兰朗德(N. E. Gronlund)认为,评价是为了确定学生达到教学目标的程度,收集、分析和解释信息(课堂)的系统过程。评价包括对学生的定量描述(测量)和定性描述(非测量)两方面。根据格兰朗德的观点,评价总是包括对测量结果需求程度的价值判断(例如,玛丽学习数学取得了长足的进步)。一个完整的评价计划将包括测量和非测量两种方法,用公式加以形象地表达,即:

$$评价=测量(定量描述)+非测量(定性描述)+价值判断$$

格兰朗德认为,评价是所有成功教学的基础。这句话成了现代教学论和现代教育评价领域的一句名言,对我们开展课程评价以及教师课堂教学评价有重要的启示。

(2)斯塔费尔比姆(L. D. Stufflebeam)等人认为,"评价是一种划定、获取和提供叙述性和判断性信息的过程。这些信息涉及研究对象的目标、设计、实施和影响的价值及优缺点,以便指导如何决策、满足教学效能核定的需要,并增加对研究对象的了解"。斯塔费尔比姆也有一句名言,他说:"评价最重要的意图不是为了证明,而是为了改进。"

(3)美国教育评价标准委员会曾对"评价"给出一个简明的定义:"评价是对某些现象的价值如优缺点的系统调查,为教育决策提供依据的过程。"

(4)泰勒(R. W. Tyler)指出:"评价过程在本质上是确定课程和教学大纲在实际上实现教育目标的程度的过程。"

(5)布鲁姆(B. S. Bloom)在其《教育评价》一书中对"评价"这个概念做了两种不同的解释。第一种解释在本质上是针对"教育评价"来说的,他说:"据我看来,评价乃是系统收集证据用以确定学习者实际上是否发生了某些变化,确定学生个体变化的数量或程度。"第二种解释实际上是针对教育目标分类来说的。他把教育目标分成认知、情感和动作技能三大领域,又把认知领域的教育目标分成知识、领会、应用、分析、综合、评价这六个能力层次或学习水平。对此,布鲁姆指出:"评价是为了某个目的而进行的,对各种想法、作品、解答、方法、资料等的价值做出判断的活动。评价涉及应用准则和规格来估量各种具体事物的准确性、有效性、经济性和令人满意的程度。判断可以是定量的,也可以是定性的;准则可以由学生决定,也可以向他们规定。"

纵观上述对"评价"一词的描述,除了布鲁姆的第二种解释外,包括布鲁姆的第一种解释在内的其余种种定义,我们认为都可以看成是对"教育评价"概念所做出的不同描述。事实上,由于教育评价活动内容丰富、情况复杂,因此,要对"教育评价"概念提出一个没有争议的定义,是一件很困难的事。但从上述对"评价"概念的各种描述中,我们也不难发现,教育评价包含如下几个共同的要点:

第一,强调以教育目标为标准的价值判断过程。

第二,强调用多种方法(测量和非测量)系统收集资料与信息。

第三,教育评价的内容既可以是教育计划,也可以是课程;既可以是学生的学习结果,也可以是某种教育现象、教学活动、教育目的或教育程序。

第四,强调为学生发展和教育决策服务,"评价最重要的意图,不是为了证明,而是为了改进","评价是对某些现象的价值如优缺点的系统调查,为教育决策提供依据的过程"等。

第五,不同时期、不同专家所提出的教育评价概念的侧重点不同。泰勒的教育评价概念更多侧重于课程评价,而格兰朗德和布鲁姆的教育评价概念更多侧重于教学评价和学生学习评价。

由于教育评价活动的内容和范围在不断发展,因此,教育评价的概念也要发展。综合多方面的有益思想,我们可以这样来描述"教育评价"概念:所谓教育评价(educational evaluation),是指按照一定的价值标准和教育目标,利用测量和非测量的种种方法系统地收集资料信息,对学生的发展变化及其影响学生发展变化的各种要素进行价值分析和价值判断,并为教育决策提供依据的过程。我们不妨把这个定义看成是广义的教育评价。在实际工作中,我们可以从不同的角度出发,选用不同的定义。

【课堂讨论题】

从本节对教育评价概念的研究中,你认为哪一位或哪几位国际教育教育测量与评价领域的名家给你留下的印象最深刻?哪个定义或哪些言语给你的启发最多?

三、教育评价相关概念辨析

随着教育实践活动和教育科学文化交流活动范围的不断增大,近十几年来,我国对教育评价的科学研究与实践取得了明显的进展。但是,当人们使用"教育评价"概念时,常与其他一些概念如教育测量、教育测验、教育考试、教育评估等交叉使用,甚至存在一些误解。因此,弄清这些概念之间的关系、澄清一些模糊的认识,对本书内容的理解乃至实际应用都是非常有意义的。

(一)教育测量与教育评价

测量与评价既有联系又有区别。从句法意义上讲,测量是按照一定的法则和程序,对事物或现象在量上的规定性加以确定和描述的过程。教育测量则是对教育效果或者学生各方面的发展予以测量和描述的过程,旨在获得有一定说服力的数量事实,是一种以量化为主要特征的事实判断。而教育评价是根据一定的标准,对教育事物或现象的价值进行系统的调查,在获取足够多的资料事实(定性资料与定量资料)的基础上,做出价值分析和价值判断。因此,教育测量可以为教育评价提供价值判断的基本数量事实,教育测量是教育评价的基础;而教育评价往往是教育测量过程的延续,是对测量结果的解释与应用,并朝着价值判断与释放教育功能的方向拓展。

虽然从整体上看教育评价比教育测量所包含的内容更广、更综合,但非得把教育测量活动与教育评价活动看成是泾渭分明的两种活动,或者说教育评价非得以教育测量为基础,这也不符合事实。正如格兰朗德所说,"当把评价一词特别地用于课堂教学情境时,其含义存在一些混乱。在一些情况下,它与测量是同义词。在另外一些情况下,它与测验是同义词。例如,当教师进行一次成绩测验时,他们可以说他们在'测验'学生的成绩、'测量'学生的成绩,也可以说在'评价'学生的成绩。此时,人们很少会想到这三个术语有什么不同。但在一些情况下,评价是指不依赖于测量的各种评价方法,它是一个集合名词,此时,评价与测量的区别在于,'评价是对学生行为的定性描述'(例如,对学生行为的轶事记录),而测量则相反,'它是对学生行为的定量描述'(例如,测验分数)"。此外,王汉澜教授也指出:"测量的数量化结果,如果不依据测量的目的进行分析、解释和评价,就是无意义的东西,所以测量包含有一定的评价。"事实上,一些标准化的教育测量过程,由于测验经过标准化过程,使原先意义不明确的原始分数有了科学的分数解释系统,这实际上就是对测量结果进行有意义的价值判断(价值判断虽然强调定性描述,但也不排除定量描述)。比如,应用个性诊断测验、职业能力倾向测验、心理健康诊断测验、态度测验以及道德不良者诊断测验等测量过程,其本身就包含一定的价值判断。有些教育测量在社会公认的价值标准下,其本身也隐含着价值分析与价值判断。如通过高考制度来选拔与评价人才,实际上隐含着一种颇有争议的价值判断标准,即"高分=优秀的考生=高素质"。

总之,教育测量与教育评价既有区别又有联系。但在一些情况下,两者之间是一致的,许多教育测量本身就含有价值判断。国内外一些教育测量方面的教科书,有的用"教育测量与评价"作书名,有的仍用"教育测量",还有的用"教育评价"作书名,正说明了这一点。

(二)教育评价与教育评估

教育评价和教育评估是两个常用的概念。有些学者认为这两个概念意义不一样,"评价"即评定价值,而"评估"并不表示价值。因此,建议在教育实践活动中使用"评价"这个概念,不要使用"评估"这个概念。有学者认为,"教育评估与教育评价通常没有严格的区别。但是被评的事物往往都是相当复杂的,不可能用纯客观的标准加以测定,而且在'评'的过程中已经加入了主观因素,评的结果不可能是绝对客观的,而有主观推测、估量和估价的主观判断成分。对教育的评定更是如此,因为这是对精神的度量,很难是纯客观的。所以'教育评估'比'教育评价'更确切"。此外,有些人在引用他人的定义时把"评价"改成"评估",另一些人则把"评估"改成"评价",为己所用。可见,到目前为止,这些概念的使用还存在着一些混乱。

我们认为,教育评价与教育评估这两个概念既有联系又有区别。

首先,教育评价和教育评估的英语表示不同,前者通常用"educational evaluation"表示,而后者通常用"educational assessment"表示。既然英语词源不同,那么,其意义也有所差别。国内有些文献以及有些人把"assessment"译成"评价",严格说来是不够准确的。

其次,从目前国内出版有关教育评估或教育评价的著作来看,无论是主张用"教育评价"这个概念,还是主张用"教育评估"这个概念,研究者都把这些学科的起源追溯到教育测量运动、美国著名的"八年研究"及其相应的人物(如泰勒等人)。既然教育测量、教育评价、教育评估源出一处,那么,它们必有相通与交叉之处。

第三,考究"评估"一词,含有"评判"、"评量"、"估测"、"估算"等意思,因而,也就包括对事物的质量、价值、程度、数值等进行估测判断。有些人认为,"评估"没有价值判断,而"评价"才有价值判断。其实,这种认识也是不全面的。如果说对事物的经济价值作判断也是一种价值判断的话,那么,企业资产评估、房地产评估等也含有价值判断的成分。因此,教育评估和教育评价是两个相近的词语,它们在内容上有交叉,也有区别;教育评估可能有价值判断,也可能没有价值判断。当教育评估过程含有价值判断时,它和教育评价是一样的;当教育评估过程没有包含价值判断时,它和教育评价就有一定的差别。假如教育评估的重点是对教育现象在数量上做出测量或估算,此时,教育评估与教育测量就可能处于同一层次的意义上。

第四,从概念及习惯用语上讲,所谓教育评估,如同美国国家评估委员会主任迪肯(F. G. Dikey)所讲,评估就是"由一个组织或机构对这所学校或学科是否符合某一事先确定的质量标准做出鉴定的过程"。因此,把"教育评估"概念用于产量评估、资产评估、房地产评估、实验室建设评估、办学水平评估、课堂教学水平评估、人的心理评估等,比较符合评估一词的本意。

总之,我们认为教育评价、教育评估、教育测量这三个概念之间是既有联系又有区别、既有交叉重叠又有相对独立的关系。如果非要用一个概念来取代另一个概念,恐怕是不合适的。

(三) 教育测验与考试

测验(test)是测量的工具,用它能引起人的有代表性的行为,以便对人的行为特性或心理特性进行测量与评价。因此,测验一词往往是教育测验或心理测验的简称。教育测验是教育测量的一个工具,在教育评价或教育评估过程中常被用来收集资料(如有关态度测验、民意问卷测验、学科成就测验等)。考试(examination)有广义与狭义之分。广义的考试,泛指人类社会一切测度和甄别人的身心各个方面之群体或个体差异的活动。狭义的考试,则指由主试根据一定社会的要求,在一定场所,采取一定的方式方法,选择适当的内容,对应试者的德、学、才、识、体等诸多方面或某方面进行有组织、有目的测度或甄别的活动。在学校教育与人才的选拔过程中,教育考试是根据教育内容和目标,选择有代表性的内容与问题,按照一定的方式,对应试者的知识、技能等进行测量与评价的过程。因此,考试也是一种教育测验。

总之,测验的概念比考试的概念更广大,教育测验包含教育考试。测验或考试都是教育测量与评价的一种工具。在某些情境下,教育测验活动或教育考试活动本身就是一种教育评价(评估)活动。

(四) 教育统计与测量评价

教育统计、测量与评价之间存在非常密切的关系。一方面,教育统计分析所处理的数据资料,大多是教育调查、实验、观察、测量或评估所得的数据,教育统计方法包括描述统计与推断统计两部分。另一方面,开展教育测量与评价实践活动,或者从事教育测量与评价研究工作,通常要借助教育统计学的有关方法,才能实现教育测量与评价的目的。如今,教育统计学、教育测量学和教育评价学已成为教育科学的重要分支。它们虽然有各自相对独立的研究内容和方法,但无论是过去还是现在,它们的内容都是相互联系的。因此,我们根据这些学科的内容特点以及内容整合的趋势,构建了教育统计与测量评价综合课程的内容框架。

第二节　教育测量与评价的学科地位和作用

在许多发达国家和地区,教育测量与评价是教育科学体系中极其重要的学科之一。这是因为,教育测量与评价科学理论不仅在教育教学及教育管理等实际工作中具有重要的应用价值,而且在社会各个领域的人才选拔与评价过程中也有广泛而重要的应用。所以,了解教育测量与评价的学科地位和作用,反思我国教育测量与评价的学科建设和学科地位之现状,对学习教育测量与评价这门课程是非常有必要的。

一、教育测量与评价是教育科学三大研究领域之一

20 世纪教育科学研究发展迅速,形成了一个庞大的教育科学体系。在教育科学体系中,已经形成许多研究对象相对明确、研究内容相对独立、研究成果已相对完整的学科分支。这些学科分支主要有教育学、教学论、课程论、教育心理学、教育史、比较教育、教育统计学、教育测量学、教育评价学、教育管理学、教育哲学、教育社会学、教育经济学、教育科学研究方法、教育实验设计、教育技术学、教育评估与督导、教育生态学等。在课程设置与学科建设中,教育测量与评价既可看成是教育测量学与教育评价学内容的整合并侧重于教育测量的一门综合性教育课程,又可以看成是一个兼容了教育统计、教育测量、心理测量、教育评价、教育评估、教育督导甚至教育科学研究方法等内容的学科群。因此,教育测量与评价在教育科学体系中具有十分重要的地位,是教育科学体系中带有综合性、技术性、实践性、应用性等特征的应用性学科,是人们依据教育基础理论和教育规律来指导教育实践通常所依赖的技艺与方法,它对体现教育科学学科的价值在许多方面起着"代言人"的特殊作用。

综观当今世界许多发达国家,教育基本理论研究、教育测量与评价科学研究以及教育发展理论研究已成为现代教育科学研究的三大领域。

改革开放以来,我国的教育测量与评价理论研究和实践也取得了一定的进展。教育统计、教育测量、心理测量、教育评价等课程得到了恢复和一定的重视。为了尽快缩短与国外

的差距,我国有关部门采用"请进来"和"走出去"的办法,了解国外的科学发展动态,翻译与编写了一些教科书,以适应高校教学与科研的迫切需要。与此同时,在老一辈专家的带领下,在有关部门的支持下,国内一批教学与科研人员大力开展考试学、教育测量、心理测量、教育评估、教育评价、教育统计学的理论研究和实际工作;成立了全国性的教育统计与测量、心理测验、教育评价、考试学、人才测评等学术团体;国家及地方政府纷纷建立有关考试机构;创办多种期刊,如《中国考试》、《中国高校招生考试》、《考试、目标、评价》、《考试研究》、《教育评价》、《中国高等教育评估》、《教育督导与评估》、《教育统计与测验》、《考试报》、《自学考试杂志》等;促进我国教育测量、教育评价、教育评估、高等教育自学考试、各类资格证书考试的理论研究与实际工作的发展,体现了"教育测量与评价"学科重要的社会价值,拓展了"教育测量与评价"学科的应用领域。

然而,从我国教育科学学科专业建设、学位点建设的实际情况来看,教育测量与评价的理论研究还不能适应我国教育实践的需要。许多人对教育测量与评价学科重要性的认识还不足。特别在教育学科分类和有关学位专业目录中,找不到教育测量与评价学科的名称。这与国外的情况很不一致,值得人们深思。

二、教育测量与评价在教育改革中的重要作用

(一) 教育测量与评价在教育系统中的作用

教育本身是一个系统。所谓系统,指的是具有一定目的、有输入和输出的且具有反馈功能的有秩序的整体结构。在教育系统中,学校、教师、学生、教育方案、课程、教材、教学训练、考试评价等都是这个系统的组成部分。显然,我们期待教育方案、课程、教学等都能给学生带来某种变化,但不是说所有的教育方案、课程、教学都能同样有效地改变学生,也不是所有的学习者都会按同样的方式发生变化或有同样的变化程度。因此,当我们根据教育目标和计划,把教育方案、课程、教学等因素(输入条件)作用于学生身上后,需参照教育目标和计划,对教育效果(输出)及其输入条件的妥当性予以测量评估、价值分析和判断。然后,把这一测量与评价过程所获得的信息反馈给教育者、学习者以及有关的教育决策者,以便改进教育的策略与方案,更有效地达到教育目的。可以想见,在教育系统运转的过程中,除了要对教育效果(输出)进行测量与评价外,还要针对影响教育效果的诸因素(输入)进行客观地分析和评价。在教育系统中,完善教育测量与评价体系和方法对实现教育目标起着十分重要的作用。

(二) 教育改革常常以教育测量与评价的改革作为突破口

学校教育考试制度和评价制度是教育制度的一个组成部分,但教育考试和教育评价具

有很强的导向功能。俗话说,考试是根指挥棒,就是这个意思。在世界教育发展史与教育改革行动中,因考试指挥不当使教育教学走上不健康之路,继而引发教育改革运动的典型例子不在少数。例如,20世纪初的英国在建立了"11岁"考试制度后,竞争异常激烈,导致英国的小学教育为考而学,学习内容窄化,"应试教育"倾向严重。更有甚者,有些地方的教育当局还根据"11岁"考试成绩来评价学校和教师的教学水平,造成许多不良影响,引起社会各界人士的担忧和指责,同时也引发了许多教育论争及在其后的教育改革行动。到20世纪70年代末,催生了"英国国家课程改革"计划的实施与推广。类似地,20世纪初期,澳大利亚的学校中考试之风非常盛行,"周考、月考、学期考"等正规考试次数频繁,学校根据考试成绩做出关于学生升留级或奖励的决策;有关教育当局则根据各校各科的考试成绩,给学校和教师发奖金,甚至以明确的技术标准把考试分数同教师的薪金联系起来定量发放。这种措施虽然在一定程度上调动了教师与学校的工作积极性,但也导致了"为考而教,为考而学"的教育局面,使教育偏离了正确的轨道。因此,也引发了澳大利亚政府当局对基础教育进行一系列的教育改革。其他一些国家,如美国、日本、印度等国也有类似的经历。而我们中国本来就是"考试制度"的发源地,重视考试本来就理所当然。"因为,作为一种手段来说,我国的考试,确实是最'古'的,也是'最好'的。"但由于考试特别是像高考这样的关键性考试具有指挥棒的导向作用,因此,在升学竞争激烈、教育观念落后的情况下,"应试教育"倾向就会出现,教育就会偏离正确的轨道,这对培养跨世纪人才和提高中华民族的整体素质来讲,显然是不利的。正是在这种教育与社会发展的背景下,我国政府要求所有学校都要全面推进素质教育,并且启动了国家新一轮基础教育课程改革方案,把课程改革、教与学方式的改革以及考试评价制度改革等统整起来。

总之,从英国国家考试制度及课程改革,澳大利亚国家考试制度及教育改革,美国的教育测量运动、"八年研究"中的课程与教育评价制度改革,还有我国解放以来考试制度改革来看,考试评价制度改革不仅作为教育改革的一项重要内容,而且有时还作为教育改革甚至政治体制改革或政治运动的突破口。因此,教育测量与评价在教育改革中常常处于突出的位置,起着重要的作用。

三、教育改革要求教育测量与评价更加科学化

教育目标的多样性,必然要求教育测量与评价方法、手段的多样化和科学化。中共中央、国务院1999年在《关于深化教育改革 全面推进素质教育的决定》中多处讲到考试、评估、评价等改革问题。例如,该决定指出,针对高等教育,要"加强对高等学校的监督和办学

质量检查,逐步形成对学校办学行为和教育质量的社会监督机制以及评价体系,完善高等学校自我约束、自我管理机制"。再如,针对招生考试和评价制度,该决定的第 13 条中指出:"改革高考制度是推进中小学全面实施素质教育的重要措施,按照有助于高等学校选拔人才、中小学实施素质教育和扩大高等学校办学自主权的原则,积极推进高考改革⋯⋯逐步建立具有多种选择的、更加科学和公正的高等学校招生选拔制度⋯⋯鼓励各地中小学自行组织毕业考试,采取多种形式改革高中阶段学校的招生办法,改革高中会考制度。建立符合素质教育要求的对学校、教师和学生的评价机制。地方各级人民政府不得下达升学指标,不得以升学率作为评价学校工作的标准。鼓励社会各界、家长和学生以适当方式参与对学校工作的评价。"可见,全面推进素质教育,需要加快考试制度、考试方法、考试内容、评价方法和评价制度方面的改革,提高教育测量与评价的科学化水平。

由于基础教育在整个教育结构和提高国民素质中具有特殊作用,因此,基础教育课程及其考试评价改革更加紧迫。如同 2001 年国务院在《关于基础教育改革与发展的决定》中所强调的那样:"基础教育是科教兴国的奠基工程,对提高中华民族素质、培养各级各类人才、促进社会主义现代化建设具有全局性、基础性和先导性作用。保持教育适度超前发展,必须把基础教育摆在优先地位并作为基础设施建设和教育事业发展的重点领域,切实予以保障。"为了贯彻中共中央、国务院《关于深化教育改革 全面推进素质教育的决定》和国务院《关于基础教育改革与发展的决定》,教育部决定要大力推进基础教育课程改革,调整和改革基础教育的课程体系、结构、内容,构建符合素质教育要求的新的基础教育课程体系。教育部于 2001 年 6 月 7 日颁布了《基础教育课程改革纲要(试行)》。并在《基础教育课程改革纲要(试行)》中提出了课程改革的总目标和具体目标。其具体目标可用"六个改变"加以表述,其中第五个"改变"指的是要"改变课程评价过分强调甄别与选拔的功能,发挥评价促进学生发展、教师提高和改进教学实践的功能"。此外,该《基础教育课程改革纲要(试行)》的第 14 条指出,要"建立促进学生全面发展的评价体系。评价不仅要关注学生的学业成绩,而且要发现和发展学生多方面的潜能,了解学生发展中的需求,帮助学生认识自我,建立自信。发挥评价的教育功能,促进学生在原有水平上的发展。建立促进教师不断提高的评价体系。强调教师对自己教学行为的分析与反思,建立以教师自评为主,校长、教师、学生、家长共同参与的评价制度,使教师从多种渠道获得信息,不断提高水平。建立促进课程不断发展的评价体系。周期性地对学校课程执行的情况、课程实施中的问题进行分析评估,调整课程内容,改进教学管理,形成课程不断革新的机制"。还提出要"继续改革和完善考试制度";"考试内容应加强与社会实际和学生生活经验的联系,重视考查学生分析问题、解决问题的能力";"考试命题要依据课程标准,杜绝设置偏题、怪题的现象";"教师应对每位学生的考试情况做出具体的分析指导"等一系列要求。

2013 年 6 月 3 日教育部又颁布了《关于推进中小学教育质量综合评价改革的意见》,要求大家充分认识推进评价改革的重要性与紧迫性,更加注重发挥评价的引导、诊断、改进、激励等功能,改变过于强调甄别和简单分等定级的做法,促进学生全面发展、健康成长。

2022 年 11 月 18 日,中央教育工作领导小组、教育部在京召开深化新时代教育评价改革工作推进会,深入学习贯彻党的二十大精神,加快落实推进《深化新时代教育评价改革总体方案》,再次强调以教育评价改革牵引教育领域综合改革。

总之,全面推进素质教育和新一轮基础教育课程改革呼唤教育测量与评价科学化。中共中央、国务院以及教育部颁布的这些重要文件,是指导我们做好教育教学改革的纲领性文件,也是我们开展教育测量与评价改革的指导性文件。

四、教育测量与评价是教师的专业素养

(一)正确评价学生的发展是教师职业能力的重要组成部分

教育测量与评价对于教师来说是必不可少的。在教书育人的过程中,教师需要做出一系列决策和判断,需要对学生的性向、能倾、成就、态度、兴趣、潜能及发展等进行较全面的了解,这就需要采用教育测量与评价的多种方法,以弥补教师非正式观察之不足。教育测量与评价的技术手段不再是唯一的书面考试,而是涉及测量与非测量的一整套评价技术。测量与评价的内容,不再停留在应该牢记和不该死记硬背的内容上,而是涉及更广泛的教育目标。既然学生的发展是生动活泼、多样性的,那么,测量与评价的方法及其结论也应当是丰富多彩、多样化、个别化的。测量与评价的目的,不再局限于给学生分等级排名次,而是对学生的发展和潜能进行系统的调查,发现学生的优点与长处,指出学生的缺点与不足,更重要的是要促使学生确立信心,认识自己的相对优势与弱势,明确自己的努力方向。测量与评价的指导思想是为了创造适合学生发展的教育环境,而不仅仅是为了选拔适合精英教育的学生。因此,现代教育测量与评价的思想方法对于教师创造性的教学、因材施教、提高教学质量具有重要的作用。教育测量与评价的知识是教师必备的专业知识;评价学生的能力是教师职业能力的重要组成部分。在教育教学过程中,科学运用教育测量与评价的有关技术方法,是所有成功教学的基础。

(二)国外教师教育普遍开设"教育测量与评价"类课程

在许多经济发达国家和地区,虽然教师教育模式不尽相同,但所有想当教师的学生至少

要学习 10 门左右的教育理论课程,这一点却是相同的。教育理论课程的学分比重,约占总学分的 15%~25% 不等,其中包括"教育统计与测量"、"教育评价"等类型的课程。目前,我国教师教育进入转型期,教师专业化是国际教师教育的必然趋势。为了培养能适应 21 世纪社会发展的优秀教师,教师教育模式、课程设置、教育理念等都要进行改革,包括要适当加大教育理论课程的比重,开设教育测量与评价之类具有教育专业性、教育技术性的课程。这是顺应国际教师教育的趋势,也是实现教师教育目标的必要措施。

在我国,早在 20 世纪 30 年代,几乎所有的师范学生都要学习教育统计与测验这门课程。后来由于一些特殊原因,师范院校停止开设这类课程,直到改革开放后,国内才首先在高等师范院校教育系和心理系等少数专业中恢复教育统计学、教育测量学等课程。而教育评价的课程则更落后,不但教材建设不尽如人意,而且到目前为止许多学校还只将其列为选修课,甚至没开设这一课程。与国外相比,我国师范教育课程结构中不仅教育理论课程比重偏小,而且除了教育系与心理系等少数专业外,绝大多数师范专业的学生没有学习教育统计、教育测量与评价的基本知识和技能,这不符合国际师范教育的发展趋势,也不利于教师知识结构的优化。因此,这种现象应当引起有关部门的重视。不过,我国台湾地区的情况则不一样,台湾地区的教师教育在理念、课程设置等方面与大陆有差异。他们在教师教育过程中重视教育理论课程的教学,教育理论课程学分占总学分的 25% 左右。台湾地区也进行了新一轮的教育改革,比如,小学和初中阶段,他们准备用四年左右的时间完成"九年一贯"新课程改革计划。新课程改革体现了新的教育理念和科学理论,把课程内容改革、教与学方式改革、考试评价改革作为实施"九年一贯"课程改革的三个支撑点,并把多元评价与教材内容及教学活动有机地加以统整。这些经验值得我们借鉴与学习。

第三节　教育测量与评价的主要类型

国内外学者对教育测量与评价的分类,不仅角度不同,而且看法不一。但格兰朗德的分类具有代表性和启发性。格兰朗德在《教学测量与评价》一书中指出,根据测量的性质,我们可把测验和其他评价方法粗略地分成最大成就和典型行为两大类;从课堂教学中运用的角度,可把测验和评价方法分成安置性测验(评价)、形成性测验(评价)、诊断性测验(评价)和终结性测验(评价)四类;根据怎样解释测验的结果或评价的结果,可把测验和评价方法分成常模参照和标准参照两类。此外,他认为还可以用一些成对的术语或两极词语,把测验分成诸如个体测验与集体测验、掌握测验与综合评估测验、速度测验与能力测验、客观性测验与主观性测验等。本书参照格兰朗德对测验与评价的分类,结合当前我国实际,对教育测量与评价的类型避繁就简地作一梳理。

一、按教学中运用的时机分类

在国内的课堂教学过程中,教师们经常用到的教育测量与评价,按运用的时机来分主要有三种:形成性测量与评价、诊断性测量与评价和总结性测量与评价。

1. 形成性测量与评价

形成性测量与评价在教学过程中经常实施,在性质上大致相当于现在的中小学单元测验。形成性测量与评价的目的,对教师而言是借此获得教学过程中连续性的反馈,了解学生的学习效果、学习历程、学习特点、学习困难等信息,作为随时修正自己教学的参考。同时,形成性测量与评价也可为学生的学习提供反馈信息,学生根据反馈的结果获知自己学习后的表现情况,从而肯定或修正自己以后的学习方式。因此,在教学过程中,形成性测量与评价是不可缺少的。根据预定的教学目标,然后核对形成性测量与评价的结果,教师才能针对全班或个别学生的学习情形,分别给予辅导。

2. 诊断性测量与评价

诊断性测量与评价是对经常表现出学习困难的学生所作的测量与评价,它的目的是对个人的问题行为及其原因进行诊断。诊断性测量与评价多半是在形成性测量与评价之后实施的。形成性测量与评价是在教学过程中实施的,实施之后如发现学生有学习困难的情形,即随时给予个别辅导,在辅导中帮助学生改善学习方法或习惯,从而克服学习困难,并跟上班级教学的进度。如果辅导之后学生学习困难情形依旧,甚至日益严重,那可能就不是单纯的读书方法或学习习惯的问题。长期表现出学习困难的学生,很可能在心理上另有内在原因。在这种情形下,就需要对其实施诊断性测量与评价。

3. 总结性测量与评价

总结性测量与评价用于教学结束后,在性质上相当于现在中小学举行的期末考试。其目的有两个:一是在既定的教学目标之下,检查学生一学期来的学业达到了什么程度,从而判断教学效果的得失;二是根据总结性测量与评价的结果,评定学生的学业成就,并将评定结果通知学生家长。

二、按解释结果的参照点分类

人们在解释教育测量和评价的结果时,总是要选择某种参照点。按解释测量结果或评价结果时的参照点分类,教育测量与评价可大致分成常模参照、标准参照和潜力参照三类。

1. 常模参照测量与评价

常模参照测量与评价是将被试水平与测验常模相比较,以评价被试在团体中的相对地位的一种测量与评价类型。也就是说,常模参照测量与评价对学生学习成就的解释采用了相对的观点。学生在试卷上得到的分数要跟他所在团体的常模比较后,才能显示他的实力。由于命题标准、试题难易和评分宽严的不同,有时单凭卷面分数不能客观地评价学生的成就与能力高低。例如,某生在一次数学测试中得了 85 分,只看其分数并不能确定其水平的高低,必须结合全班学生分数的情形才能确定。如全班平均分为 65 分,标准差为 10 分,那么该生的成绩就位居前列。如全班平均分为 85 分,那么该生的成绩刚好中等。如全班平均分为90 分,标准差为 5 分,那该生的成绩就属于较差的了。这种相对比较论高低的评价方法不仅在一些选拔性考试中得到重要的应用,而且在学校教育评价呈现多元化的改革趋势下也有其存在的价值。

2. 标准参照测量与评价

标准参照测量与评价是将被试的表现与既定的教育目标或行为标准相比较,以评价被试在多大程度上达到该标准。由于这种测量与评价常常和教育目标连在一起,因此也称目标参照测量与评价。学校的教学测量与评价,主要目的是为了确定学生达到教学目标的程度,考查学生对知识技能的掌握程度,因此,一般都采用标准参照测量与评价的方法。

3. 潜力参照测量与评价

潜力参照测量与评价,是将被试的实际水平与其自身潜在水平(潜力)相比较,以评价其是否充分发挥自身潜力为目的。例如,同班同学一人考了 70 分,另一人考了 80 分,老师表扬了考 70 分的同学,而没表扬考 80 分的同学。之所以如此,就是因为老师对学生的评价是参照学生潜力而言的。考 80 分的同学本应考得更好,而考 70 分的同学已经很努力了,其当前实际水平已达到或接近该生的“最近发展区”。在强调人性化、动态化和个别化的教育评价潮流下,潜力参照测量与评价理应发挥更大的作用。本书第八章将对潜力参照测量与评价,以及动态评价的有关内容作进一步的讨论。

三、按被试行为表现的性质分类

心理学家把人的行为表现按其性质分成两大类:最大成就和典型行为。考虑到“最大成就”这个概念的外延相对较小,因此,我们把教育测量与评价按所指向的被试行为表现的性质分类,可分成两种:最佳行为测量与评价和典型行为测量与评价。

1. 最佳行为测量与评价

最佳行为测量与评价是以测量被试的最佳行为表现为目的的。凡是以成就或能力的高低作为评价基础的,都属于最佳行为测量与评价。学校教学后的考试与升学考试,在性质上都属于最佳行为测量。此种测量与评价之所以称为"最佳行为",是因为在这种以能力为基础的评价情境下,被试都将有强烈的求胜动机,对面对的问题全力以赴,希望自己有最佳的表现。如在一般情形下,学生参加竞争性的考试都会如此。因此,学生们在学科成就测验上得到的分数,均可视为他们的最佳行为表现。教师对学生成就高低的评定,自然也是根据他的最佳行为表现。

2. 典型行为测量与评价

典型行为测量与评价的目的不在测量与评价被试能力的高低,而是测量与评价其是否具备某种(或某些)典型行为。换言之,典型行为测量与评价所关心的不是被试能不能尽其所能地表现出其最佳水平,而是要求被试按其通常的习惯方式做出反应(即典型行为)。如态度、情感、人格、兴趣测量等,都属于典型行为测量。在这些测量过程中,需要被试以其平常的典型状况来回答,无所谓正确与错误之分。在重视学生个性发展和全人教育的理念下,典型行为测量与评价方法具有特殊意义。

四、按内容分类

教育测量与评价的内容极为丰富,无法一一列举。但从基本内容来看,主要有智力测量与评价、能力倾向测量与评价、成就测量与评价、人格测量与评价。

1. 智力测量与评价

智力测量与评价的目的在于测量被试的智力,并对被试的智力发展水平和特点做出评价。用于智力测量与评价的标准量具,常见的有"斯坦福—比纳智力量表"、"韦克斯勒智力量表"、"瑞文推理测验"等。

2. 能力倾向测量与评价

能力倾向测量与评价的目的在于测量并评价个人的潜在的才能,预测个人的能力发展倾向。能力倾向测量与评价一般可分为两种:一种是关于一般能力倾向的测量与评价,旨在探测与评价个人多方面的潜能;另一种是特殊能力倾向测量与评价,旨在探测个人某方面特殊的潜能,如音乐能力倾向、机械能力倾向、美术能力倾向等。

3. 成就测量与评价

成就测量与评价的目的在于测量并评价个人在接受教育或训练后的成就。常见的有两种类型：一是学科成就测验，旨在测量与评价被试在某一科目上的学习成就；二是综合成就测验，旨在测量与评价被试在多个学科或综合学科上的学习成就。综合成就测验既可以是单个的测验，也可以是成套的测验。

4. 人格测量与评价

人格测量与评价也称为个性测量与评价，其目的在于测量与评价被试的人格心理特征，诸如气质、性格、兴趣、态度、动机、适应性等方面的心理特征。由于人格的概念十分宽泛，因此，人格测量与评价所涉及的内容层面很多，人格测量与评价方法也是丰富多彩的。为了更好地把"因材施教"的原则落到实处，教育人员应当掌握人格测量与评价的一些基本原理和方法。

五、其他分类

（一）按测量对象分

按测量对象可分为个别测量与评价、团体测量与评价。

1. 个别测量与评价

个别测量与评价是指同一主试在同一时间内只能测量一个被试，例如"斯坦福—比纳智力量表"、"韦克斯勒智力量表"、"罗夏克墨迹测验"、"主题统觉测验"等一些著名的心理测验，都属于个别测验。这种形式的测量与评价，主试对被试的行为反应有较多的观察和控制机会，主试能与被试有更多的交流机会，这可以让主试获得更多的信息，也可以建立较融洽的主被试合作关系，有利于测量与评价的进行。对于一些特殊的被试，如幼儿、文盲等，只能采用个别测量与评价的办法。但是个别测量费时、费力，特别是主试必须经过严格的训练才能胜任，这是它的不足之处。

2. 团体测量与评价

团体测量与评价是指在同一时间内由一位主试测量许多名被试。例如，"瑞文推理测验"、"陆军甲乙种团体智力测验"以及绝大多数自陈人格问卷都属于团体测量与评价。这种形式的测量与评价突出的优点是节省时间，可以在短期内收集到大量的测量数据，所以在教育、人事选拔、团体比较中被广泛使用。其不足之处是由于同一时间内接受测量的被试较多，主试不易有效地控制被试的行为，容易产生测量误差，从而影响测量的信度和效度。

（二）按测验材料分

按测验材料可分为文字测验和非文字测验。

1. 文字测验

文字测验的内容是以文字的形式表现的，被试也用文字作答，也常称为"纸笔测验"，是最为普通的一种测量与评价方式。这种测量与评价实施起来较方便,团体测量与评价大多采用此种形式,学校中的大多数学业成就测验都属于文字测验。文字测验容易受被试文化程度、阅读能力等方面因素的影响,也会受到主试语言、语音等因素的影响,因而,对不同教育背景下的被试,测量与评价的有效性将受到一定程度的影响。

2. 非文字测验

非文字测验的内容是通过图形、仪器、工具、实物、模型等形式表现的,被试通过指认、手工操作向主试提供答案,所以也称为操作测验。这种形式的测量与评价不受或较少受被试文化背景的影响与限制,因此,可用于幼儿或不识字的被试,也有利于对不同文化背景下的被试进行跨文化的研究。在设计"文化公平测验"时常采用这种方式。

(三)按量具的标准化程度分

按量具的标准化程度可分为标准化测验和非标准化测验。

1. 标准化测验

标准化测验是指由测量专家严格按照测验编制程序而编成的一种测验。通常,标准化测验都有一定的编制程序,包括试题的抽样、难度、区分度指标,明确的施测指导语和施测程序,计分标准,解释分数的常模,以及信度、效度等指标资料。

2. 非标准化测验

非标准化测验的编制相对自由,没有严格按照测验编制程序进行。例如教师依照自己的教学需要和教学目标自行编制测验,就是一种非标准化的测验。教师自编测验的编制程序(如:试题的编拟、实施、计分和解释等)没有经过标准的步骤,缺乏严谨一致的信度和效度指标,更没有提供解释分数的常模,相对而言,不够严谨。但是,它能满足教师在教学情境下的使用要求,符合教学的需求。

此外,还有许多其他分类,比如:按评价是否关注过程,可分成过程评价和结果评价;按测验的执行方式,可分为口头测验、纸笔测验、操作测验和计算机测验;按答案和评分的客观性,可分为客观题测验和主观题测验;按测验题目与被试的关系,可分为自适应测验与非自适应测验,等等。

【课后研读题】

什么是标准化考试?标准化考试体现在整个考试实施过程中的哪几个主要环节?为什么在大规模考试中需要标准化考试?

第四节 教育测量与评价的主要功能

教育测量与评价有许多重要的功能,如评定、判断、选拔、反馈、教育、导向、威慑、预测、诊断、激励、改进学习、改进教学等功能。不过,就教学情境而言,格兰朗德指出,"评价的主要目的是改进学习和教学,所以,评价结果的其他用途,都是第二位的或补充性的"。我们认为,教育测量与评价的功能可以归纳成如下几点:

一、教育判断

教育测量与评价的最基本、最原始、最现实、最普遍的功能,就是教育判断。它包括测量评定、事实判断、价值判断、问题诊断、区分选拔等功能。

1. 测量评定

古今中外,教育测量与评价活动的直接目的是为了客观地评定学生的学习成绩,或者是为了给应试者的行为表现评定一个成绩(分数或等级)。教育测量与评价具有测量评定的功能,是因为这种判断过程不是主观随意的,而是按照某些科学准则和程序对人的行为表现做出较为客观的测量与评价。

2. 事实判断

教育测量与评价是一个完整的过程。在这一过程中,人们利用测量和非测量的种种方法,系统地收集资料,在此基础上可以对被测对象或被评对象的某种属性、行为表现等做出符合事实的判断。判断结果可以量化的分数形式出现,也可以定性描述的形式出现。

3. 价值判断

虽然某些事实判断过程也蕴涵着价值判断的成分,但事实判断就整体来看,它与价值判断有明显的差别。价值判断过程,是把事实判断的结果同外部的某种价值体系或价值标准联系在一起,对事物或人的属性做出价值分析、价值判断和价值描述。价值判断往往是建立在事实判断的基础上,事实判断更多地具有写实性,而价值判断则往往具有社会性。

4. 问题诊断

教育测量与评价在实现其事实判断功能和价值判断功能的同时,还具有问题诊断功能。如对学生学习困难的诊断;对学生心理问题的诊断;对儿童智力发展的诊断;对教师教学问题的诊断;对课程设置、课程计划、课程实施的诊断;对教育管理机制的诊断;对办学问题的诊断等。由于教育测量与评价具有问题诊断的功能,因此,在教育过程中,人们常利用各种测验、各种评价表以及考试等手段,大量地收集资料,并对这些资料进行分析,充分发挥和最大限度地实现教育测量与评价的诊断功能。

5. 区分选拔

人类的个别差异是客观存在的。在学校教育过程中,减少学生之间的个别差异量,是教育刻意的追求,但要消灭人的个别差异几乎是不可能的。教育与心理测验是判断个别差异的科学工具。在教育与社会活动中,存在着资源的有限性或者竞争状态,许多情况下必须做出区分与选拔的人事决策。为了保证一定的客观性、公正性和科学性,利用精心设计的教育测量与评价方案,可以较好地实现选拔的人事决策。所以说科学的教育测量与评价方案,具有区分选拔的功能。

二、改进教师教学

教育测量与评价能够通过以下几点,充分发挥改进教学的功能:

1. 通过教育测量与评价了解学生的起点行为

摸清学生的学习和发展状况,是因材施教的前提。任何一次成功的教育活动,如果不是建立在尊重学生已有的学习和发展状况的基础上,是不可思议的。因此,在教学或教育前,教师可以先针对学生实施一次测量,用来评价学生在学习之前已具有的背景知识,作为决定有效教学的起点。

2. 将教学测量与评价的结果作为改进教学的参考

根据教学测量与评价的结果,教师可以明了自己在教学上的缺失,判断教材的可用性,判断教学方法的有效性。例如,在教学过程中,有哪些教学方法或教材的选择、组织或联系不当,是否需要调整或改变教学策略等。测量与评价的结果,为教师改进教学提供了十分有用的参考信息。

3. 测量结果的分析可作为补救教与学的依据

对测量结果的分析,可以让教师了解学生的学习类型。如果该测量过程是经过特殊设计,含有诊断不寻常反应、错误概念和反应心向等不正确选项的话,在对测量结果分析之后,能进一步提供学生在认知结构上哪些地方有缺失的信息供教师诊断,这些信息可以作为教师实施补救教学的参考。测量后试题分析的信息,可以提供所编制测验的统计特征(如难度、区分度等),根据这些信息,教师能够进一步找出不良试题所在,以确保教师所编制的试题均属于性能优良的试题,并且可以被保留在题库内,供日后编制新测验或复本测验使用。根据诊断学习获得的信息,教师可实施补救教学,可针对不同学习类型学生的行为特性,以及不同认知结构缺陷的所在,有针对性地提出符合个别需要的补救教学的策略与措施,以达到因材施教的目的。

4. 通过教学测量与评价，确保教学目标的达到

教学测量与评价的最终目的在于确保教学目标的达到。根据测量与评价的结果，教师可以知道目前的教学情况离目标有多远，是否需要修正目标或改变教学策略，以及是否需要改换教材及教法等。比如，在单元、期中、期末学习后，为了检验教育工作的好坏，全面了解学生对学习内容的掌握情况是必不可少的，这既是为了检查前一段工作的效果，也是进行进一步教育工作的基础。

三、促进学生学习

教育测量与评价具有促进学生学习的功能，主要体现在如下几个方面：

1. 激励学生学习

一份有效的成就测验，可以通过以下几个方面直接影响学生的学习：（1）为学生提供了短期的学习目标；（2）明确所要学习的内容；（3）提供有关学习进步的反馈信息。因此，对教育测量与评价的正确使用，不仅可以引导学生建立学习目标，提供学习成果的反馈，还能激励学生学习。

2. 促进学生自我评价

教育测量与评价可以提供反馈信息，让学生了解自己在学习上的优缺点，如，有哪些错误的概念需要更正，有哪些技能已达到熟练程度等，以促进自我了解、自我认可，帮助学生做出最佳的学习决策或制定出最佳的学习计划。

四、进行教育管理

教育测量与评价具有教育管理的功能，这是因为，许多测量与评价方案是按照教育政策、教育法规、教育文件、教育目标等的具体要求来设计的，体现了国家、社会、教育管理者等的意愿，具有控制、指挥、导向、计划、检查、考核、评估和监督等作用，其本身就行使了教育管理的功能，主要有如下几个方面：

1. 对教师的管理

测量与评价在教师的管理中所起的作用具体体现在这几个方面：一是对教师的资格评定，即教师的专业知识水平是否达到基本要求，专业知识包括文化知识和教育心理学方面的知识。二是对教师的教学艺术水平的评定，即对教师的教学能力进行评定。三是对教师管理水平的评定，即对教师在班级管理方面的能力进行评定。四是对教师的个性进行评定。其中对教师的资格和教学艺术水平的评定是其核心内容。充分发挥教育测量与评价在教师

管理中的作用,可以提高教师管理工作的科学性。

2. 对学生的管理

教育测量与评价具有一定的导向性和威慑性。学校教育过程通过实施教育测量与评价,有助于管理学生,把学生的精力和关注点聚集在学习和准备接受测量与评价的任务上。学校若没有考试与评价制度,学生就没有目标和压力,教育人员也就无法客观地判断学生发展的个别差异,也就不能实现公平、公正和正常的教育教学秩序。

3. 对教育目标和质量的管理

教育测量与评价是根据教育目标进行的,它通过对现状与目标之间的差距进行判断,能有效地促进被测量与评价的对象不断接近预定的目标。因此,通过评价目标与指标体系的引导,可以为学校指明办学的方向,为教师与学生指明教与学的目标。同时,国家政府有关部门通过教育测量与评价可以实现对各地教育质量和教育水平的监测与控制。

4. 对教育过程的管理

利用教育测量与评价,我们可以全面地掌握教育的各种情况,及时发现教育过程中存在的问题,对教育教学任务完成的数量与质量进行控制,为提高教育活动的有效性提供科学的依据。

5. 对学校的管理

教育管理体制改革不仅要转变教育观念,还要改进教育管理方法。因此,我们借鉴了国外经验,建立了对学校的教育评价制度和办学状态信息监测制度,实现宏观管理。在这个教育管理体制变革的过程中,教育测量与评价在发挥着直接和间接的管理作用。

总之,教育测量与评价具有多种多样的积极功能,但这些功能是否能得到很好的发挥,就要依赖于我们能否制定出科学的方案,能否正确地认识和使用测量与评价手段。在新一轮基础教育课程改革中,我们要"改变课程评价过分强调甄别与选拔的功能,发挥评价学生发展、教师提高和教学实践的作用"。

练习与思考

一、名词解释

1. 形成性测量与评价　　2. 诊断性测量与评价　　3. 总结性测量与评价

4. 常模参照测量与评价　　5. 标准参照测量与评价　　6. 潜力参照测量与评价

7. 最佳行为测量与评价　　8. 典型行为测量与评价　　9. 智力测量与评价

10. 能力倾向测量与评价　　11. 成就测量与评价　　12. 人格测量与评价

13. 个别测量与评价　　14. 团体测量与评价　　15. 标准化测验

二、简答题

1. 教育测量与教育评价有什么联系与区别？

2. 教育评价与教育评估有什么联系与区别？

3. 为什么说"考试"类型的量表通常是顺序量表？

4. 试分析泰勒的教育评价概念和本书中所定义的教育评价概念有何联系与区别。

5. 怎样使用教育测量与评价这个概念？

6. 为什么说教育测量与评价在教育中有重要的作用？

7. 为什么说教育测量与评价是教师必备的知识、技能和修养？

8. 基础教育课程改革对考试评价制度改革提出了哪些要求？

9. 教育测量与评价有什么功能？我们应该如何对待教育测量与评价？

10. 常模参照测量与评价和标准参照测量与评价有什么联系与区别？

三、论述与探究题

1. 通过对教育测量与评价功能及类型的了解,反思并论述你所在学校的考试起到的作用。

2. 2020 年 10 月,中共中央、国务院印发《深化新时代教育评价改革总体方案》,其中对改革学校评价、教师评价和学生评价三个方面提出了哪些政策要点？

第六章　教育测量与评价的质量特性

内容导读

　　本章主要围绕教育测量与评价的质量特性,介绍和探讨教育测量与评价的信度、效度,以及教育测量与评价中题目的难度、区分度。学习本章内容时,要理解概念和方法,比较不同概念和不同方法之间的联系与区别,通过自己归纳与分类整理,更好地掌握本章内容。学完本章后,应当能够做到:定义信度、效度、难度及区分度;依据不同情况采用恰当的方法计算测验的信度;领会标准参照测验的信度与一般测验信度的区别;能依据不同情况选用恰当的方法对测验的效度进行评价;计算题目的难度;分析题目的区分度;领会测验的信度与测量分数误差之间的关系。本章的重点内容是:掌握同质性信度即内部一致性信度的各种分析方法;掌握标准参照测验的信度的分析方法;掌握测验的内容效度的分析与研究方法;掌握测验题目难度的各种分析方法;知道估计题目区分度的两类方法,着重掌握"两端分组法"。

第一节　教育测量与评价的信度

　　教育测量与评价的信度,简单地说就是教育测量与评价结果的可信程度,记为 r_{xx}。如果用同一测量工具反复测量同一种特质对象,则多次测量结果间的一致性程度也叫信度。测验信度是对测验工具及其操作的整体质量的一种量度,是测验性能的重要质量指标。本节研究信度的估计方法。

一、重测信度和复本信度

1. 重测信度

　　重测信度指的是用同一个量表(测验或评价表)对同一组被试施测两次所得结果的一致性程度,其大小等于同一组被试在两次测验上所得分数的相关系数。

　　重测信度有个基本假设,那就是假设某测验所要测量的潜在特质,在短期内不会随着时间的推移而改变。因此,重测信度的用途也在于估计测验结果(以测验分数表示)经过一段时间后是否仍然维持稳定、一致的特性,又称为稳定性系数。

重测信度适用于异质性测验。所谓异质性测验是指一个测验包括几个不同的部分,这几个部分分别测量几种不同的心理特质,它们之间可能并不存在相关,或相关较低。对于这种异质性测验,不适宜计算它的内部一致性信度。这时,重测信度是比较可靠的。另外,重测信度适用于速度测验而不适用于难度测验。因为速度测验的测题数量多,而且有一定的时间限制,被试很难记住第一次施测的内容,所以第二次施测较少受记忆的影响,而难度测验则相反。重测信度还适用于运动技能的测验,如跑、跳、掷等,其测验成绩较少受重复测量的影响。

2. 复本信度

所谓复本测验,是指在试题格式、题数、难度、指导语说明、施测要求等方面都相当,并且都用来测量相同潜在特质或属性,但试题又不相同的测验。复本测验也称作平行测验。

复本信度指的是两个平行测验测量同一批被试所得结果的一致性程度,其大小等于同一批被试在两个复本测验上所得分数的相关系数。

实施复本测验,有两种方式:一种是在同一个时间连续施测,另一种是间隔一段时间后施测。前者主要可以反映出测验内容造成误差的多少,也就是说可以反映出两个测验是否是真正的平行测验,这种复本信度称作等值性系数。而后者所得到的复本信度,不仅可以反映出测验内容的抽样误差,而且也反映了被试本身状况的改变。这种同时兼顾试题抽样与时间影响的信度,称作等值稳定性系数。与其他的信度系数相比,等值稳定性系数最小,也就是说,此种复本信度是对信度最严格的检验。

使用复本信度首先要构造出两份或两份以上的真正的平行测验。这是一个很难达到的条件。因此,复本信度也可能低估了测验真正的信度。

二、同质性信度

同质性信度也叫内部一致性信度,它是指测验内部所有题目间的一致性程度。在这里,题目间的一致性含有两层意思:其一是指所有题目测的是同一种心理特质;其二是指所有题目得分之间都具有较高的正相关。也就是说,同质性信度就是一个测验所测内容或特质的相同程度。

同质性信度基于的假设是:当一个测验具有较高的同质性信度时,说明测验主要测的是某一单个心理特质,由于众多的题目都测试了同一心理特质,那么实测结果就是该特质水平的反映。例如,用一道选择题测量被试的数学能力,机会性太大,并不能反映被试的真正水平。但是用 10 道题甚至更多的题来测被试的数学能力,如果这些题真的是测量同一种能力的话,那么随着题量的增多,必然会更加客观地反映被试的真实水平。如果一个测验的同质性信度不高,则说明测验结果可能是几种心理特质的综合反映,这时,测验结果不好解释。一种办法是把一个异质的测验分解成多个具有同质性的分测验,再根据被试在分测验上的得分分别作出解释。但这样,实际上每个分测验的题量都减少了,因此异质测验并不适合用同质性信度。另外,若速率是测验的重要因素,也不宜使用同质性信度系数。估计同质性信度的方法主要有以下几种。

1. 分半信度

分半信度指的是将一个测验分成对等的两半后,所有被试在这两半上所得分数的一致性程度。它反映了测验分两半后题目间的一致性,所以属于同质性信度。但是,也可以将分半信度和等值性系数一样解释,即把对等的两半测验看成是在最短时距内施测的两个平行测验。

计算分半信度并不难,比较困难的是如何将测验分成相等的两半。分半的方法很多,如按题号的奇偶分半、按题目的难度分半、按题目的内容分半,等等。所以,同一个测验通常会有多个分半信度值。不论如何分半,一般都应在分半后考察分半的情况,看是否需要做适当调整,其最终的目标是将测验分成对等的两半。如果一个测验无法被分成对等的两半,则不宜使用分半信度。在实际应用中,由于题目一般是依据难度大小排列的,采用奇偶分半可使两半测验的题目在难度上基本相等,因此常被采纳。

分半信度的计算方法和等值复本信度的计算方法类似,只不过分半信度计算的是被试在两个“半测验”上得分的相关系数,只是半个测验的信度,还必须用斯皮尔曼—布朗公式加以校正:

$$r_{xx} = 2r_{hh}/(1 + r_{hh}) \tag{6-1}$$

式中:r_{xx} 为整个测验的信度系数;r_{hh} 为被试在两个“半测验”上得分的相关系数。

【例 6-1】 一个测验向 15 名被试施测,被试在奇偶分半测验上的得分如表 6-1 所示,计算该测验的分半信度系数。

表 6-1　15 名被试在奇偶分半测验上的得分

被试编号	01	02	03	04	05	06	07	08	09	10	11	12	13	14	15
奇数题(X)	20	18	23	21	17	18	20	17	16	13	14	13	12	8	8
偶数题(Y)	20	22	19	22	18	15	14	17	15	16	14	12	10	7	6

【分析解答】　计算两个"半测验"得分的积差相关系数为 0.86。代入公式(6-1)得：

$$r_{xx} = 2r_{hh}/(1 + r_{hh}) = (2 \times 0.86)/(1 + 0.86) = 0.92$$

所以,该测验的分半信度系数为 0.92。

2. 库德—理查逊信度

库德—理查逊信度(Kuder & Richardson reliability),该方法适合于测验题目全部为二值记分题的测验的内部一致性信度分析。库德—理查逊公式有好几个,其中常用的有 KR_{20} 和 KR_{21} 公式。

(1) KR_{20} 公式为:

$$KR_{20} = \frac{K}{K-1}\left(1 - \frac{\sum_{i=1}^{n} p_i q_i}{S_x^2}\right) \tag{6-2}$$

式中: KR_{20} 为测验的信度; K 为题目数; p_i 和 q_i 分别表示答对和答错第 i 题的被试人数比例; S_x^2 为测验总分的方差。

【例 6-2】　10 名被试在某测验上的得分情况如表 6-2 所示(答对得 1 分,答错得 0 分),试估计被试反应的一致性程度。

【分析解答】　将 $K = 6$, $\sum_{i=1}^{n} p_i q_i = 1.35$, $S^2 = 2.01$ 代入公式(6-2)得:

$$KR_{20} = \frac{6}{6-1} \times \left(1 - \frac{1.35}{2.01}\right) = 0.39$$

表 6-2　10 名被试在某测验上的得分情况

得分　　题目 被试编号	1	2	3	4	5	6	总分
01	1	0	0	0	0	0	1
02	1	0	0	1	0	0	2
03	0	0	0	0	1	1	2
04	1	1	1	0	0	0	3
05	0	1	0	0	1	1	3
06	1	1	1	0	0	0	3
07	1	1	1	1	0	0	4
08	1	1	1	1	0	0	4
09	1	1	0	1	1	1	5

续 表

得分　题目 被试编号	1	2	3	4	5	6	总分
10	1	1	1	1	1	1	6
p	0.8	0.7	0.5	0.5	0.4	0.4	
q	0.2	0.3	0.5	0.5	0.6	0.6	
pq	0.16	0.21	0.25	0.25	0.24	0.24	$\sum_{pq} = 1.35$

(2) KR_{21} 公式为:

$$KR_{21} = \frac{K}{K-1}\left[1 - \frac{\bar{X}(K - \bar{X})}{KS_X^2}\right] \tag{6-3}$$

式中:KR_{21} 为测验的信度;$\bar{X}$ 是全体被试测验总分的平均数;其他符号的含义与公式(6-2)中相同。

仍采用表6-2的数据资料,求得 $\bar{X} = 3.3$,代入公式(6-3),得

$$KR_{21} = \frac{6}{6-1} \times \left[1 - \frac{3.3 \times (6 - 3.3)}{6 \times 2.01}\right] = 0.31$$

当测验中所有试题难度都一样,或测验平均难度接近0.50时,根据 KR_{20} 公式和 KR_{21} 公式所估计出来的信度值将相等。但是,当测验中所有试题的难度值极不相同时,由这两个公式所估计出来的信度值差距将较大,通常用 KR_{21} 公式估计出的信度值会比 KR_{20} 公式估计出的信度值小。

3. 克龙巴赫(Cronbach)α 系数

当测验题型较多,并非都是二值记分题时,估计测验信度可采用克龙巴赫α系数。其计算公式为:

$$\alpha = \frac{K}{K-1}\left(1 - \frac{\sum_{i=1}^{K} S_i^2}{S_X^2}\right) \tag{6-4}$$

式中:S_i^2 表示所有被试在第 i 题上得分的方差,S_X^2 表示所有被试各自总分的方差,K 为题目数。

【例6-3】 用一个包含6个论文式试题的测验,对5个被试施测,其结果如表6-3所示,试求该测验的信度。

【分析解答】　① 求所有被试在第 i 题上得分的方差 S_i^2，列在表 6-3 中最右列。

② 求所有被试在各题上得分方差之和 $\sum S_i^2$：

$$\sum_{i=1}^{K} S_i^2 = 3.76 + 0.4 + 1.36 + 1.84 + 1.84 + 2.00 = 11.20$$

③ 求所有被试各自总分的方差 S_X^2：

$$S_X^2 = 19.44$$

④ 代入公式(6-4)计算信度系数：

$$\alpha = \frac{6}{6-1} \times \left(1 - \frac{11.20}{19.44}\right) = 0.51$$

表 6-3　测验内在一致性信度系数计算表

题号＼学生	A	B	C	D	E	S_i^2
1	3	6	1	6	5	3.76
2	4	3	3	2	3	0.4
3	3	4	1	2	1	1.36
4	2	5	2	1	2	1.84
5	1	4	4	5	4	1.84
6	4	6	5	3	2	2.00
总分	17	28	16	19	17	

三、标准参照测验的信度分析

在标准参照测验中,决定学生的学习是否达到教师预先设定的掌握标准,是一件很重要的事情。在这个标准下,多数学生的学习将可以达到某种满意的掌握水平,因此,学生在测验上得分的变异数将会变得很小。在这种理念下,上述较适用于常模参照测验的信度的一些估计方法便不适合用来估计标准参照测验的信度。

既然在标准参照测验中,学生的测验分数是用来作为决定(或判断)其是否达到掌握标准的一项重要依据,因此,"决定"是否正确远比分数"估计"是否精确更重要。在这一思想的指导下,人们提出了一些分析标准参照测验信度的方法,这里介绍百分比一致性指标的方法。

百分比一致性(percent agreement,简称 P_A)指标是指同一测验或两平行测验先后两次施测,其对被试的分类结果一致的比例。其计算方法如表 6-4 所示：

表6-4 百分比一致性指标的计算方法

		后 测				合计	
		掌握		未掌握			
前测	掌握	60	a	5	b	65	a+b
	未掌握	15	c	20	d	35	c+d
合计		75	a+c	25	b+d	100	N

$$P_A = \frac{a+d}{N} = \frac{60+20}{100} = 0.80$$

四、测量标准误与测验信度的关系

测量标准误是指测验中所得测值偏离真分数的程度,记为 SE。显然,它与测验信度系数之间存在着必然联系,这种关系可定量地表示如下:

$$SE = S_X\sqrt{1 - r_{xx}} \qquad (6-5)$$

式中:SE 为测量的标准误,S_X 为观察分数的标准差,r_{xx} 是测量的信度系数。

测量标准误是反映测量结果精确性和可靠性的又一指标,同时也是人们正确解释测验分数的科学依据。例如,某次测验信度系数为 0.92,一批被试的测验分数的标准差为 9.48,那么该次测验的测量标准误 $SE = 2.68$。应用测量标准误 SE 可合理地解释被试所得分数的误差范围。假设某被试在上述测验中得分为 70 分,根据统计学中区间估计的原理,可以推断出该被试的真正分数有 68.26% 的可能性落在 $70 \pm SE$ 之间,即位于 $[67.32, 72.68]$ 之间;同理,有 95% 的可能性落在 $70 \pm 1.96SE$ 之间,即在 $[64.75, 75.25]$ 之间。根据测验的信度系数求出测量标准误,从而正确解释各被试的测验分数,这是测验信度系数的一个重要应用。

第二节 教育测量与评价的效度

效度(validity),顾名思义,就是一次测量的有效程度。严格地说,效度是指一个测验或量表实际能测出其所要测量特性的程度。显然,效度是测量质量的一个极其重要的方面,测量工具如果无效或效度太低,就失去了存在的价值。评价一个测量是否有效要多角度多方面地收集证据,然后利用这些跟测验有关的客观资料,用逻辑思辨或统计分析的方法,来确定该测验的实际有效性。这种收集大量资料和证据来检验测量效度的工作过程,叫做效度验证(validation)。验证测验效度可以从不同角度采用不同方法来进行,比如系统考察测验项目的内容、拿被试测验分数与其他独立测量结果做比较,以及分析测验所测的心理特性的结构与性质,等等。根据验证效度的角度与方法的差异,可以把效度验证工作大体分为三种,验证工作的结果就分别对应着这三种效度:内容效度、结构效度和效标关联效度。

一、内容效度

(一) 含义

内容效度就是测验题目样本对应测内容与行为领域的代表性程度。如果是教学情境下的成绩测验,那么其内容效度就是看测验题目样本能体现教学目标与教材要求的程度。例如,教师给学生做一份语文测验卷,如果该测验卷的题目涵盖了语文教学所要达到的各项教学目标及教材的重要内容,那么我们便说该测验具有较高的内容效度。

显然,要考察测验题目样本的代表性,首先就要求对应测内容与行为领域有明确的界定,有比较清楚的组织结构。因此,内容效度主要适用于教育测量(尤其是学业成绩测验)的情境中。在教育测量中,尤其是标准参照测验,测验分数是依据测验内容及外在的客观标准来加以解释的,所以内容效度最能反映出该测验是否可以测量出所要测量的特质内容。另外,学业成就测验往往具有明确的教材内容和学习目标,试题内容是从中挑选出来的,便于进行逻辑分析与判断。对于某些特质的心理测验,内容效度并不适合,因为一些心理特质,如"智力"、"创造性"、"人格"等,都存在着外延范围不明、内部结构复杂、人们对其看法不统一的现象,因而,不易进行内容效度分析。

内容效度也适合于某些用于选拔和分类的职业测验。这种测验所测的内容就是实际工作所需的知识和技能。编制这种测验如果事先对实际工作做了较细的分析,题目取样一般来说都是令人较为满意的。

(二) 分析方法

内容效度的分析方法常用逻辑分析法,即依靠有关专家对测验题目与应测内容范围的吻合程度做出判断。例如考试的内容效度分析,就是依靠专家来分析一份试卷的所有题目,把所有题目按考试内容分布和考查目标分布进行双向分类,形成实际的"题目双向分类表"。基于这个"题目双向分类表"的分析,再由专家对这次考试(测量)的内容效度的满意程度做出等级判断或评语描述。如果在测验编制之前已制定"命题双向细目表",那么,对测验的内容效度进行分析时,就可以把基于实际测验题目分析得到的"题目双向分类表",与事先制定的"命题双向细目表"进行对照分析,了解实际命题在多大程度上偏离了原命题计划。这里不妨先提供一份测验的命题双向细目表(如表6-5所示),以增加读者的感性认识。

表6-5　小学数学四则混合运算成就测验的命题双向细目表

教材内容 \ 教学目标		知识	理解	应用	分析	综合	评价	总计	百分比
加法	选择	1	2					8题	20%
	填空			1	1				
	计算		1	1					
	应用						1		
减法	选择	1	1					8题	20%
	填空			1		1			
	计算	1	1				1		
	应用				1				
乘法	选择	2		1				12题	30%
	填空		1			1			
	计算	2		1			1		
	应用			1	1				
除法	选择	2		1				12题	30%
	填空		1		1				
	计算	1	1				1		
	应用			1	1				
总　计		10题	10题	8题	4题	4题	4题	40题	100%
百分比		25%	25%	20%	10%	10%	10%		100%

二、结构效度

所谓结构(construct),是指心理学或社会学上的一种理论构想或特质。它本身观察不到,并且也无法直接测量到,但学术理论假设它是存在的,以便能够解释和预测个人或团体的行为表现。例如,智力就是心理学中的一种结构或者特质,而结构效度指的就是测验能够测量到理论上(通常是心理学或社会学)所定义的某一心理结构或特质的有效程度。

总的来说,结构效度的验证一般包括四个步骤:第一,提出有关理论结构的说明,并据此设计测量用的试题。在实际应用中,测量者也可能是在前人提出的理论结构假设的基础上来进行测验编制的。第二,提出可以验证该理论结构存在的假设说明。第三,采用各种方法收集实际的资料,以验证第二步提出的假设的正确性。第四,收集其他类型的辅助证据,淘汰与理论结构相反的试题,或是修正理论,并重复第二步和第三步,直到上述的假设得到验证,即测验的结构效度获得支持为止。否则,即表示该测验效度有问题或是该理论结构有问题,或是两者都存在问题。此时,必须重复上述步骤,直到理论结构被验证或决定放弃验证工作为止。

三、效标关联效度

效标关联效度(criterion-related validity)是指一个测验对处于特定情境中的个体行为进行预测时的有效性。而要判断这种预测的有效性,就必须找一个测验外在的、客观的标准,比如用高考成绩预测大学生的学习成绩、用能力倾向测验预测个体工作上的成效等,那么学习成绩、工作成效等被预测的行为同时也就是检验测验效度的外在的、客观的标准,即效度的标准,简称效标。用这种方法考察测验的效度被称为效标关联效度,由于它是以实践的效果来检验测验是否有效的,因此也被称为实证效度。

根据效标资料获得时间的不同及测验使用目的的不同,效标关联效度可以分为同时效度和预测效度两种:

(1)测验分数与效标资料的取得约在同一时间内连续完成,这两种资料的相关系数的计算结果即表示测验的同时效度。这种效度的目的主要用于诊断现状,用更简单、更省时、更廉价和更有效的测验分数来取代不易搜集的效标资料。比如,韦氏智力测验其有效性是已经得到验证的,但其操作较为复杂、费时。如果我们自编一个能对团体施测的纸笔智力测验,并有着较高的效度,那么就可用它替代韦氏智力量表。为此,我们可以用韦氏智力测验和自编智力测验同时向一批被试施测,然后对获得的两批数据资料进行相关分析,如果相关一致性高,就说明新编测验同时效度高,可以用于实际测验。

(2)在测验分数取得一段时间后,才获得效标资料,计算这两种资料间的相关系数即代表测验的预测效度。预测效度的作用在于预测某个个体将来的行为。比如,高考是一种用来为高等学校选择合格新生的学业成绩测验,其有效性在录取完新生时还无法验证判明,要等新生入学一学期或一学年后,再拿新生的高考成绩与大学学业成绩做比较,看其相关一致性如何。相关一致性高,说明高考的预测效度好;相关一致性低,说明高考的预测效度差。

无论是同时效度还是预测效度,其目的都是想用实证的方法测验一个有代表性的样本,证明测验有效。于是今后就可以用简便的测验去预测类似于样本的其他团体或个体的行为。因此,有人把这两种效度都称作预测效度,并把测验称作预测源。

从效度估计的方法上看,效标关联效度可以用相关法,就是计算测验分数与效标测量的相关系数,具体方法有:积差相关、等级相关、点双列相关等。在使用过程中该选择何种计算方法,应根据测验分数与效标测量数据资料的形式而定。

【课堂讨论题】

在学校教育过程中,为什么需要强调教育测量与评价活动的质量特性?

第三节　教育测量与评价中题目(项目)的难度

教育测量与评价中题目(项目)的难度,就是被试完成题目(项目)任务时所遇到的困难程度。定量刻画被试作答一个题目所遇到的困难程度的量数,就叫题目的难度系数,也常称为难度值,用符号 P 表示。

一、难度系数计算方法

难度系数的主要计算方法有以下几种。

1. 以全体被试得分率为难度系数

如果一个题目的难度大,则被试得高分的可能性小;反之,如果题目的难度小,则被试得高分的可能性就大。因此,得分率可以作为难度系数的指标。其计算公式为:

$$P = \frac{\bar{X}}{X_{max}} \tag{6-6}$$

式中: P 代表题目难度, $\bar{X}$ 为被试在某题目上的平均得分, X_{max} 为该题目的满分。

【例6-4】　10名学生参加一项测验,其中两题的得分情况如表6-6所示,计算这两题的难度系数。

表6-6　10名被试在两道题上的得分表

学生	A	B	C	D	E	F	G	H	I	J	平均得分	题目满分
第一题	1	1	1	0	1	0	1	0	1	0	0.6	1
第二题	3	2.5	3	1.5	2	0	1.5	1	2	0.5	1.7	3

【分析解答】　第一题的难度系数:

$$P_1 = \frac{\bar{X}}{X_{max}} = \frac{0.6}{1} = 0.6$$

第二题的难度系数:

$$P_2 = \frac{\bar{X}}{X_{max}} = \frac{1.7}{3} = 0.5667$$

2. 以全体被试通过率为难度系数

在上例中,第一题实际上是个1、0二值记分题。对于二值记分题,只有答对与答错之分,其难度系数在本质上是正确作答人数的比例,也叫通过率。直接建立在通过率基础上的难度系数,其取值范围在 0.00(即无人做对)和 1.00(即全部做对)之间,计算公式是:

$$P = K/N \qquad (6-7)$$

式中:K 为某一题的答对人数,N 为全体被试人数。

3. 以两端组被试得分率的均值为难度系数

该方法分别计算高分组被试和低分组被试的得分率,然后求取二者的平均值作为难度系数,公式为:

$$P = \frac{P_H + P_L}{2} \qquad (6-8)$$

式中:P 代表难度系数;P_H、P_L 分别表示高分组和低分组被试的得分率,即这两组被试在同一个题目上的难度系数。

以两端组被试的得分率作为难度系数的具体计算步骤为:

(1)按被试的总分,将全体被试从高到低进行排序。

(2)从高分往低分找,找出高分组;由低分往高分找,找出低分组。两组人数分别各占总人数的 27%。

(3)分别计算高分组、低分组的被试在该题目上的平均得分。

(4)代入公式(6-6),分别计算高分组和低分组被试在同一个题目上的难度系数。

(5)把 P_H 和 P_L 代入公式(6-8),计算这个题目的难度系数。

二、难度系数变换

用上述方法计算出来的难度系数,不论是得分率还是失分率,都属于顺序变量,不具有相等的单位。为了解决这个问题,人们常假设每个试题所要测量的潜在特质或能力是呈正态分布的,然后就可以根据正态分布曲线,将试题的难度系数 P 作为正态曲线下的概率面积,转换成具有相等单位的等距量表,即 Z 分数(标准分数)量表。由于标准分数量表具有相等单位,属于等距量表,因此,用标准分数作为题目难度的指标,可为进一步做难度分析带来方便。但是,Z 分数有小数点和负值,故需对其作线性变换。其中较为常用的一种变换是美国教育考试服务中心(Educational Testing Service,简称为 ETS)采用的难度指标,其计算公式如下:

$$\Delta = 13 + 4 \cdot Z \tag{6-9}$$

式中:Δ(delta)表示题目难度系数,Z 表示由 P 值转换得来的标准分数,可通过查正态分布表(见附表 3-1)后计算确定。由于标准分数 Z 通常只取介于 ±3 之间的数值,因此,常用的 Δ 值介于 1~25 之间,平均难度为 13,标准差为 4。Δ 值越大,表示试题越难;Δ 值越小,表示试题越容易。这种表达比较符合人们的思维习惯。不过在我国,通常还是用得分率来刻画题目的难度。

【课后研读题】

目前,美国教育考试中心所举办的"托福"考试已做了许多改革。请你关注一下,"托福"考试的评分记分方法、题目难度计算方法都有哪些改革?

第四节　教育测量与评价中题目(项目)的区分度

一、题目区分度的意义

题目区分度就是题目区别被试水平的能力的量度,常记为 D。凡是测验,多少都带有将被试的水平加以区分的意图,那么构成测验的每一个题目就应该为这一目标做贡献,区分度就是刻画试题的这种功能的质量指标。在所测特质上,被试的水平总有高低之分。倘若高水平被试在测验题目上能得高分,而低水平被试只能得低分,那么测验题目区分被试水平的能力就强;若高水平被试和低水平被试在测验题目上所得分数没有差异,题目不能提供关于被试水平差异的信息,则它的区分能力就弱。如高水平被试在测验题目上反而得低分,低水平被试在测验题目上所得分数却不低,这种题目的性能就跟测验理念相背离,在测验中只会起干扰破坏的作用。可见,题目区分度是测验性能的一个重要指标,是题目对于测验目的来说的有效性程度问题。

在区分度的分析过程中,首先必须找一个标准,以确定被试实际水平的高低。只有清楚了被试的水平高低,才能判定测验题目对被试水平的区分是否正确。因此,理想的办法就是先找一个客观的标准(一个不依赖于测验成绩的外部的客观标准),再将被试成绩按优劣顺序排好,然后看被试在测验试题上的得分顺序是否跟前者相符。但是,这种测验的外部的客观标准是很难找到的。例如,我们要在统一的高校招生考试之外事先找到一个能把考生水平排好顺序的客观标准,以便据此来分析高考试题区分度的优劣,实际上是不可能的。如果找到了,高考本身也就可以由它来替代了。因此,在对测验试题做区分度的分析时,一般都是使用内部标准,即把考生在整个测验上所得的总分,当作是考生的实际水平的代表。当然,这在逻辑上是缺乏充分根据的。因为,总分是否正确可靠,在分析工作尚未进行之前,是无法肯定的。然而,一般来说,测验都是经过一番设计的,全卷总分比起个别试题的得分来说,总是有可能更接近于考生的实际水平的。另外,以总分做标准,有利于增强测验试题间的同质性,从而有利于提高整个测验的信度。同时,也说明每道试题应为测验目标做贡献,如果不一致,恰好就说明了该试题所测特质与测验目标不一致。

区分度的分析方法,可以归纳成两类:一为外在效标法,即分析被试在测验题目上的得分与其在外部的客观标准上的表现之间的关系。另一类为内部一致性法,即分析被试在测验题上的得分与在整个测验总分之间的一致性程度。在实际操作中,主要使用的是后者,从这个意义上说,区分度的实质,就是题分与总分的相关程度。因此,相关系数的计算思想方法在题目区分度分析中有重要的应用。

区分度的值域范围在-1.00~+1.00之间。通常 D 为正值,称作积极区分;D 为负值,称作消极区分;D 为0,称作无区分作用。具有积极区分作用的项目,其 D 值越大,区分的效果越好。

二、区分度的计算

区分度的计算方法除了计算"题目得分—测验总分"相关系数外,还有一种比较常用的方法是采用"高低分组法"计算区分度指数 D。被试在测验分数序列中两端高分低分组被认为是两个极端效标组。这两个极端效标组间在特定题目上的反应差别程度可以刻画题目的区分能力。因此,与前面应用两端分组的办法来估计题目的难度系数一样,可用高分组在特定题目上的得分率和低分组在相同题目上的得分率之差作为题目区分度的指标(高分组、低分组人数比例各占总人数的27%),一般称之为鉴别度指数,记为 D。计算公式为:

$$D = P_H - P_L \qquad\qquad (6-10)$$

式中:D 代表题目鉴别度指数;P_H、P_L 分别表示高分组和低分组在该题目上的得分率。为计算方便,还可采用公式:

$$D = \frac{\overline{X}_H - \overline{X}_L}{F} \tag{6-11}$$

式中:D 代表题目鉴别度指数;$\overline{X}_H$ 表示高分组在特定题目上的平均得分;$\overline{X}_L$ 表示低分组在该题目上的平均得分;F 表示该题目的满分值。

D 值是鉴别题目测量有效性的指标,D 值越高,题目越是有效。而且,它适用于各种题目的得分情况,不像相关法那样,每一种方法都有各自的适用条件,而各种方法之间又不能直接比较(前面的例子已经显示出,同样的数据不同方法计算的结果不同),因此,在实际应用当中,人们常常采用高低分组法来计算题目的区分度。国内外测验专家根据长期经验,提出用鉴别指数评价题目性能的标准,如表 6-7 所示:

表 6-7　项目区分度评价标准

区分度值	对题目的评价与处理
0.40 以上	优良
0.30~0.39	合格
0.20~0.29	尚可,稍作修改更好
0.19 以下	必须修改或淘汰

练习与思考

一、问答题

1. 什么是测验信度? 说明何种类型的测验适用于何种信度系数。

2. 什么是测验效度? 为什么说它是非常重要的测量质量指标?

3. 效度的种类有哪些? 试举例说明。

4. 什么是题目难度? 举例说明如何求取。

5. 什么是题目区分度? 如何用测验内部标准法来确定题目区分度?

6. 如何分析测验的内容效度?

7. 国内外测验专家根据长期经验提出用鉴别指数评价题目的区分度,其标准如何?

二、计算题

1. 某标准化技能测验,间隔两周向同一批代表性被试组先后施测两次,所得数据如表 6-8 所示,求该测验的稳定性信度系数。

表6-8　某标准化技能测验

被试	01	02	03	04	05	06	07	08	09	10	11	12	13	14	15
前测	31	23	40	19	60	15	46	26	32	30	58	28	22	23	33
后测	32	25	37	23	55	23	55	28	30	32	60	31	20	22	25

2. 某一标准化英语水平测验的两份平行试卷 A 和 B,向同一代表性被试组先后施测,结果如表6-9所示,求该测验的等值稳定性信度系数。

表6-9　某标准化英语水平测验

被试	01	02	03	04	05	06	07	08	09	10
前测	67	80	85	75	72	81	90	76	84	73
后测	70	79	86	73	76	85	91	77	80	69

3. 5名被试在一个有6道题目的测验上的得分如表6-10所示,问该测验题目的同质性程度如何?

表6-10　某5名被试的测验得分

被试＼题目	1	2	3	4	5	6
A	7	6	6	8	7	7
B	11	9	10	11	11	11
C	8	7	6	6	8	8
D	11	8	8	8	11	11
E	11	9	9	3	11	11

4. 10名学生在一测验的奇数题和偶数题上的得分如表6-11所示,求该测验的分半信度系数,并进行校正。

表6-11　某10名被试者的测验得分

学生	01	02	03	04	05	06	07	08	09	10
奇数题	32	30	28	31	23	24	22	21	25	35
偶数题	31	26	26	30	22	27	23	20	23	36

5. 10名学生在一个包括6道二值记分题的测验上的得分情况如表6-12所示,求该测验的内部一致性信度系数。

表 6-12　某 10 名学生 6 道题的测验得分

被试＼题目	1	2	3	4	5	6
A	0	0	0	0	0	0
B	1	0	0	0	0	0
C	1	0	1	0	0	0
D	1	1	0	0	1	0
E	1	0	0	1	0	0
F	1	1	1	0	0	1
G	1	1	1	1	1	0
H	1	1	0	1	1	0
I	0	1	1	0	0	1
J	1	1	1	1	1	1

6. 某标准化考试的信度系数为 0.94,测验分数的方差为 15 分,求该测验的测量标准误。若甲、乙、丙三人的得分分别为 90、85、70,说明三人各可能处在什么分数区间。

7. 两位评委对 15 名学生的写作水平评出了等级,其结果如表 6-13 所示,问两位评委所评结果的一致性如何?

表 6-13　某 15 名学生的写作水平测验结果

学生	01	02	03	04	05	06	07	08	09	10	11	12	13	14	15
评委一	1	2	3	4.5	4.5	6	7	8	9.5	9.5	11	12	13	14	15
评委二	3	2	1	7	8	5	4	6	14	15	12	9	10	11	13

8. 某学科测验共 8 题,10 名被试得分情况如表 6-14 所示,请用高低分组法计算各题目的难度与区分度。

表 6-14　某 10 名学生某学科测验的得分

题目＼被试	01	02	03	04	05	06	07	08	09	10
1	2	2	0	2	0	0	2	0	2	2
2	0	2	2	0	2	0	0	2	0	2
3	0	0	2	2	2	0	2	0	0	0
4	0	2	0	0	2	0	0	2	2	0
5	5	7	4	6	6	2	4	5	3	4
6	6	5	5	4	7	1	6	2	4	5
7	11	14	9	10	16	5	12	8	10	13
8	10	16	8	12	15	6	15	11	10	8

第七章　编制测验的原理与方法

⟸ **内容导读**

　　本章主要介绍客观性试题的类型及其编写技巧、主观性试题的类型及其编写要领、测验蓝图设计与命题双向细目表、测验编制与组织要领等。学习本章内容时读者要注意结合实际,注重理解和应用,善于归纳与分类,提纲挈领地掌握有关原则或注意事项。学完本章后,应当能够了解各类测验题目的功能;掌握各类测验题目的编制要求;掌握编制测验的基本要领;掌握测验蓝图设计的基本要领。本章的重点内容是客观题、主观题的优缺点,选择题的编写技术要领,论述题的编写原则,操作测验题的编写原则,编制测验的命题双向细目表。

第一节　测验题目类型与测量功能

　　测验题目是测验的基本构成元素,题目编制恰当与否直接关系到整个测验的质量。只有正确地掌握不同类型试题的测试功能及命题方法,才能根据考试的目的和要求,正确地选择合适的题型并编制出高质量的试题,组成高质量的测验试卷。

　　测验题目基本上分为两大类:选择型和供答型。前者一般要求被试在几个选项中选择正确的答案,如是非题、匹配题、选择题等;后者要求被试自己提供答案,如论述题、简答题、填空题等。根据被试作答的范围和评分方法的不同,又可分为主观性试题和客观性试题。

　　客观性试题主要是因为评分客观而得名,它的正确答案在测验前就已准备好,不同评分者各自独立评分,所得结果基本上是相同的。客观性试题一般适用于测量知识的掌握、理解、应用、分析几个层次的教学目标。客观性试题答案明确,作答简便,因而在限定的时间内测验可以包含足够数量的试题,能保证对知识内容的覆盖。

　　主观性试题主要包括论述题、操作题和作文题等。它们适合于测量较高层次的教学目标,尤其适合于测量综合和评价等目标层次。主观性试题鼓励被试积极地组织所学的资料,表达自己的观点。被试在作答时,耗费的时间较长,在限定的时间内,试题数量不可能太多,对知识的覆盖面较小。由于没有明确统一的标准答案,评分易受评阅者的主观因素影响,因而误差较大。本节仅就主观性试题与客观性试题的类型、功能及编制要求做具体介绍。

一、客观性试题的类型及其编写技巧

客观性试题主要包括选择题、是非题、填空题、简答题等。

(一)选择题

1. 选择题的结构

客观性试题中运用最多的是选择题。选择题由一个"题干"和几个"选项"组成。"题干"一般是提出问题,或是待完成的句子;"选项"是供被试选择的几个真假不明的答案,让被试从中选出正确的答案。应选的答案可以是一个(国内通常称之为"单项选择题"),也可以是多个(国内通常称之为"多项选择题");可以是正确答案,也可以是最优答案。

【例7-1】 使用选择题试卷进行测量,最大的困难是什么?

A. 试卷的编制 　　　B. 试卷的印刷 　　　C. 试卷的评阅 　　　D. 考场的安排

【例7-2】 函数 $y = ax^2 + bx + c$ 是偶函数的条件是:

A. $c = 0$ 　　　B. $b = 0$ 　　　C. $a \neq 0$ 　　　D. $b \cdot c \neq 0$

2. 选择题的优点

选择题是所有客观性试题中最灵活的一种,其优点体现为:

(1)可以用来测量学生各种不同层次的学习结果,不仅可以测量学生掌握所学知识的程度,而且可以用来测量学生对所学知识的理解、分析、判断、应用和综合等能力。所以这种类型试题的应用最广泛。

(2)评分标准统一、客观,不受评分人主观因素和答卷人提出意想之外的答案等影响,并且可以利用电脑迅速评卷,从而大大提高测验的信度,提高评卷的速度和自动化水平。

(3)可以加大试题容量,抽取广泛有效的代表性样本,使试题覆盖的知识范围广,可以克服传统考试中主观题由于试题量少、抽样窄而造成的测量效度不高的缺点。

(4)有利于考查被试思维的敏捷性和判断力的准确性。

(5)采用大量的似真选项使得结果易于诊断,通过分析学生对各个选项的反应情况,教师便于发现、分析学生在学习中存在的问题,以便及时纠正。

3. 选择题的缺点

事物是一分为二的,选择题也有一些缺点,主要是:

(1)由于选择题的数量多,每一个试题中除正确答案外,还要有足够多的干扰答案,而且要求这些干扰答案与题干应有相当的逻辑联系和似真性,因此编制良好的选择题较花费时间,且要有专门的命题技巧。

（2）难以考核被试完全的推理能力、综合运用所学知识的能力、有效的总结能力、严密的表述能力和写作能力,对被试的发散思维（或求异思维）能力则更是如此。

（3）无法测量被试的思维（解题）过程。

（4）被试有可能凭猜测而选中正确答案。例如,在有四个备选答案的选择题中,仅凭猜测,成功率就达到25%,这对考试的信度有一定的影响。

选择题的优点使其日益受到重视,但它的缺点又使我们无法在教育过程中以单纯的选择题来考查学生。

4. 选择题的类型

根据不同的特点,对选择题可以做进一步的分类,常用的选择题主要有以下几种类型:

（1）辨识选择。常用于辨识字词的形音义、文化常识、公式定理、名词术语等。

（2）阅读选择。前面给出一篇短文,后面提供备选答案,要求被试阅读后给出正确的选项。

（3）最佳选择。要求被试从几个备选答案中,通过比较和分析,选择出一个最佳的答案。

（4）图解选择。将文字材料画成几幅示意图,要求被试选出符合文字材料所显示的情景或关系的示意图。

（5）归类选择。列出一组事物,并将事物分成若干类,要求被试按一定标准选出归类正确的选项。

（6）承接选择。给定一个或几个待续的句子,然后列出几个承接句子,要求被试选出其中衔接恰当的承接句子。

（7）排序选择。将几个事物列出几种排列顺序,要求被试选出排列顺序正确的一种。

（8）填空选择。在一句话中空缺一些字、词、句或标点,要求被试在备选的几个答案中选出恰当的填补项。

5. 选择题的编写原则

为使选择题的普遍适用性和优良性能得到实现,在编制选择题时,应遵循以下原则:

（1）试题的题干本身意义完整并能表达一个确定的问题。

（2）题干要尽可能简明,尽量不要使用过于复杂的字词与语句结构,也不要使用过长的语句。

（3）题干中尽量不要滥用否定结构,要尽可能采用正面陈述。过多地采用否定结构,往往会给被试带来阅读上的困难,同时,否定结构也不利于教师了解被试到底掌握了多少正确知识。另外,肯定结构比否定结构从某种程度上来说更富有教育意义。

(4)所有选项都应与题干有一定的逻辑联系,选项中的干扰答案(诱答项)应具有很高的似真性或似乎合理性,不能错得太明显。

(5)不要对正确答案有任何暗示。一般来说,无意提供暗示主要表现在如下几个方面:语法结构上的不一致,如正确答案语法正确,诱答项语法结构错误等;各选项在逻辑上不同,如正确答案中加"如"、"有时"、"通常"等修饰词,诱答项中加"总是"、"从未"、"所有"、"绝对"、"准"等修饰词,或在正确答案中使用与题干相同的词;答案的长度有明显差异,如正确答案叙述得特别详细,比诱答项要长得多;各题正确答案在选项中有一定的规律等。

(6)同一测验中每一个测验试题之间应相互独立,避免牵连。有时,某一个试题的题干中所提供的资料,刚好可以帮助学生回答别的问题,此种情形只要在组合测验前仔细检查每道试题就可以避免。但有时被试需要知道前一题的正确答案,才能回答下一题,即若某被试无法回答第一题,则无法回答第二题,此种连锁题应尽量避免,每道题均应成为一个独立的记分单位。

(7)选项的文字表述应力求简短精炼,尽可能将各项中共同的用词(字)放在题干中,在每个选项中要避免重复的材料,这样不仅可以使题意清楚,而且可以减少学生阅读选项所需的时间。

(8)应尽量避免"以上皆是"、"以上皆非"的选项。当测验编制人员很难找出足够的选项时,常用"以上皆是"、"以上皆非"来作为最后一个选项。这种特殊选项的应用在绝大部分场合是不恰当的,不仅无法达到预期的功能,反而会降低题目的有效性。这是因为:第一,学生只要知道在选项中有两个是正确的,他就会选择"以上皆是"。第二,学生只要发现有一个选项是错误的,马上就可以排除"以上皆是"项,从而提高猜测成功的机会。第三,不少学生只要看出第一个答案是正确的,他马上就选中作答,从而因不再阅读其余选项而丢分,降低了测验的信度。另外,在"最佳答案型"的选择测验中,所有答案只是适合程度的不同,而绝无一个"绝对正确"的答案,所以在使用"以上皆非"项时,可能会引起很大争议。

(二)是非题

1. 是非题的特点

是非题又叫做二项选择题,它通常给被试一个句子,要被试做出正误的判断。这类试题通常用于测量被试对基本概念、性质、原理、原则的认识,对事实与观点、事物的因果关系的判断,以及一些简单的逻辑关系推理的能力。

【例 7 - 3】　判断下列命题的正误,正确的在括号内画"√",错误的画"×"。

① 三角形的内角之和等于 360 度。　　　　　　　　　　　　　　（　　　）

② 是非题是一种"供答型"试题。　　　　　　　　　　　　　　　（　　　）

有时候,我们可以要求被试先判断每一个陈述的真伪,然后再要求被试将错误之处加以改正。此时,应在改正部分的下方画线或加引导,以突出重点。

通常有人认为是非题最容易编制,其实并非如此。因为此类试题要求被试做绝对正误的判断,所以每一个叙述必须绝对正确或完全错误。在绝大多数知识领域中,为确保绝对正确或完全错误,就需要对较重要的叙述予以特别修饰,而这种修饰却是一种很明显的猜答线索。因此,编制者通常被迫以较不重要且更具体的事实来编题,以确保试题的科学性,但这样的试题对于测量目标来说是不太适合的。

是非题的优点体现在以下两个方面:第一,编制容易,可适用于各种教材。事实上,说编制容易,可能是因为可以照教材的原句子抄下来或稍做正反改正,但这种试题品质不良,不是答案明显,就是无法判断。而编制出题意清楚,且能测量到重要学习结果的是非题,则需要提高命题经验与技巧。第二,记分客观,取样广泛。因为是非题的作答时间短,可以在短时间之内回答很多问题,所以试题有较大的覆盖面,且评分不受主观因素的影响。

是非题的局限性主要表现为:其一,仅能测量知识层次中最基本的结果,而无法测量高层次的学习结果。其二,受猜测因素的影响很大。由于只有两种可能的选择,因此学生仅凭猜测都有 50% 的机会获取正确答案。由于设计是非题很难排除无关线索,实际上被试猜对的可能性远高于 50%。即使采用校正公式,即倒扣分的方法,也难以排除猜测因素的影响。

是非题的上述缺陷,使它通常只能用来测量其他类型测验无法测量的学习结果。

2. 设计是非题的几个原则

设计是非题要遵循以下几个原则:

(1) 考核的内容应是重要的知识,应有考核价值。不要为了设计试题方便而考核一些无关紧要、细枝末节的内容。

(2) 题目应多测量理解能力,而不应测验记忆性的知识,更不要直接抄录教科书中的句子,以免引导被试死记硬背而不求理解。

(3) 一个题目中只能有一个中心问题,或一个重要概念,避免两个以上的概念在同一题中出现,否则将会导致"半对半错"或"似是而非"的情形。

(4) 试题应做到是非界限分明,用词准确,避免模棱两可的语句,以免引起对正确答案的争议。

(5) 题目陈述应简单明了,避免使用复杂的句子结构,以减少被试的阅读能力对测量产生的不良影响。应尽量采用正面叙述,避免用否定和双重否定的语句。

(6) 正句和误句的排列要随机化,且数量应大致相等。

(三) 填空题

填空题就是提出一个陈述,其中缺少一个或几个关键词语,要求被试将其补充上去。

【例 7-4】 我国古代的四大发明是_____、造纸、指南针和_____。

我国长江发源于_____山,流入_____海。

填空题可用来考查被试对知识的记忆和理解能力,在诊断性测验中特别适用。填空题受被试猜测的影响小,评分比较客观。但填空题偏重于测量知识记忆程度,使用过多,容易使学生养成死记硬背的习惯。

为了使填空题能更好地发挥它的作用,在编制的时候,一般应注意以下几点:

(1) 题意要明确,限定要严密,使空格处应填的答案是唯一的。填空题属于封闭型题型的一种,对题干的逻辑性要求很高,从而使被试按照形式逻辑的思维去推理、判断。此外,题干的表述还应使众多被试按照同一个思维路径进行趋向思维,否则被试不知道填什么或填什么都成立,就会引起争议,这样达不到测量的目的,也不利于记分。

【例 7-5】 (不妥试题) 只有_____,才能在考试中获得好成绩。

本题的限定不严密,所填的答案不唯一,被试也不知道到底是考核哪些方面的知识。

(2) 空格中所填写的应是关键的词语,并且要和上下文有密切的关系,使被试不至于填写困难。

【例 7-6】 (不妥试题) 2018 年,我国科技界有_____新发明。

(3) 题目中空格不能太多,以免句子变得支离破碎,不利于被试理解题意。

【例 7-7】 (不妥试题) 连接_____市与_____的是_____河。

这样的试题易导致题意不完整,无法填写,即使勉强填上,也难于判断对与错,无法评分。通常一个填空题不应超过两个空格。

(4) 尽量将空格放在句子的后面或中间,而不要放在句子开头。因为按照人们的思维过程,应该是先提供充分的证据,然后再要求被试做什么或怎么做。

【例 7-8】 (不妥试题)_____发明了蒸汽机。

本题应改为:"发明蒸汽机的是_____。"

（5）所有空格处的线段长度应当一致，不能随正确答案文字的多少而长短不一，以免产生暗示作用。

（6）若答案是数字，应指明单位和数字的精确程度。

【课堂讨论题】

在学校教育过程中，一方面人们反对死记硬背的学习方法，另一方面许多学科测验仍然使用填空题型。你觉得这两者之间有矛盾吗？

（四）简答题

简答题是要求被试对所提问的问题用几个字或几句话来回答的一种问题类型。

【例 7-9】　①"七·七"事变爆发在哪一年？

②"七·七"事变爆发在什么地方？

简答题虽然需要被试自己主动提供答案，但仍然可以看作是客观性测验题，它是供答题中最简单的一种，被试只须填上几个简短的词或句即可解答。

简答题较适合于测量被试对基本知识、概念和原理的掌握、记忆情况。和填空题一样，简答题编制较为简单、灵活，在出题时可以从不同角度、不同方向考虑，以增大对知识考核的准确度和深度，并且不受猜测因素的影响。但由于其特有的特征，无法用来考核综合、分析、评价等高层次的教学目标，且评分也不够客观，除非问题的叙述非常清楚，否则将会有不同程度的正确或部分正确的答案而影响评分的客观性。即使没有这些问题，错别字是否扣分等问题仍无法避免，若扣分，则被试的实际得分无法代表其获得知识的多少；若不扣分，则又无法确定错别字是否代表正确答案，即是错别字还是被试尚未具备足够的测量所欲测的知识。鉴于此，一般测验中，简答题所占的比例不大。

常用的简答题有简释题、直接问答题、列举题、扼要说明题等。简释题就是通常的名词解释题，要求被试用简单明了的词语将名词解释清楚。直接问答题就是让被试对所提出的问题进行解答。列举题就是要求被试根据要求范围列举出事或物，并略作说明。扼要说明题又叫做简要叙述题，一般是对一段话进行判断或说明。

【例 7-10】　请列出教育测验中常见的选择题型。（列举题）

【例 7-11】　判断"识字教学是低年级教学的重点"这一说法是否正确，并作简要说明。（扼要说明题）

在设计简答题时，要注意遵循下列原则：

（1）问题的叙述要明确,要确保能使被试用简单的言语来回答。

（2）问题的答案应该只有一个,并且答案要简短具体。

（3）避免出只考机械记忆的题,应注重知识的应用。

（4）在考查某公式的应用时,不要给出太复杂的数字,以免给计算带来麻烦。

（5）尽可能使用"直接问句"来提出问题。

二、主观性试题的类型及其编写要领

主观性试题的特征是被试可以自由作答,被试只要在题目所限定的范围内作答即可,可以在深度、广度、组织方式等方面都享有很大的自由。主观性试题不仅可以对知识进行分解式考查,而且可以进行整体综合性的考查;不仅可以反映被试答题的最后结果,还可以反映被试的思维过程。另外,主观性试题可以创设一个情境,允许被试在这个情境中,充分发挥自己的创造力。这种自由同时也导致评分的主观性。主观性试题主要包括论述题、作文题与操作测验题等题型。

（一）论述题

论述题就是向被试提出问题,需要被试用自己的语言组成一份较长答案的试题。这种试题的最大特点是被试在回答问题时,有较大的自由度,可以充分地运用所学的知识,并且可以加上自己独特的见解。因此,论述题能够较好地测量被试的组织、归纳和综合所学知识的能力,运用掌握的知识解决问题、探讨问题,以及进行创新的能力。

1. 论述题的优点

论述题在教育测验上有独特的价值,其优点有:

（1）可以用来进行高层次的、复杂的学习结果的测量,可以用在各种学科领域,特别适用于社会科学、人文科学等。

（2）可以增进学生的思考、应用及解决问题的能力,对于被试的学习态度和学习方式可以产生积极的影响。如可以使学生比较注意教材内容的内在联系并能够对所学到的知识进行有机组织等。

（3）可以增进学生的写作能力。

（4）试题的编制比较容易,并且受猜测因素的影响很小。

2. 论述题的缺点

论述题的缺点具体表现为:

（1）由于论述题分值一般都比较大,在一次考试中试题的数量不可能很多,因此,其取样范围比较小且不均匀,所使用的试卷无法有效地代表学科的全部主要内容,所测结果无法真正代表被试的学习成就,从而影响测验的效度。

（2）评分的主观性强。虽然此类试题预先制定出标准答案和评分标准,但测验中常常会出现许多令命题者意想不到的情况和答案。此时,不同的评阅者,对同一份试卷所给的成绩将会有很大的不同,同一评阅者对两份等值的试卷所给的成绩的偏离也较大,这样的测量结果,其信度比较低。

（3）因被试回答过于自由,回答方向又不尽相同,难以测得预期结果,重点容易失控。

（4）被试作答和评分阅卷都相当费时。

3. 编制论述题的原则

为了保证论述题的质量,在编制论述题时要遵循以下原则:

（1）试题应该用来测量较高层次的教学目标,像综合、评价等目标层次,限于那些客观题不能测量的学习成就。如要求学生提出理由、解释变量间的关系、描述与评价资料、系统地陈述结论等。

（2）要明确而系统地陈述问题,使被试能清楚地了解题目的要求。在命题时,必须对被试提出明确的任务,使每道题都能真实地反映被试的实际能力,而不受阅读、理解等其他因素的干扰。

（3）应采用答案具有统一定论的试题。论述题本来在评分上就存在着一定的主观性,如果再加上答案没有定论,评分者就会产生更大的困难,也使得信度因评分误差的增大而降低。当然这也并不意味着一切有争议的问题都不能出,对于有争议的问题,在命题时一般要对被试的作答范围、观点等作一定的限制。

（4）一般不允许被试选择问题回答。因为不同的论述题之间很难做到等值,如果让被试选择题目,被试的得分就无法比较,而且被试总是倾向于回答自己较熟悉的试题,这样就更不容易反映其真实水平。

（5）为避免被试将时间集中在某一个自己不会做的题目上而影响对其他题目的回答,并因此而影响考试成绩的真实性,最好在题目中能给出回答本题所需的参考时间。

【课后研读题】

论述题有一些变式。例如,国家机关公务员录用考试中有一个必考科目——申论。它可以说是一种大型结构的论述题变式——申论题。那么,什么是申论题? 这种题型主要考查应考人员哪些方面的能力素质?

(二) 作文题

作文题实际上是一种论述题,它是语言测量中不可缺少的一部分。作文是对人的逻辑思维、形象思维、书面表达等多种能力的一种综合考查。

对于作文试题,人们从不同的角度提出了许多不同的分类。此处仅简要介绍常见的三种分类。

(1) 从提供题目或提供材料的角度,可分为命题作文和供料作文(或称条件作文)。

命题作文只提供题目,不涉及任何材料,不作任何解释和说明,要求被试写一篇文章。如1988年全国高考作文题"习惯"等。

供料作文包含供料命题作文和供料自由作文两种。它首先给被试提供材料,如一篇文章、一个故事、一幅漫画等,要求被试根据确定的思路,或根据指定的题目,或自选角度、自拟题目,写一篇作文。

(2) 根据文体可以分为记叙文、议论文、说明文、应用文等。

(3) 根据对所提供材料的处理方式可以分为:

缩写型:要求被试正确理解材料的中心和要点,弄清结构层次,择其要点,剔除其他成分,浓缩连缀成文。

改写型:要求被试根据一定的要求,改变原文的文体样式和结构,或者变换中心人物,或者变换选材角度和立意重心,对原材料进行合理的取舍和补充。

撮写型:要求被试围绕中心对原材料进行取舍,摘取材料的要点,组成文章。如内容提要、讲话摘要、会议记录整理等。

填空型:要求被试根据上下文将原材料中的缺失部分加以补充,使之成为文章的有机组成部分。

续写型:要求被试根据原材料的内容和思路加以合理想象和延伸,使续写的部分与原材料构成一个完整的整体。

扩写型:其要求正好和缩写型相反,它要求被试将浓缩的"主干"材料扩充成"枝繁叶茂"的文章。

实施作文题测验的目标是要测量被试真实的写作水平。这种测量是对一种根据特定要求进行书面表达的能力的全面综合测试,因此命题的质量将直接影响到测量结果的信度和效度。为此,在命题时要注意以下几点:

(1) 要根据考试的目的和需要确定考试作文的文体要求。

(2) 要根据社会的需要、现实生活和学生的实际设计命题。

（3）要根据被试的特点确定选材范围与写作意图,在确定选材和写作意图时,要考虑试题对所有被试都是公平的,并且试题应符合被试的心理特征。

（4）要给被试发挥的余地。

（三）操作测验题

在许多学科中,操作的方法和过程是重要的测量目标,如实验课、地图课、音乐课、体育课、美术课等,操作题可以作为纸笔测验的补充。操作测验介于一般认知结果的纸笔测验和未来真实情境的实际活动之间,具有真实的情境模拟性。

1. 操作测验题的分类

操作测验可以有许多分类方法,较为常用的分类方法是根据情境的真实程度,将它分为四类。

（1）纸笔操作测验:利用纸笔模拟真实情境来考查被试知识和技能的应用。如编制某项操作计划、步骤、注意事项等,通常可作为真实情境操作测验的预测验。虽然纸笔操作测验有点像纸上谈兵的感觉,但在实际学业评估中有着独特的作用。

（2）辨认测验:包括代表各种不同真实性程度的测验情境。有时,仅要求被试辨认某项工具,指出其功能;有时要求被试辨认完成某些工作所需的工具、装备以及使用程序。较复杂的则是向被试提出特殊任务,要求他们辨认一些问题(或故障)所在,并根据问题提出解决的办法。辨认测验是对实际操作技能的间接测量。

（3）模拟操作测验:要求被试在模拟的情况下完成和真实活动相同的动作,如模拟训练,物理、化学实验等。它的特点是强调程序的正确性,通常可作为真实情境中实际操作的准备。

（4）工作样本操作测验:让被试在标准的实际情境中去完成实际任务的测验。这类测验在操作测验中真实性最高,包含了真实操作的所有基本要素,但是要在有控制的标准条件下完成。如师范院校学生的教学实习等。

2. 编制操作测验题的注意事项

操作测验的准备和实施比较费时,条件不易控制和标准化,评分困难,特别是测验情境与真实情况较接近时,其结果的鉴定难度更大。在编制设计时,应注意以下几点:

（1）明确所要测量的教学目标和学习结果,并将其可操作化。即要进行工作分析,找出操作中的最重要的环节,并为每一步操作建立一个评分标准,如操作的速度与准确性、步骤的正确性等。

（2）选择合适的真实性程度。在决定测验的真实性程度时,应依据教学目标的要求、客观条件的限制、工作本身的性质等。对最基础的导论性课程,可采用真实性较低的操作测验;而对有些特殊性工作,如急救技能、驾驶技能等,由于受很多其他因素的制约,尽管在理论上需要尽量提高测验的真实性,但实际上却常常不得不降低真实性而在某种特定情境的限制下进行。

(3)指导语简单清晰。向被试明确说明实际的情境、任务以及评价的标准。

(4)确定科学合理的计分方法。对操作行为的计分通常要将程序、作品两者结合起来。通常对行为操作的记分有两种:① 作品量表法。即用一系列不同质量层次的作品作样品,在计分时,将被评价的作品与量表中的作品进行对照比较,以确定该作品的分数。② 检核表和评定量表法。如果某个操作或作品可以分为几个方面和环节,则可以用检核表考查被试在每个环节上是否都做到了;评定量表则可以进一步评定被试的每一步操作是否达到规定的标准及其符合理想特征的程度。

第二节 测验蓝图设计与测验编制要领

一、设计测验的基本考虑

为提高测验的质量,在设计测验时通常要考虑以下几点:

(1)确定测验的目的。这是测验编制者首先要明确的问题。因为测验是一种手段,无论谁举行一次测验,总有一定的目的和要求。不同的测验目的,其设计的策略也不一样。

(2)确定测验的属性。测验有学科测验、智力测验、人格测验等,先要明确是哪一种。若是学科测验,又要确定是哪一学科的测验。

(3)明确测验的性质和用途。即要弄清楚测验是终结性测验,还是形成性测验或诊断性测验,是常模参照测验还是标准参照测验。如果是常模参照测验,则测验分数的意义在于将个别被试的表现与全体受测者的平均水平相比较来决定被试水平的高低,如智力测验等。但有时要根据绝对的熟练水平来测量被试的行为,如为了证实被试在某一学科上是否达到了某一最低的能力界限而进行的测验,就是标准参照测验。测验的性质不同,测验题目所要求的难度水平及具体的编制要求都有所不同。

(4)明确测验的对象。测验的对象是成人还是儿童,是幼儿、小学生、中学生、大学生还是研究生。在编制测验时,应考虑到被试的年龄特征、教育水平和文化社会背景等因素。

(5)分析测验的目标。测验除了要有明确的目的之外,还要有具体的测量目标。测量目标应体现教学目标,有效地促进教学目标的实现。一个测验所测量的学习效果,应忠实地反映教学目标。编制测验时首先要选定测验所欲测的教学目标,其次要使陈述目标的方式适合于测验的编制,使阐述的教育目标既明确又具有可测性。尽管不同课程的教学目标之间互有差异,但一般的教学目标均包括以下学习结果:① 知识;② 心智技能;③ 动作技能;④ 态度与兴趣等情感要素。

二、设计测验蓝图

为了使测验的取样对教学内容与教学目标有较好的代表性,既能覆盖学科教材的全部内容,又能反映各部分内容和各认知层次的相对比重,还能确定各部分内容和各认知层次测验题目的数量比率,必须设计测验蓝图。如果将测验比作一项系统工程,那么,测验蓝图即可看做是一份工程蓝图,它是编制测验试题的指导和依据。如果蓝图设计得准确、合理,只要测验编制者严格按测验计划编制试题,就能保证测验内容具有适当的代表性,从而保证测验的质量,实现测验的目标。

一份高质量的测验蓝图具有两个最基本的作用:一是保证测验试题是所测量的教学内容的代表性样本,且能反映出各部分内容之间的相对重要性,以使测验内容取样适当,提高测验的效度。二是规划代表不同的知识内容和学习水平的各类测验目标的比例分配,在保证测验效度的同时,保证测验的难度合理。

测验的蓝图一般用反映测验内容和学习水平的命题双向细目表表示。设计测验蓝图主要采用以下步骤:

(1) 确定测验内容要目,并把它们排列在表中最左边的一栏中,见表7-1。如何确定测验内容要目,必须依据课程标准和教学大纲,并视学生的实际而定。因为课程标准或教学大纲在整体上规定了该学科的性质及其在课程体系中的地位、教学目的和任务、内容范围以及选择内容的主要依据、编排学科内容的顺序等,另外还对教学时数、教学活动和课外活动、作业量和测验做出了安排,并提出了考试要求、运用教学方法教学手段和教学参考书的建议和指导等。因此,课程标准和教学大纲不仅是教师工作的指南,同样也是测验的根本依据。

课程标准和教学大纲虽是确定测验内容的出发点,但并不意味着课程标准或教学大纲中设定的教学内容都可以成为测验内容。教学目标是通过教学效果来体现的,而教学的良好效果表现在教学内容给学生的增益上。若一项内容不能给学生任何增益,则说明该项内容没有什么教学效果,因而教学目标的实现程度就无法测量。教学内容总体上总是会对学生产生增益的,但根据测验目标将其分解为若干内容点以后,未必所有内容点都会对学生产生增益,像有些可能在教学之前学生就已经达到规定目标的内容点等,就不应该再列入测验内容。测验内容要目可以按章节罗列,也可以按课程的内容结构划分。

(2) 确定该科目应考查的目标层次,并把这些目标层次从低级到高级依次安排在表中顶端第一行的有关格上。确定某科目的掌握目标层次时,最好从学科内容的特点出发,以课程标准或教学大纲中确定的教学目标为依据,借鉴布鲁姆等人把教育目标分为认知、情感和动作技能三个领域的分类方法,有创造性地进行,以符合实际需要。国内有关教育研究人员借鉴布鲁姆的教育目标分类理论,结合我国国情和学科特点进行研究,对教育目标分类学提出了改进方案。他们认为,在"高级"学习水平中,布鲁姆提出的"分析"、"综合",是解答一个综合问题的两个方面,这两个方面往往同时出现在解决同一问题的过程中,很难人为地划分,因此,可以合为一个层次。综合如果是创造性地运用的话,它不会比"评价"层次低。"评价"是在分析综合的基础上提出见解,做出判断,它在一定程度上意味着发挥学生在学习中的创造性。基于这种认识,他们把教育目标定为"识记、了解、简单应用、综合应用、创见"五个层次。我国高等教育自学考试大纲则把考查目标划分为"识记、领会、简单应用、综合应用"四个层次。当然,测验目标还应当考虑把动作技能和情感态度包括进去。

(3) 确定各项测验内容要目下的权重。根据课程标准或教学大纲所规定的教学时间和分配比例,以及测验性质和其他因素,对列入测验范围的内容要目或内容点,赋以合适的相对比重,即权重。该比重是试题数量、测验时间、分数分配的依据。

(4) 把每一项考试内容的分数比重逐一分配到若干必要的测验目标层次上去,形成网格状的分数分配方案,即命题双向细目表。如表7-1,即为高中化学课程终结性考试的命题双向细目表。在对目标予以相对比重时,除考虑学科特点之外,也应强调高级目标的相对重要性,以促进学生智能的发展。

表7-1 高中化学课程终结性考试命题双向细目表

分数 考查目标 考试考查内容	识记	理解	应用	分析综合	探究	(总分)
基本概念	1	5	4			10
基础理论		8	5	7	2	22
元素化合物	3	5	6	5	2	21
有机化合物	1	5	3	4	2	15
化学计算		3	4	8		15

续 表

分 数 / 考试考查内容 \ 考查目标	识记	理解	应用	分析综合	探究	（总分）
化学实验	1	6	2	6	2	17
（总分）	6	32	24	30	8	100
（备注）						

三、测验的编制与组织

（一）编写测验试题（命题）的注意事项

编写测验试题是一个反复的过程。在这个过程中，测验编制者需要对试题进行反复修改，包括订正意思不明确的词语，删改一些重复和不适当的试题，增删有关题目等。

在编写测验试题即命题时要注意：

（1）试题类型要恰当。不同的题目类型有不同的测量功能，不同的测验内容需要不同的题目类型加以配合。

（2）试题的内容取样应有代表性。能够体现测验的内容范围和要求，有较大的覆盖面。

（3）试题的数量要恰当。既要使大多数被试能在规定的时间内完成解答，又要使他们感到时间并不十分充裕。

（4）试题的难度要合适。试题的难度必须要适合大多数被试的水平，由易到难，有一定的分布范围，能测量出不同考生在知识和能力方面的差异。在一个测验中，应做到既有能反映课程中基本要求的试题，又有用来检查学生学习知识的灵活性和运用所学知识综合分析问题、观察问题和解决问题能力的综合题，还有需要学生运用所学理论、思想或概念，经过逻辑推理、判断或证明才能做出正确回答的提高题。至于各类难度不同试题的比例，要视测验对象和目的而定。

（5）各个试题之间应保持互相独立。不要使一个试题的解答对另一个试题的解答有暗示作用。

（6）试题的表述必须清楚明白。试题中用词不能模棱两可，文句要简明扼要，对解题要求的叙述必须准确、明了。

（7）题型应多样化。要有客观性试题，也要有一定量的主观性试题。各类试题所占的比重应恰当。测验编制者应根据测验各部分内容所要考查的目标，结合各种题型的特点，遵循有关题型的命题要求来选择和确定测验的具体题型。

（8）评分标准应合理。命题应有利于制定清晰可辨、公平合理的评分标准。

（二）测验的合成与编排

合成测验时应注意如下三点：

（1）先易后难。即题目的排列应按先易后难的顺序。在测验开头应安排几道较容易的试题，而后逐渐增加题目难度。这样可以使被试熟悉作答程序，解除紧张情绪，建立信心，较快进入测验情境。同时还可避免被试因在难题上耽误时间过多而影响后面试题的解答。在测验最后，安排少数难度较大的试题，以测出被试的最高水平。

（2）同类组合。即尽可能将同一类型的试题组合在一起。这样使每一类型的试题仅需作一次回答说明，也使被试可用相同的反应方式来回答，同时可以简化计分工作和对测验结果的统计分析。

（3）讲究测验题目编排的方式。常见的题目编排方式有两种：一是并列直进式，将整个测验依据试题材料的性质，分为若干个分测验；对于同一分测验的测验题目，依其难度由易到难排列。二是混合螺旋式，先将各种类型的试题依照难度分成若干不同的层次，再将不同性质的试题组合，作交叉式的排列，其难度则渐次升进。这种编制的优点主要是让被试不至于在一段时间内只对同一性质试题作答，从而保持被试的作答兴趣。

练习与思考

一、名词解释

1. 客观题　2. 主观题　3. 操作测验题　4. 测验蓝图设计

二、简答题

1. 分析与叙述客观题的优点。

2. 分析与叙述客观题的缺点。

3. 分析与叙述主观题的优点。

4. 分析与叙述主观题的缺点。

5. 分析与叙述选择题的题目类型。

6. 分析与叙述选择题的优点。

7. 分析与叙述选择题的缺点。

8. 分析与叙述选择题的编写原则或注意事项。

9. 分析与叙述是非题的优点。

10. 分析与叙述是非题的缺点。

11. 分析与叙述是非题的编写原则或注意事项。

12. 分析与叙述填空题的特点。

13. 分析与叙述填空题的编写原则或注意事项。

14. 分析与叙述简答题的特点。

15. 分析与叙述简答题的类型。

16. 分析与叙述简答题的编写原则或注意事项。

17. 分析与叙述论述题的优缺点。

18. 分析与叙述论述题的编写原则或注意事项。

19. 分析与叙述作文题的分类方法。

20. 分析与叙述作文题的编写原则。

21. 分析与叙述操作测验题的类型。

22. 分析与叙述操作测验题的编写原则或注意事项。

23. 设计测验要考虑哪些问题?

24. 编写题目即命题过程要注意哪些问题?

25. 测验的合成与编排要注意哪些问题?

三、研究性习作题

1. 参阅其他书籍,试述布鲁姆等人关于教育目标分类的基本内容。

2. 试述设计测验蓝图的主要步骤,并就某一课程,设计一份测验蓝图。

第八章　制定教育评价表的方法和步骤

 **内容导读**

　　本章探讨制定教育评价表的方法和步骤,主要的知识点有:制定教育评价表的意义、原则及一般方法;教育评价表的构成与编制。其中,重点和难点内容是制定教育评价表的一般方法,尤其是关于初拟评价指标的方法、筛选评价指标的方法、确定评价指标权重的方法,以及设计教育评价标准的方法。学习本章内容要结合实际、注重理解与应用、脚踏实地、步步为营。学完本章后,应当能够:认识制定教育评价表的意义;掌握制定教育评价表的原则;掌握确定教育评价指标的方法;掌握确定教育评价表指标权重的方法;掌握制定教育评价标准的方法;具有完整地构建一个教育评价表的技能。

第一节　制定教育评价表的意义与原则

一、制定教育评价表的意义

　　量表是对客体进行评价的尺度,是进行测量与评价活动的标准物,离开了一定的量表和尺度,测量乃至评价活动就无法进行。比如,离开了砝码或其他衡量重力标准的量具,人们就无法测量重力;离开了米尺或其他计量长度标准的器具,人们就无法测量长度。教育评价表是根据教育教学的特性而编制的,由评价指标、指标权重和评价标准等构成。它是进行教育测量与评价的工具。为了使评价的结果更为可靠,需要对教育评价表进行更深入的研究。教育评价表是衡量和评价教育质量的具体依据和尺度。制定科学的教育评价表,是实施教育评价的关键步骤,主要表现在:

1. 有利于提高评价的客观性

　　教育评价实质上是对教育工作的认识和判断过程。在这个过程中,如果只根据目标进行笼统的综合评价,就可能出现由于评价者的水平不同、认识角度不同、个人好恶不同而评出不同结果的现象。教育评价表通过对评价目标的分解,形成具体可测的评价指标及评价标准,为评价者提供了对评价对象进行评价的统一依据。它能使评价者对评价对象进行较客观具体的评价,并在此基础上得出综合评价结果。因此,依据教育评价表进行的评价活动,可以减少评价的主观随意性,提高评价的客观性。

2. 有利于提高评价的全面性

教育是一个系统工程,其效果是由多种因素综合形成的,如果只强调某一种因素,就会导致系统失去平衡,从而影响教育效果。如当前有些地方以学生文化课考试分数的高低作为评价教师的唯一依据,以毕业生的升学率作为衡量学校办得好坏的唯一标准等。这样的评价标准,不仅发挥不了评价的作用,而且会把学校工作引向歧路。而教育评价表通过对评价对象的分析,将反映评价对象本质特征的一些主要因素分解出来,将评价对象本质特征具体化,从而为提高教育评价的全面性开辟了一条重要途径。

3. 有利于提高评价的科学性

评价是对事物客观价值进行判断的过程。这个过程是按照一定的价值观和一定的质量标准进行的。教育评价也是如此,它是按照一定的教育价值观和一定的质量标准来判断教育活动的价值的过程。教育评价表是教育价值观的具体体现,是对教育质量的规定和对各项教育活动的要求。教育评价表的制定过程,实质上就是人们的价值认识取得一致的过程。在这个过程中,提出一定的指标,并确定相应的权重以及评价标准,使人们的价值判断客观化,把价值的取向和认识统一在教育评价表中,这样就便于评价者从实际出发,实事求是地进行评价,取得比较一致的评价结果,从而提高教育评价的科学性。

教育评价表的应用范围越来越广,几乎涉及教育的各个领域、各个部门。有针对学校教育评价的,有针对教师评价的,也有针对学生评价的。就其基本的应用范围而言,教育评价表大致有学校办学水平评价表、课堂教学评价表、学生学习质量评价表、思想品德评价表、教师评价表等。教育评价表既有单项内容的评价,也有综合内容的评价;既有此一系列问题直接呈现的评价,也有分级指标体系的评价。本章主要针对后者进行探讨。

二、制定教育评价表的原则

为保证制定的教育评价表科学、合理、可行,必须遵循如下一些必要的基本原则:

1. 科学性与导向性原则

所谓科学性和导向性原则,是指所建立的指标和标准必须能反映教育的发展目标和教学的客观规律,找出影响和制约教育教学的关键性因素。具体来说,就是评价指标要与教育教学的总目标相一致,评价标准要与国家或上级有关部门公布的标准保持一致,即目标的正确与否要以所引导的方向是否正确为衡量标准。如果指标违背了教育目标,则会导致目标的失准与决策的失误,最终导致教育教学走向歧途。随着教育观念的转变,教育评价已由单纯的鉴定、确定、筛选功能转变为导向、激励和预测功能。因此,评价表的设计应努力反映现代教育教学理论和评价思想的发展趋势及其教育教学改革的方向和要求,引导广大教师转变教育观念,端正教学思想,促进教育改革的发展与深化,大面积提高教学质量。

2. 完备性与独立性原则

完备性与独立性原则的内容有两方面。一方面,评价表中的指标要全面反映教育教学目标和管理目标,不遗漏任何一项重要的指标。当然,完备并非求全、包罗万象,而是在众多的指标中筛选出一部分最能反映事物本质特性的指标,而舍弃某些虽有影响,但却属于非本质的、次要的指标。另一方面,又要求评价表中的各项指标彼此独立,即各项指标在逻辑上应是并列关系,而不是相互重叠、互为因果。为此,各项指标要有明确、独特的含义,做到内涵准确、外延清楚、措辞清晰、语义明白易懂而无歧义。这样可以降低评价工作的劳动量,提高评价工作的效率,增强评价指标的合理性和可行性。指标确立的完备性与独立性要兼而有之,进行综合考虑,要做到在完备性基础上的独立,在独立性前提下的完备。

3. 发展性与整体性原则

历史唯物主义告诉我们,客观事物是不断运动发展变化的、有机联系的整体,因此,评价表的编制应遵循发展性与整体性的原则。一方面要注意在不同的地区或学校、不同的历史时期、不同的发展阶段,指标内容不完全相同;另一方面要以整体的眼光看待评价指标,把指标看成是有机联系的整体。

4. 操作性与可测性原则

操作性与可测性原则是指评价的指标必须是具体化的目标。它既可以通过实际的观察、测量、评定的方式进行度量,又便于在评价过程中进行操作。这就要求用操作化的语言对指标加以定义,特别是对一些抽象的、无法直接测量的目标,要通过一定的方式使之成为可以间接测量的目标。

5. 可行性与可比性原则

可行性与可比性原则要求设计的指标和标准不仅内容和形式较为简化、通俗易懂、便于操作、为评价者和评价对象双方接受,而且还要求采用这些指标和标准进行评价以后所得到的评定结果具有可比性。要做到这一点,设计评价表时应力求简单明了,易测可行。一方面要求评价表有足够的信息可以利用,另一方面应有简便易行的科学的量化方法可供使用,过于复杂的量化方法则会失去可行性。

落实可比性的原则,要求评价表设计必须反映评价对象的共同属性,因为只有在质的一致的前提下,才能实际地比较两个评价对象在同一指标上的差异。例如,不同类型的学校,有不同的要求、不同的办学条件、不同的师资队伍和领导管理水平,因此,有些评价指标可能缺少可比性。这在评价方案设计过程中应当加以考虑。

6. 超前性和持续性原则

在动态、发展的基础上,还应设计出一些具有超前性的、持续性的指标,使得评价工作不是停留在现阶段,为眼前的利益而进行。要有创新意识和超前意识,要符合时代精神。编制教育评价表,不仅要着眼于现在的教育活动,而且要经得起时间的考验。而对于那些即使我们目前可能难以实施的,但在今后的发展中其作用会越来越大的指标,也应作适当的考虑,纳入评价指标体系之中,这样就能够引导人们逐渐重视它,并最终接受它,使我们始终走在时代的前列。

【课堂讨论题】

为什么说制定教育评价表的原则既是出发点也是归宿?

第二节 教育评价表的构成及编制

一、教育评价表的构成要素

教育评价表在结构上是由评价指标、指标权重及评价标准三部分组成的。

1. 评价指标

指标是综合反映社会现象某一方面情况的绝对数、相对数和平均数。它是社会经济统计中的术语。评价领域借用这一术语来表示以目标为中心,层层分解,将目标分解成一些具体的、可操作的因素,通过评定这些因素来反映目标的整体特征。所以评价指标就是根据评价的目标,由评价指标的设计者分解出来的,能够反映评价对象某方面本质特征的具体化、行为化的主要因素,它是对评价对象进行价值判断的依据。指标与目标是密切相关的。目标是指标的根据和基础,没有目标的指标或脱离了目标的指标是没有意义的指标。指标是目标的具体化和操作化,是操作化了的目标,没有指标的目标或脱离了指标的目标是无法实现的目标。尽管评价指标与评价目标的关系十分密切,但两者之间还是有区别的。从内涵来看,目标反映全貌,指标反映局部。前者总带有某种程度的原则性、抽象性,后者则具有较高的具体性、针对性。从稳定性来看,目标比较稳定,不轻易变动;而指标则可以在反映目标的前提下,根据各个时期工作的侧重点不同作适当的变动。

2. 指标权重

在教育评价表中,不同的评价指标,在判断评价对象达到预定目标的程度时,所起的作用是不同的。为了使每项指标发挥其应有的作用,就必须赋予不同的评价指标以不同的权重。所谓指标权重,就是表示每项评价指标在指标体系中所占的重要性程度,并有相应的值,这个数值就叫做对应指标的权数,也叫权重。确定权重的过程叫加权。加权是评价工作计量体系中常用的数学手段,在评价工作中,它具有十分重大的意义,对它必须予以充分的重视。它能较客观地反映各项指标在实现目标中所起作用的大小,因而评价的结果比较客观。根据评价对象的历史条件和环境条件,适当地调整某些指标的权数,就能引导人们重视工作中的某些薄弱环节,便于人们在工作中抓重点、抓关键,区分主次、轻重缓急,集中精力抓好主要工作、安排全面工作。

3. 评价标准

评价标准是衡量评价对象达到评价指标要求的尺度,是由强度和频率、标号、标度三个要素构成的。强度是指评价指标达到项目要求的程度或各种规范行为的优劣程度,又称定性标准。例如,在等级评定中,达到什么要求评为好、较好、一般或差,都要有一定的规定。频率则是指达到指标项目要求的数量或各种规范化行为的相对次数,也称定量标准。例如,学生各科成绩及格有多少人次、及格率达到多少,班集体才算达标;学生操行成绩优良的有多少人次、优良率达到多少,班集体才可以评先进,等等。标号是不同强度和频率的标记符号,通常用字母(如 A、B、C)、文字(如甲、乙、丙)或数字(如 1、2、3)来表示。它没有独立的意义,只表示一种分类。标度是评价的档次。它可以是定性的(如优、良、中、差),也可以是定量的(用数字表示各个档次)。但定性时必须赋值,使定性标度转换成定量标度,以便做统计处理。评价标准的三个要素之间相互依存、相互配合,从而构成一个统一的整体。强度和频率是评价标准具体的内容和主要的组成部分,标号是辅助部分,标度则是基础部分。

二、制定教育评价表的方法

制定教育评价表是一项政策性和技术性强、涉及面广的工作,为保证评价表编制过程有条不紊,使指标和标准的内容都达到较为理想的程度,除必须遵守以上的基本原则之外,还必须采用一定的科学程序与技术进行操作。

（一）确定教育评价的对象和目标

前面已经说过,教育评价表包括评价指标、指标权重、评价标准,而评价指标的确定,又必须依据一定的对象和目标。因此,制定评价表的第一步就是要确定评价对象,即确定评价是谁(什么)的问题,评价对象可以是人,如校长、教师、学生;也可以是事,如学校评价、地区评价、教材评价等。评价对象大可大到一个国家、一个地区;小可小到学生知识、技能评价,教师教学方法等。在确定评价对象后,还必须明确评价的目标。评价目标是通过评价达到的目的,是编制评价表要解决的主要问题,没有评价目标就没有编制评价表的依据,就无法设计评价指标,不同的评价目标对评价表有不同的要求。评价的目标是根据中小学教育实践中所需要解决的问题确定的,这样,通过评价将会对教育工作产生较大的促进作用。如需要解决办学效益的问题,评价目标就可定为"对办学效益状况做出评价",如需要解决德育问题,就可把评价的目标定为"对德育效果作出判断"。

（二）初拟评价指标

评价目标明确以后,制定者的任务就是要依据评价目标,提出初拟评价指标。提出初拟评价指标的方法主要有以下几种:

1. 头脑风暴法

头脑风暴法是利用头脑积极思维,进行智力碰撞,激发智慧灵感而提出评价指标的一种常用方法。在预测学中,头脑风暴法作为一种预测方法,在 20 世纪 70 年代就得到了广泛应用。根据人数的多少,头脑风暴法可分为个人头脑风暴法和多人头脑风暴法。评价指标设计者借助自己的实践经验,提出评价指标的初稿,就是这样一个思维过程。多人头脑风暴法经常通过专家会议实施。会议的议题要限定为讨论某项评价的指标,不要分散精力。在讨论中要求大家各抒己见,只讲自己的意见,不对别人的意见作批评;发言只讲观点,不详细展开论述;鼓励已经提出设想的人对自己的设想进行修改和综合;参加会议不应事先准备发言稿,主要是即席发言,初拟评价指标。

头脑风暴法还可以分为直接头脑风暴法和质疑头脑风暴法。直接头脑风暴法是指按照统一要求从正面论述自己的观点;质疑头脑风暴法是同时召开两个会议,第一个会议按直接头脑风暴法要求进行讨论,第二个会议则专门对第一个会议提出的指标进行质疑。

2. 因素分解法

因素分解法是一种将评价指标按照评价对象本身的逻辑结构逐级进行分解,把分解出来的主要因素作为评价指标的方法。应当注意的是,分解出来的因素要从高到低逐层次缩小内涵,越往下,层次的指标越明确、越具体、范围越小、越可以观测。上一层次的指标应当包含下一层次的指标,而下一层次的指标决不可包括上一层次的指标。因素分解的对象是评价目标,分解的目的是使指标可见可测。运用因素分解法提出初拟指标,应当注意几个问题:

(1) 必须使用统一的分解原则。只有保持分解原则的统一性、稳定性,才能找到各指标的本质属性和各指标之间的固定联系。

(2) 分解出来的指标,上下层次之间必须相应和相等。就是说上一层次的指标必须包含下一层次的指标,下一层次的指标之和必须与上一层次的指标相等,否则就会出现分解过宽或过窄的逻辑错误。

(3) 因素分解必须逐级进行。就是要按照由高到低的层次逐层分解,不能越级,也不能不到级,否则就不能保持评价指标体系的等价性。

3. 理论推演法

理论推演法是根据有关学科的理论推演出评价指标的方法。例如,根据心理学理论,智力是一般的认识能力,包括观察力、注意力、记忆力、思维力、想象力;能力是运用智力解决问题的实际本领,包括运用知识的能力、独立获取知识的能力、创造能力、表达能力、交往能力等。根据心理学关于智力、能力的理论,我们便可以推演出评价中小学生智力、能力的指标,同时我们还可以借鉴这些理论对评价指标的内涵做出明确的界定,使评价指标更加严密。

4. 典型研究法

这是一种通过对少数典型事例进行研究而设计评价指标的方法。典型研究可分为正向研究、负向研究和正负向结合研究三种类型。正向研究是通过对成功的典型事例研究,提出评价指标;负向研究是通过研究失败的典型,提出评价指标;正负向结合研究是通过成功的典型事例与失败的典型事例进行比较,提出评价指标。运用典型事例研究提出评价指标有两点必须注意:

(1) 选择的事例必须具有典型性和代表性,两者缺一不可。没有典型性就不能称其为典型研究,没有代表性就缺乏普遍意义。

(2) 要与类推法相结合。通过典型研究所取得的典型评价指标,要运用理论推演,将其扩展为我们所要评价对象的评价指标。

(三) 筛选评价指标

在初拟指标所分解出来的因素中,有的能反映评价对象的本质,有的则未必;有的算得上是主要因素,有的可能只是次要因素。各因素之间出现交叉、重复、包含、矛盾、因果等关系也难以避免。因此,必须对初拟指标进行归类合并和筛选,以达到"少而精"的要求。经过这一程序,指标项目可以得到精简,指标质量可以提高,不仅便于施评,也能保证评价的有效性。筛选指标,目前大多采用以下方法:

1. 经验法

经验法是凭设计者的学识修养和工作经验对评价指标进行筛选的一种简便实用的方法。可以掌握以下几个要点:

(1)理由是否充分或必要。判断每项指标是否是必要的,缺失是否会造成不良效果,保留它有什么理由。被保留的要有充分的依据,属于非要不可的因素。

(2)取主舍次。区分每项指标反映评价对象本质的程度,保留能反映本质的主要因素,舍弃不能充分反映本质的次要因素。

(3)从各指标之间的关系上进行比较。内涵相同或近似的可合并;内容交叉的,保留其一;有因果关系的,保留"因"而去掉"果";相互矛盾的,选留既符合方针、政策规定,又切合当地实际的指标。

(4)去难存易,删繁就简。确实难测的指标,可以舍去。指标内涵复杂的,尽量要求单一。

经验法主要凭设计者自身的经验,科学性、客观性要差一些。

2. 调查统计法

这是在调查获得资料的基础上进行统计的方法。其具体做法是:把初拟指标制成问卷,发给有关专家和有经验的教育工作者,请他们对初拟指标的每一项作出判断。一般分为5档,即很重要、重要、一般、可要可不要、不要。答卷者在每项指标后记上自己判断该项指标相比之下的重要程度(只能定一个档次),然后收回问卷,统计"很重要"、"重要"两档的人数比例(百分比),把评为"很重要"、"重要"人数的比例,由高到低按顺序排列。把低于某数值的指标删除(一般以低于三分之二或四分之三处为界限),就得到经过筛选的指标。当然,也可采用后面即将介绍的所谓关键特征调查法,既可筛选评价指标,也可得到相应的权重。

(四)确定评价指标权重

对每项评价指标分配权重,确定其相对重要程度,是制定教育评价表必不可少的一项工作。一般有以下几种常见的确定权重的方法:

1. 关键特征调查法

关键特征调查法是先请被调查者从所提供的备择指标中找出最关键、最有特征的指标,再对指标进行筛选并求出其权重的方法。

下面以对新时期中小学领导政治素质评价指标进行筛选为例,说明其操作步骤:

(1)提出备择指标。调查者根据经验或理论分析为中小学领导的政治素质提出了 10 个备择指标,见表 8-1 标题栏。

表 8-1　中小学领导政治素质备择指标调查结果

备择指标(1)	荐贤与知人善任	事业心	原则性	求实精神	进取心	廉洁性	民主性	服务性	政策水平	无派性
选择人数(2)	228	517	265	389	121	86	117	89	329	18
选择人数的百分比 t(3)	40.8	92.5	47.4	69.6	21.6	15.4	20.9	15.9	58.9	3.2
重要性次序(4)	5	1	4	2	6	9	7	8	3	10

(2)请被调查者从备择指标中找出一定数量的关键指标。调查者通过问卷请 559 名各中小学领导每人从备选的 10 个指标中选出最重要的 4 个指标。

(3)计算人数和百分比。调查者计算选择各指标的人数(表中第 2 行)及其百分比(表中第 3 行),并将其从高到低排出次序(表中第 4 行)。

(4)按一定的规则选取指标。若以选择各指标的人数百分比(用 t 表示)为尺度,将 $75 \leq t \leq 100$ 作为第一重要指标,$50 \leq t < 75$ 为第二重要指标,$25 \leq t < 50$ 为第三重要指标,$t < 25$ 予以忽略,那么中小学领导政治素质应由表 8-2 中的 5 个指标组成。

表 8-2　中小学领导政治素质各指标权重

选择人数的百分比(t)	指标名称	重要性等级	权重系数
92.5	事业心	一	0.30
69.6	求实精神	二	0.23
58.9	政策水平	二	0.19
47.4	原则性	三	0.15
40.8	荐贤与知人善任	三	0.13

(5)计算各指标的权重系数。

$$\omega_i = \frac{t_i}{\sum_{i=1}^{n} t_i} \tag{8-1}$$

式中:ω_i 表示筛选后第 i 个指标的权重系数;t_i 表示选择该指标人数的百分比;n 表示筛

选后指标的个数。

例如,表8-2中第一个指标(事业心)的权重系数为:

$$\omega_1 = 92.5 \div (92.5 + 69.6 + 58.9 + 47.4 + 40.8) = 0.299 \approx 0.30$$

其他指标的权重系数仿此计算,分别可得 $\omega_2 = 0.23$, $\omega_3 = 0.19$, $\omega_4 = 0.15$, $\omega_5 = 0.13$。

2. 两两比较法

为了确定各指标的权重,可对指标进行逐对比较,并加以评分,重要者记为1分,次要者记为0分;然后分别计算各指标得分之和,再除以所有指标得分之总和。这种方法叫两两比较法。例如确定A、B、C、D、E五个指标的权重:先将A与B相比,B比A重要,给B记1分,给A记0分……以此类推,结果如表8-3;然后计算各指标得分之和,如A指标得分为1,B指标得分为3……再将各指标得分分别除以各指标得分的总和10,就得出各指标权重值,如A指标权重值为 $1 \div 10 = 0.1$,其他指标依次类推,如表8-3第4列所示。

表8-3　两两比较法的各指标权重计算表

指标(1)	逐对指标比较的次数(2)										得分(3)	指标权重(4)
	1	2	3	4	5	6	7	8	9	10		
A	0	0	0	1							1	0.1
B	1				0	1	1				3	0.3
C		1			1			1	1		4	0.4
D			1			0		0		0	1	0.1
E				0			0		0	1	1	0.1
											10	1.0

3. 专家评判平均法

对于已经确定的指标,分别请专家评判其权重,然后以专家评判结果的平均数作为各指标的权重,这种方法叫专家评判平均法。例如以先进性、科学性、系统性、启发性4个指标来评价一本教材,请5位专家对各指标的权重进行评判,评判结果如表8-4。表中5位专家评判结果的平均数就是各指标的权重。

表8-4　教材评价指标权重(用专家评判平均法)计算用表

专家序号	先进性	科学性	系统性	启发性
1	0.15	0.55	0.20	0.10
2	0.10	0.60	0.15	0.15
3	0.10	0.55	0.25	0.10
4	0.15	0.50	0.30	0.05

续　表

专家序号	先进性	科学性	系统性	启发性
5	0.10	0.60	0.20	0.10
平均数	0.12	0.56	0.22	0.10

$$\bar{\omega}_j = \frac{1}{k}\sum_{i=1}^{k}\omega_{ij} \qquad (8-2)$$

式中:ω_{ij} 表示第 i 位专家赋予第 j 个指标的权重值,k 表示专家人数。比如,先进性这一指标的权重为:

$$\omega_1 = (0.15 + 0.10 + 0.10 + 0.15 + 0.10) \div 5 = 0.12$$

其他指标权重仿此计算,可得 $\omega_2 = 0.56$,$\omega_3 = 0.22$,$\omega_4 = 0.10$。

这种方法的特点是简便易行,能够充分交流意见。所以,目前各基层单位组织的评价,大部分采用这种方法来确定权重,评价效果也比较令人满意。这种方法的主要不足之处是:主观随意性较大,容易受专家的素质、水平等因素的影响。因此,要保证权重确定的合理性和准确性,使确定的权重具有一定的信度和效度,关键在于专家的素质和水平。一般来说,如果专家的素质好、水平高,就能够确定出具有较高信度和效度的权重。

4. 倍数比较法

对已确定的指标,以每一级指标中重要性程度最小的指标为基础,记为 1,然后将其他指标与它相比,做出重要性程度是它多少倍的判断,再经归一化处理,即获得该级各指标的权重。这种方法称倍数比较法。例如,确定学生干部评价指标为品德表现、学习成绩、办事能力、工作态度、群众威信;经一组专家评判(专家组讨论决定),认为重要性程度最小的一个指标是办事能力,将其记为 1;再将其他各指标与它相比,其重要性程度的倍数如表 8-5;然后进行归一化处理,即用各指标权重倍数之和除以各指标权重倍数。

表 8-5　学生干部评价指标权重(用倍数比较法)计算用表

指标	品德表现	学习成绩	办事能力	工作态度	群众威信
权重倍数	2.5	4.0	1.0	2.0	1.5
权重系数	0.227	0.364	0.091	0.182	0.136

该例各指标权重倍数总和为 2.5 + 4.0 + 1.0 + 2.0 + 1.5 = 11，品德表现的权重系数为 2.5/11 = 0.227，其他指标的权重可依次类推。

（五）设计教育评价标准

这是建立教育评价表的又一项重要工作。设计教育评价标准的方法是：

（1）分解教育评价表中指标所包含的主要内容。例如："教学组织"是教师教学工作评价表中的一项指标，经分解，认为"科学利用教学时间，教学过程安排合理；严格要求，教书育人；教态和蔼，师生精神饱满，课堂秩序良好"可作为衡量教师上课"教学组织"的尺度，这些内容就是"教学组织"的主要内容。

（2）确定标度。标度是达到标准的程度，它说明什么样的程度属于什么等级。表示标度的方式有二：一是用描述性语言表示。例如：用"很好"、"较好"、"一般"、"较差"4 个等级表示评价对象达到的程度；用"完全达到"、"基本达到"、"大部分达到"、"小部分或全未达到"区分教育活动达到的等级程度。二是用量化的形式表示，经常用分数阈来划分程度。例如衡量学生掌握知识技能达到教学目标要求的程度，可用测验的分数阈表示。100~90 分为优秀；89~75 分为良好；74~60 分为及格；59~0 分为不及格。

（3）确定等级数量。评价标准设多少等级为好，没有统一的规定，可根据需要而定。等级数量越多，分等精确度就越高。不过，据心理学研究，超过五等级划分，一般人就较难做到。因此，评价标准一般确定 3~5 个等级为宜。

为了便于使用，需将上述内容编制成表格形式，其中还要专设一栏"评价结果"，供评价者填写各项评价指标的得分或等级，见表 8－6。最后，在评价表拟定后，还须通过论证、征询意见和试评的过程，对评价表进行进一步的修改、充实和完善，这样才能制定出比较科学而又可行的教育评价表。为此，可举行论证会进行论证；也可召开座谈会，征询群众意见；还可进行访问调查或问卷调查；最后，可通过试评来验证、修改与完善教育评价表。

【课后研读题】

教育部 2013 年颁布《关于推进中小学教育质量综合评价改革的意见》，其主要内容是什么？该文件提出《中小学教育质量综合评价指标框架（试行）》，请你抽空阅读了解。若有条件的话，不妨可以和同学们分享一下你的学习体会。

表 8-6 课堂教学质量评价表

指　　标			A (85~100) 非常符合	B (70~84.9) 比较符合	C (55~69.9) 不太符合	D (54.9以下) 不符合
A 级	B 级	权重				
A_1 目的 (0.10)	B_1　智能、思想的目的,符合大纲要求和学生实际(0.5)	0.05				
	B_2　明确、具体,指导教学全过程 (0.5)	0.05				
A_2 内容 (0.25)	B_3　内容正确,无知识性错误,技能熟练(0.30)	0.075				
	B_4　发挥思想教育作用,教书育人 (0.25)	0.062				
	B_5　条理清楚,重点突出,难点突破 (0.25)	0.063				
	B_6　分量、速度适当,学生能接受 (0.20)	0.050				
A_3 方法 (0.40)	B_7　重点启发学生思维,培养能力,学生有思考操作机会(0.16)	0.064				
	B_8　精讲巧练,讲练结合好,重视学生动手能力(0.16)	0.064				
	B_9　方法灵活,课堂活跃,能激发学生兴趣,集中学生注意力(0.16)	0.064				
	B_{10}　面向全体,控制课堂,维持秩序,注意反馈调节,机敏处理偶发事件(0.14)	0.056				
	B_{11}　使用仪器、教具熟练、恰当、效益高(0.14)	0.056				
	B_{12}　教学结构紧密,时间分配恰当,不拖课(0.12)	0.048				
	B_{13}　教师语言简洁、生动,教态自然,板书规范(0.12)	0.048				

续 表

指 标			A (85~100) 非常符合	B (70~84.9) 比较符合	C (55~69.9) 不太符合	D (54.9以下) 不符合
A级	B级	权重				
A_4 效果 (0.25)	B_{14} 课堂气氛热烈,学生兴趣浓厚,师生均有满足感(0.15)	0.037				
	B_{15} 课堂口头答问、书面作业正确率高(0.3)	0.075				
	B_{16} 达到教学目的,按时完成教学任务,课外作业量适度(0.15)	0.033				
	B_{17} 好、中、差学生都各有所得,对教学反映良好(抽问、抽测)(0.4)	0.1				

资料来源:季明明,叶齐炼.学校教师工作评估实用手册,中央民族学院出版社,1994年,第314~315页.

表8-6说明:

(1)本方案用B级指标(评语式)代替评估标准,评课时,根据教师课堂教学中的实际情况,比照指标,视其符合程度打分(在该等的分值幅度内),直接量化。如为了简便,可将每个等级赋以定值(如A等为100,B等为80,C等为60,D等为40),评估时只定等级,不打分;再按等级值将等级折合为分数,实行二次量化。

(2)B级指标权重已折合为总评估权重,只消用权重栏内权重值直接与所评等级的值相乘,就可以直接求得该项指标评估值。最后,将各指标值总加求和,即为总评估值。

(3)评课分值可折合为等级向被听课者反馈,并将意见(即评等依据)集中起来,适当反馈给被听课者。若有多人同去听课,可求其平均值。

(4)在实际评价时,若能将表8-6中的评价标准进一步具体化,则会更容易操作。

练习与思考

一、名词解释

1. 科学性与导向性原则　2. 完备性与独立性原则　3. 发展性与整体性原则

4. 操作性与可测性原则　5. 可行性与可比性原则　6. 超前性和持续性原则　7. 头脑风暴法

二、问答题

1. 常用的指标权重分配方法有哪几种?

2. 制定教育评价表有几个步骤?

3. 初拟教育评价指标有哪些方法?

4. 筛选教育评价指标有哪些方法?

5. 结合教学实际,谈谈如何确定课堂教学质量评价指标及权重。

6. 确定评价指标权重有哪些方法?

三、结合实际探究学习题

1. 谈谈教育评价表在实际中有何作用。

2. 结合学校实际,试编课堂教学质量评价表。

第九章　学生课业发展的测量与评价

内容导读

本章探讨的重要内容有:课业考评的主要作用;国内当前课业考评存在的主要问题;国外课业考评改革的趋势与经验;课业考评改革的主要目标;学生课业发展的内容框架及参照点体系;评价学生课业发展进步的主要方法。学习本章后要求做到:深刻认识学生课业考评的意义与作用;了解基础教育课程改革对学生课业考评的要求;把握学校课业考评改革的目标;掌握评价学生课业发展进步的主要方法及其新进展。本章的难点是档案袋评价技术原理和动态评价技术原理的理解和应用。

应当结合学校实际和我国基础教育课程改革的精神去理解和掌握本章内容。学完本章后,应当能够:定义课业考评;正确认识课业考评的作用;认识与反思课业考评存在的问题;了解国内外课业考评改革的趋势;认识学生课业发展的主要内容;知道评价学生课业发展进步的参照体系;掌握评价学生课业发展的各种测量方法与非测量方法;初步了解档案袋评价的原理和特点;初步了解动态评价的原理和特点。

第一节　课业考评改革的基本认识与目标

所谓课业考评,是指对学生的课程学业所取得的发展进步进行考核评价。在课业考评过程中,考试是最基本也是最常用的一种测量与评价手段。在新形势下,如何更科学、全面地评价学生的课业发展,帮助学生认识自我、建立自信、促进全面发展,是深化教育改革、全面推进素质教育过程中重大的理论与实践课题,也是国家新一轮基础教育课程改革的目标之一。国务院在《关于基础教育改革与发展的决定》中多次强调指出,要"改革考试评价和招生选拔制度。探索科学的评价办法,发现和发展学生的潜能,帮助学生树立自信心,促进学生积极主动地发展"。因此,研究与探讨学生课业发展的测量与评价方法具有重要的意义。本节拟对学生课业考评的若干理论与实践问题逐一探讨。

一、课业考评的主要作用

课业考评对促进学生发展起着重要的作用,尤其是以现代教育理念和教育评价理论为指导而建立起来的课业考评制度与方法,更是如此。

首先,合理的课业考评制度为学生发展提供了较明确的目标和努力的方向。确立教育目标,不仅是现代教育评价活动的起点,而且是现代课程教学活动的重要特点,它在教学过程中起着重要作用。尽管在课本或传统的教学参考书中已有具体的学习内容和教学要求,但是基于这些内容的学习,对学生该有什么样的发展变化,却往往描述得不够明确清晰。因此,合理的课业考评制度首先要恰当地把握学校与课程的教学目标,对预期的教学结果做出明确的描述,从多个维度去把握教学目标,使教学目标符合学校教育目的和培养目标,从而有助于学生明确努力方向和调节学习过程。

其次,合理的课业考评制度将有助于评价学生的发展进步,从而对教与学双方活动起着重要的控制、调节和促进等作用。从教育测量和教育评价的角度看,在对学生课业进行考评的过程中,人们利用考试和其他种种测评方法,旨在更全面、更客观地收集有关学生学习经历与行为变化的信息,力求从多个方面去评价学生的发展进步情况,以期改进学习和教学工作。例如,对于认知领域、情感领域以及动作技能领域中那些可以明确表述且要求所有学生必须掌握的学习结果,人们可以通过标准参照测验或掌握知识测验对学习者的到达度或掌握程度做出检测分析。掌握学习策略,就是通过诊断性测验和经常性的形成性测验,构成课堂教学活动的信息反馈系统,以便使在班级授课制下所产生的学习差异以及学生学习困难的根源被揭示出来后,可适时加以补救与矫正,以收到缩小学习差异、大面积提高教学质量和学生学习积极性的效果。至于教学目标中那些属于更复杂、更高层次和难以穷尽描述的学习结果,无论是认知领域还是非认知领域,都是学生发展的重要组成部分。采用各种测量和非测量的方法,可以对学生在高级心智技能、动作技能、实验技能、态度、兴趣、适应、欣赏、思想与思维品质等方面的发展做出较全面的评价,对学生的全面发展起着指导、教育和促进的作用。

再次,课业考评为学生心理发展和学习进步创造了必要的背景和空间,诱发学生的学习动机和自主发展的动力。一方面,合适的教学注重学习的共性和个性的统一,在不断推进教育目标的过程中,通过动态评价、个体化评价以及教学与评价之间的有效整合,瞄准学生的"最近发展区",形成学生已有基础和预期目标之间的矛盾,促进学生的心理需求和可能发展之间矛盾的运动与转化,引导学生积极向上进取和自我成长。另一方面,为贯彻因材施教的教学原则,倘若不用科学的测量与评价方法,则难以了解学生的个性心理。这样的教学,"犹如在黑暗中射箭",显然不能有效地促进学生的心理发展,也不能有效地激发学生的学习动力。

最后,课业考评在中小学生个体社会化进程中起着控制、调节、促进和加速的作用。现代社会,学校在儿童的社会化过程中扮演了最主要的角色。学校教育使个体的社会化过程由无组织的自发状态,成为有组织、有目的的过程。在这一过程中,学校按照社会需求确定相应的教育目标,而课业考评则通过考试和其他种种测评过程来强化这些目标,并以定量测量和定性描述的方式全面地显示学生的学习结果,对个性发展加以肯定,从而提高学校教育的效能,在实现社会需要与个性发展需要相统一的基础上,加速学生个体的社会化进程。

总之,课业考评在学生发展中起着重要的作用。而这种作用能否充分达到,取决于我们是否建立了一套科学的适应于不同教育阶段的课业考评制度与方法。

二、国内当前课业考评存在的主要问题

2018 年 9 月,在全国教育大会上,习近平总书记指出要"扭转不科学的教育评价导向","从根本上解决教育评价指挥棒问题"。近十多年来,校内考试评价制度与方法有许多重要的改进,但就学校教育整体来看,由于教育内外部多方面的原因,课业考评当前仍存在一些较严重的问题,主要表现在如下几个方面:

第一,课业考评指导思想与学校教育理念、目标不相适应,在考试设计及考试结果的使用过程中过分强调区分和选拔功能。许多学校的教育人员还常常利用考分去夸大学生之间的差异和许多低考分学生的弱点,并把低考分的学生列为差生或落后生,使其蒙受许多羞辱。在这样一种以考试为导向的教学及其评价模式中,每一个学生从小学开始便经常接受考试的磨炼,自觉或不自觉地把学习的注意点和动机几乎全押在考试之上。可以想到,在学生成长过程中,一旦有些个体在考试历程中屡遭挫折和失败,就意味着在学校中激烈竞争的现实便是以考试作为唯一标准对他们进行淘汰,也意味着现实教育价值观体系及学校教育实践对他们的否定,更意味着教育追求和教育模式在这些学生个体身上的失效。更令人痛心与不安的是,考试失败给这些学生带来了"少年新烦恼",使他们意志消沉,而且他们还常因影响所在学校的升学率而遭到一些人的嫌弃。所有这些极端的现象,与学校教育的理念、目标,尤其是与基础教育的性质及要求是格格不入的。

第二,课业考评方法单一,把考试的教育功能简单化,把考试的评定功能绝对化。长期以来,许多学校把书面考试作为学生课业和心智发展的唯一测评手段,而且考试设计和考试方法多局限于那些能够用纸笔材料加以测评的知识技能,对于那些没被测到的或者难以用

纸笔测到的高级心智技能,学校在日常教学中则不够重视。这无形中强化了"分数至上"的人才评价观,使教师、学生乃至家长都在为高分而努力;使学校的课程内容变得更加狭窄,考试和教学关系异化;考试的其他种种积极的教育功能受到弱化,背离了基础教育所应秉持的教育理念。

第三,课业考评抽象化和表征化。长期以来,学校课业考评只重视考试结果量化的分数表达,不重视分析研究每个学生的试卷,不重视学习过程和学生发展进步在质性方面的描述评价;只重视对认知领域可测性内容的考试测量,忽视了学校教育目标的广泛性和学习内容的丰富性;只重视用抽象概括化的考分来评价学生的学习结果,不重视采用多种方法对学生发展进步作实质性的描述评价;只注意学习的共性目标,不重视对学生学习特点、发展进步以及潜能结构作个别化的评价。这种单调和抽象的课业考评,必然丢失学习过程及考试过程业已显示出来的大量有用信息,并且把相同考分学生的发展看成是相同的,从而忽视了学生心理发展和智能结构差异的多面性和客观性。

第四,课业考评唯分数论,并把它和学校升学率以及评价学科教育质量严苛挂钩的倾向还没有得到根本扭转。突出的表现为:在课业考评上重书面考试分数,忽视学生的学科核心素养、综合素质以及个性发展;在课业考评结果使用上重终结性考试的最终结果,忽视教学过程分析、发展进步程度以及诊断教学和改进教学等重要方面。

因此,我们要充分认识改革和改进学校课业考评的重要性与紧迫性。

三、国外课业考评改革的趋势与经验

学生课业考评改革固然要尊重本国本民族的文化与教育传统,但课业考评改革的一些国际经验与趋势也需加以重视,这些趋势和经验主要是:

(1)减少考试次数,强化课程作业,把经常性的形成评价同若干关键年龄段所举行的校外统一考试相结合,以便在较宽松、自主的教育环境下全面落实教育目标。

(2)无论是考试制度向来比较严格的国家,还是考试制度一贯比较宽松的国家,在中小学教育过程中,对于考试这根"弦"的拨弄,基本上呈现出小学阶段较宽松、初中阶段次之、高中阶段相对绷紧的趋势。

(3)课业考评方法多元化,教学与评价整合化,尤其是表现性测验和实验技能教学考试受到高度重视与广泛采用。

(4)学习成绩和学生素质发展评价中大量使用观察表现的等级评定量表,学生参与评价、记录成就与成长的多功能的学习成绩报告单得到普遍重视。

（5）重视课业考评的诊断功能和改进功能，强调学生的学习主动性，强调以学生发展为核心。

四、课业考评改革的主要目标

课业考评改革要取得实质性的突破，固然需要在观念及劳动人事制度上的配套改革与之呼应，但从学校教育实践的相对自律特点来看，我们应能够在校内课业考评改革方面有所作为。我们认为，学校课业考评改革的总体目标是构建符合素质教育要求的课业考评制度与方法，对于基础教育来讲，课业考评改革还要和国家新一轮基础教育课程改革的目标相适应。具体地讲，今后我们要着重实现如下几个方面的转变：

（一）课业考评改革要实现考试观向发展性评价观的转变

从学校教学的观点出发，我们可以把评价定义为确定学生取得学习进步、达到教学目标程度的系统过程。在这一系统过程中，我们需要采用测量和非测量的种种方法去收集、分析和解释信息资料，并对其结果做出价值判断。所谓发展性评价观，在本质上是秉持一种"以人为本、以学生为中心、以师生之间互动建构为基础、以促进学生全面发展为根本宗旨"的现代教育评价理念及方法体系。而考试仅是测量与评价的一种手段，它所能获取的信息通常只是学校教育目标和人的素质能力中相对有限的一部分。考试只是评价过程所用的一种方法而已，只有在学校教育中把考试观转变为发展性评价观，才能明确学校的教育目标和全面检查学校教育目标的达成情况。国际上许多先进发达的国家早在20世纪70年代就开始重视学校教育评价，实现从考试观到现代教育评价观的转变。事实一再证明，评价工作是进行成功教学的必要手段，是学校进行各项重要教育决策的主要依据，也是维持甚至支持课程改革与教学改革的重要支点。

（二）课业考评内容要从认知领域转变到涵盖学习结果的更广泛的教育目标领域上来

教育目标是广泛的、丰富的，但却具有整体性。通常人们喜欢借用美国 B·S·布鲁姆教授把教育目标分为认知领域、情感领域和动作技能领域的学说，在"掌握学习"的策略下开展课堂教学与评价。我们认为这是国内近十多年来在基础教育教学与课业考评上的进步，但人们往往把教学安排和考试评价过多地倾注在认知领域中那些容易用纸笔测验的简单的知识技能方面，过多地考虑测验的信度而把考试设计导向于零碎的知识、标准的答案、宽广的覆盖面和夸大其实的区分度等方面。而认知领域中高层次的思维技能、应用原理、创造技能、解释关系、预测展望、提出假设与论证、认识资料局限性、实验设计、语言表达、组织规划、统整评价等方面的能力则难以得到重视。特别是在命题技巧不够娴熟的情况下以及把考试当成唯一的评价手段时,则对这些重要的心智技能的评价更显得力不从心。至于教育目标中的情感、态度、动作、适应、个性等方面的素质养成之评价,则几乎是挂一漏万,因而窄化了学校的教育内容与目标。为此,课业考评要采用多种方法、多种形式,全面落实教育目标,注重对学生在德、智、体、美、劳等多个方面进行评价。

(三)课业考评要努力实现从表征性分数机制到实质性内容机制的转变,贯彻定量与定性相结合、过程与结果相结合、静态与动态相结合、教学与评价相结合的原则

表征性分数机制向来以考试分数作为追求的目的和决策的依据,把学生在一个学期或一门课程中丰富多彩的、生动活泼的学习行为,抽象概括成一个考试分数;把学生丰富多彩的个性发展和学习历程用一个笼统的考试分数加以表达。在这样的考评机制下,显然学生追求的是被人为夸大后的考分差异,从而扼杀了个性发展和追求。而实质性内容机制则从定量考评和定性考评相结合出发,强化课业考评的教育与发展功能,从教学内容和教学目标两个维度,采用多种教育评价技术,对学生的课业进展情况做出负责任的实质性的评价。为此,我们需要强化课业考评的教育功能,结合课堂教学和试卷分析,采用静态评价与动态评价相结合的多种方法,从多个层面上对学生的课业进展做出实质性的描述性评鉴,这就是所谓实质性课业考评内容机制,它具有以下几个鲜明的特点:

(1)实质性课业考评强调教育目标的整体性与广泛性。从布氏教育目标分类来讲,涉及认知领域、情感领域和动作技能领域的评价;从素质教育的内涵分析来讲,涉及对学生的科学文化素质、心理素质、身体素质、道德思想素质等方面的评价;从教育内容的分类来讲,注重对学生在德、智、体、美、劳等多个方面的评价。

(2)实质性课业考评重视对课程学习目标的确定与落实,采用一定的程式或评价表把分项评估和综合评估结合起来,在给学生评级或评分的同时,更提倡使用言简意赅的词语对学生的学习情况进行描述性评价。必要时,还要及时向学生提出改进学习的指导与建议。

(3)实质性课业考评强化教育性功能,淡化区分与选拔功能,减小课业考评给学生带来的心理压力。课业考评旨在为教和学提供帮助,最终要促进学生的全面发展。除了特殊场合或特别需要之外,实质性课业考评一般不主张采用分数评价指标对学生进行排序,不用经常性的校内考试和各类校外统考来给学生施加压力。由于评价指标涉及教育目标及课程内容的多个层次,故需要采用等级分制或评语制。

(4)实质性课业考评机制重视用多元方法对学生的课业发展进行评估,重视过程评价和结果评价相结合,尤其重视对学生高级心智能力以及复杂而重要的技能技巧的评价。首先,从学生发展评估来讲,无论是描述性评价还是评分评级,通常需要借助一个参照标准,而这个参照标准既可以是个人潜力,也可以是教学目标,还可以是教育常模。其次,从测验类型及方式来看,既可以基于以纸笔为特征的终结性考试,也可以基于日常的课程作业;既可以适当发挥客观测验的测量优点,也可以采用有助于让学生充分表现自己才能的其他测验与考试方法(如表现性测验和实验技能教学考试等)。最后,从测量所涉及的能力来讲,课业考评既要针对教学要求,考查学生基本知识、基本理论以及基本技能的掌握情况,又要以实质性课业考评为导向,高度重视对学生的智能品质、思维品质、创造技能、实验操作技能等方面的评价。特别是对实验技能的实质性评价,我们要改变以往多局限于用纸笔来测试的习惯,需要从多方面实质性地去评价学生的实验研究技能。

(5)实质性课业考评机制强调学生个性发展与教育共性要求的统一。正视学生个性发展,这是学校课业考评和学校教育促进学生发展的一个重要原则。素质教育是一种个性发展和全面发展相统一的教育行为,尊重和鼓励学生生动活泼、主动地发展。而表征性考评机制以及"应试教育"倾向把学生发展简单化为考试分数的变化,把相同的考分看成是相同的发展,这是过分强调共同性和忽视学生个性的表现。坚持个性与共性统一的实质性课业考评机制,一方面要接受群体授课制以及中小学教育教学既有目标所表现出来的教育共性,另一方面要尊重学生内心世界的多种组合性以及学生个性独特发展的可能性,珍惜学生在学习过程中表现出的某些方面的能力倾向性。为此,课业考评应鼓励学生把本学科内容的学习同其他学科以及同社会、政治、经济等实际问题联系起来;应鼓励学生独立思维、独立见解,在达到教学要求的基本标准之后,根据自己的特点发展自己的科学兴趣和其他特长。要达到这些目的,课业考评就需要对学生的发展及表现从多方面做出较为连续的记录与评价。

我国当前学校,尤其是基础教育课业考评改革的关键在于,努力实现从表征性分数机制到实质性内容机制的转变。不过,在基础教育阶段建立实质性课业考评机制并不以取消考试、取消客观测验以及实行等级分制为本质特征。我们需要从本国教育传统和国际教育发展经验出发,规划基础教育改革蓝图。面对新一轮基础教育课程改革的目标,我们不能矫枉过正,走进误区。从总体看,中华民族向来崇尚读书和考试,过去在"应试教育"体制下,考试和教学关系异化,学生不堪重负,考试的负面效应给基础教育带来了许多干扰。但我们的教育传统和制度也不能宽松到"考不考,一样好;学不学,都升学"的地步,以至轻易、盲目地让学生度过义务教育阶段而不论他们学习努力与否。倘若我们没有用相互联系的观点实施基础教育改革的话,缺乏对义务教育阶段学生进行必要的连续的教学质量监控和评估,必将带来其他更为可怕的后果。总之,学生课业考评改革旨在创造更有利于学生发展的环境,而不是随意取消考试和降低学习标准。在实现从表征性分数机制到实质性内容机制的转变时,对不同年龄阶段的学生要区别对待。但无论如何,突出课业考评的教育性、发展性、基础性、描述性、实质性和多样性,是我们努力的主要方向。

第二节　学生课业发展的内容框架及参照点体系

学生课业发展的内容是丰富多彩的,而评价学生课业发展所需的参照点类型也是多种多样的。

一、学生课业发展的内容框架

中共中央、国务院在《关于深化教育改革　全面推进素质教育的决定》中明确指出,实施素质教育,必须把德育、智育、体育、美育等有机地统一在教育活动的各个环节中。学校教育不仅要抓好智育,更要重视德育,还要加强体育、美育、劳动技术教育和社会实践,使诸方面教育相互渗透,协调发展,促进学生的全面发展和健康成长。特别是针对学校的智育工作,该文件非常明确和具体地指出:智育工作要转变教育观念,改革人才培养模式,积极实行启发式和讨论式教学,激发学生独立思考和创新的意识,切实提高教学质量。要让学生感受、理解知识产生和发展的过程,培养学生的科学精神和创新思维习惯,重视培养学生收集处理信息的能力、获取知识的能力、分析和解决问题的能力、语言文字表达能力,以及团结协作和社会活动的能力。对于学校课堂教学,国务院在 2001 年 6 月颁发的《关于基础教育改革与发展的决定》中又进一步指出,要"积极开展教育教学改革和教育科学研究。继续重视基础知识、基本技能的教学并关注情感、态度的培养;充分利用各种课程资源,培养学生收集、处理和利用信息的能力;开展研究性学习,培养学生提出问题、研究问题、解决问题的能力;鼓励合作学习,促进学生之间相互交流、共同发展,促进师生教学相长"。

把握时代精神和要求,借鉴教育目标分类的理论,结合我国学校教育的实际特点,我们可以建立学生课业发展的内容框架。这个内容框架可从学校"五育"内容来分析,也可从认知、情意、技能动作三个维度去建构,还可从个体一般性发展目标、学科学习发展目标和个体独特性发展目标这三个层面进行界定。我们从综合的角度出发,提出学生课业发展的内容框架。这个内容框架包括以下十个方面:

(一)学生个体一般性发展

这主要是指学生的"个人—社会性"方面的发展,它是学生在学校教育背景下社会化的发展成果,也是教育具有社会性的体现。随着知识社会和国际化社会的到来,当代青少年学生的个体一般性发展的内容也发生了变化。因此,学校教育和学生课业发展必须重视学生的个体一般性发展目标。这些发展目标涉及公民素质、社会责任、环保意识,让学生学会学习、学会生活、学会做事、学会做人、学会合作、学会思考,等等。

(二)学科理论知识和学科能力或技能的发展

对学科的理论知识,我们可以从四个层面加以把握:第一个层面是体现学科基础性的理论知识,这是学生应知、应会的内容层次,或者说是学生应当熟练掌握的那些基础知识与基本理论。第二个层面是体现学科发展性的理论知识,这是师生双方需要通过一定努力才能在教与学过程中得到落实的教学内容,是对学科的基础性理论知识起着发展与提高作用的内容层次。第三个层面是体现学科一般性或苛刻性的理论知识,这些理论知识对后续课程内容的学习不是不可或缺的,只是给学有余力的学生提出一些高难度的或者是拓展知识面的要求。这三个层面的学科知识体现了共性要求到个别化要求的变化。第四个层面是学科理论知识应用能力的发展,只学不用或者只会学不会用不是我们现在所要求的教学与发展。课业考评必须树立新的知识观和价值观,对知识理论的应用可从三个水平来把握:一是理论知识的简单应用;二是理论知识的综合应用;三是理论知识的创造性应用。至于学科能力或学科技能的发展的内容,具有明显的学科特定性。不同的学科可以形成一组不同的学科能力或学科技能,甚至同一学科的不同教育阶段,所能发展的学科能力或学科技能的内容及层次也有所不同。但总的来看,常见的学科能力或学科技能有:听说技能、阅读技能、写作技能、计算技能、测量技能、绘画技能、绘制图表技能、运动技能、交际技能、表演技能、创作技能、观察技能、设计技能、实验技能、操作技能、交流技能、研究技能、信息技能等。这些重要的高级的学科技能虽然不可能在同一课程中全部出现,但各学科必有其重点。分别进行的课业考评必须抓住重点,形成合力,促进学生的全面发展。

(三)思维技能与品质的发展

学生思维技能的发展,既是学校各门课程共同的教学目标之一,又是影响各门课程教育目标达成的因素之一。因此,学生思维技能的发展,在教学与发展的关系中,具有重要的作用。思维技能有形式逻辑思维方法,它包括概括、抽象、归纳、推理、想象、判断等思维过程;有发散性思维方法,其特性是创新、流畅、独特、精致等;还有批判性思维方法以及立论、证据、辩驳、反例等多种思维方法。在评价学生的思维技能的发展时,除了解学生的不同思维方法之外,还要评价学生的思维品质。通常人们把思维的深刻性、灵活性、流畅性、广阔性、逻辑性、创造性、独特性、精致性、批判性等作为衡量学生思维品质特性的指标。

(四) 研究与学习技能

研究技能,主要包括搜集、获取、整理、处理与利用信息的能力;提出问题或提出有条理的假说的能力;获取研究资料的能力;设计实验与验证假说的能力;统整资料与分析研究资料的能力等。学习技能,主要包括学习过程中的认知技能和学习策略应用两个方面。前者主要包括感知、观察、获取、理解、思维、记忆、保持、同化、应用等学习过程;后者主要包括学习方法的选择与使用、课堂听课的方法与能力、学习与掌握课程内容时策略的使用,以及学习过程自我管理和自学能力等。

(五) 创新精神与实践能力的发展

在教育教学中重视培养学生的创新精神与实践能力,这是实施素质教育的重点。重视对学生创新精神与实践能力发展的评价,具有导向性和体现时代精神的重要意义。创新精神可以从两个方面来理解,或者说有狭义与广义之分。广义的创新精神,包括创新意识、创新思维习惯、创新能力等。创新能力又可以分成以下递进的层次:引进新的或重新组合(综合)加以创新、再次发现和首创(独创或创造)新事物。对于不同年龄以及不同教育阶段,培养与评价学生的创新精神,其侧重面应当是有所不同的。

(六) 态度、观念与兴趣的发展

态度主要包括对学习的态度、对社会的态度、对社会伦理道德的态度、对科学的态度、对生活的态度、对人生的态度、对人际关系的态度、对自然界的态度等许多方面。观念的发展其内容也十分丰富,且是重要的教育目标之一。它包括知识观、科学观、人生观、世界观、教育观、审美观、道德观、爱情观、生死观、职业观、幸福观等许多方面。学生兴趣的发展也表现出多样性,诸如对研究的兴趣、对提出与众不同问题的兴趣、对探索某领域问题的兴趣、对学习及获取新知识的兴趣、对人际交流的兴趣、对组织领导的兴趣、对公益活动的兴趣、对某种学科或某种艺术活动的兴趣、对科技创作或文体活动的兴趣、对某种职业的兴趣,等等。

(七) 欣赏与审美的发展

美育是重要的教育内容,它对学生的发展起着微妙的、重要的作用。美育教育的形式是多种多样的,除了要加强艺术课程教育之外,还应当开展丰富多彩的课外文化艺术活动,同时也要充分挖掘每一门课程的美育教育题材和价值,把美育融入学校教育的全过程。评价学生在欣赏与审美方面的发展,是学生课业发展评价不可忽视的内容。概括地讲,欣赏与审美的发展,其内容包括:对音乐、美术等各种艺术的欣赏;对文学的欣赏;对人类文化及成就的欣赏；对科学及成就的欣赏；对大自然的欣赏；对人类自身的欣赏；对英雄事迹的欣赏，等等。

（八）适应与习惯的发展

学生的适应与习惯也是课业发展的一个组成部分。之所以如此，是因为它一方面是影响学校教育和影响学生个体发展的因素之一，另一方面它也是学校教育的结果之一。学生的适应发展主要包括：与同学的关系、与老师的关系、与学校学习与生活的适应、对新环境的适应、对表扬与批评的反应、对社会的适应、对客观事实的接纳等。学生习惯的发展是多方面的，比如学习行为习惯和日常生活行为习惯，在有效计划、利用时间、利用设备、利用信息资料等过程中表现出的行为习惯与思维习惯等。评价这些行为习惯的发展，要通过现象看本质，考查学生是否具有科学性、道德性、合理性、标准性、创造性、独立性、持久性等品质。

（九）学生体育技能与素质的发展

体育既是学校教育的有效手段，又是学校教育的重要内容。卢梭早就指出："教育的最大秘诀是使身体锻炼和思想锻炼互相调剂。"由于体育具有典型的身体（物质属性）和思想（精神属性）的双重特点，因此，学生体育发展的一般目标，可从身体领域发展、认知领域发展、情感领域发展和动作技能领域发展这四个维度来分析。其一，学生身体领域发展目标，本质上是学生身体发育和增强体质。学校开设体育课程和开展体育活动最基础、最直接、最原始的目的，就是促进学生身体的正常发育，增强学生的体质，从而提高学生的健康水平与适应能力。体育的这一基础性目标，对于实现体育教育的其他领域目标以及促进其他学科教育目标的实现具有"基础性"、"物质第一性"的重要作用。理解这一点，我们就能够正确地理解"健康第一"这四个字的内在涵义。一般说来，学生身体领域的发展可包括学生身体发育水平、学生身体素质（体质）、学生身体形态、学生身体健康状态等。学生身体领域发展的评价可采用测量和观察评定相结合的方法。其二，体育认知领域发展目标，包括体育运动或体育活动、身体及健康、安全与急救、体育发展历史、体育与社会发展、体育与人类发展、体育与文化发展等领域或专题的知识。学生体育认知领域发展的评价方法可以采用观察评定、作业、书面测验、口头测验和研究报告等方式。其三，体育情感领域发展目标，主要是指学生在体育教育教学影响下形成的意识、态度、兴趣、倾向性、习惯、情绪、鉴赏、审美、价值观、责任感、适应性、意识品质，等等。体育情感领域发展的评价，通常采用行为观察、评定量表、问卷测验以及档案袋评价的方式进行。其四，体育动作技能领域发展目标，包括体育运动技能和身体动觉智能。这里的身体动觉智能是指运用整个身体或身体的一部分解决问题或制造产品的能力。所有的身体动觉智能表现都需要有敏锐的时间感知,恰当运用身体,身心和谐,动作协调,展现技巧、创意等。而在动作技能中的许多高层次行为目标,如动作适应与创作等,可看成是身体动觉智能的一个组成部分。总之,学生体育发展的一般目标框架可以从不同的侧面加以分析与研究,但在制定体育课程目标和评价标准时,可以综合不同的分类方法,有创造性地建构体育课程的标准及学生发展的目标。

(十) 个体独特性的发展

与个体一般性发展目标相对的是个体独特性发展目标,这种发展目标在"以人为本"、"尊重学生需要"、"个性发展"以及关注"个体化目标"和"个体化评价"等理念下得到重视。所谓个体独特性,是指学生个体需要的、符合社会要求的、具有个人独特性的发展目标,它体现了教育共性与个性的统一,体现了学生个体和谐发展的重要内涵。个体独特性的内涵要比心理学中的"个性或人格"一词的内涵更丰富,它包括学生的个性心理结构独特性、行为独特性、个人天赋、特殊才能、职业能力倾向、学习个性、学习风格、学科潜能、多元智能结构独特性及发展等许多方面。

总之,学生课业发展的内容是十分丰富的,其分类也是相对和人为的,欲穷极分类以及类别之间都不交叉也是不可能的。不过,基于以上课业发展内容框架,根据特定教育阶段或特定课程内容,教育人员可以有创造性地设计出许多不同类型的学生课业发展评价表。例如,在评价"小学生学习的情感行为发展"时,可以针对上课专心听讲、作业及时正确规范、学习兴趣与毅力、学习的主动性与积极性、学习态度、独立思考、创新意识、合作精神等方面做出等级评定。对"小学生语文认知能力发展"的评价,可以从听说能力、阅读能力、朗读朗诵能力、观察能力、理解能力、自学能力、记忆能力、写字等方面分等级评定。对"小学生数学认知能力"的评价,可以从数学语言交流能力、计算能力、初步逻辑思维能力、空间知觉、解决实际简单问题的能力等几个方面加以等级评定。必要时,还可根据教材内容,对这些认知能力加以进一步的细化,以便对小学生在语文认知和数学认知等方面做出更系统、更全面的调查与评价。

【课后研读题】

在教育部2014年印发的《关于全面深化课程改革落实立德树人根本任务的意见》中,首次提出"核心素养"概念。同时,也在课程标准修订中,将核心素养作为重要的育人目标。请你抽空阅读这一文件,了解什么是"核心素养"? 为什么在深化课程改革中要提出"核心素养"这一概念?

二、评价学生课业发展的参照点体系

无论是相对评价还是绝对评价,要使其结果更有意义,就需要为学生课业发展评价寻找一个参照点。概括地讲,课业考评过程常见的参照点类型主要有个人发展参照、教育目标参照和教育常模参照三大类,其中每一类又可分若干种不同的方法。这些不同的方法有其不同的使用对象和范围。

(一)个人发展参照法

心理科学理论和教育实践表明,能力的个别差异是客观存在的;青少年学生的学习能力差异可以缩小但难以消灭。在评价学生课业发展进步的过程中,为了不伤害儿童的自尊心以及尽量减少考试分数对师生双方教学带来的负面影响,教育人员对学生的课业发展进步可采用个别化的评价,即以个人发展为参照,尽可能体现儿童的学习进步。参照个人发展进行课业评价时,常用的有下面三种方法:

1. 个人发展纵向参照

对于基础较差或学习成绩较落后的学生个体来讲,假如教师按惯例在考试后当场公布其真实的考试分数,难免会挫伤这部分学生的自尊心。不言而喻,这对学生的个性发展往往是弊大于利。针对这个问题,人们在课业评价过程中主张淡化或不用考试分数,而采用婉转和良性的词语并参照学生过去的学习基础或测验成绩,从个人发展纵向比较的角度来评价学生的学习进步幅度和努力程度。至于评定学生课业发展进步实际达到的水平,国外一些中小学校规定,除了学生已经达到优秀(A 等级)和良好(B 等级)成绩可以直接记录或公布外,其余暂时达不到优良等级的学生,不记录也不公布他们的实际(测验)成绩,但教师需要把考试(测验)情况告知学生本人,以便其明确课业发展情况和今后的努力方向。

2. 个人发展横向参照

个人发展横向参照是将不同类型的行为或不同科目的学习在同一时间横断面上进行相互比较,对学生各方面的发展情况做出评价,并提出书面评语和建议。在采用个人发展横向参照评价法时,可以因人而异地选择"揭短法"或"扬长法"。前者是以发展最好的方面为参照,指出其他方面的不足;后者是以发展基础最差的方面为参照,指出其他方面的进步和长处。任课教师及有关评价者,可以根据学生的学习及个性特点,选择不同的评价方法以适应个体化的教育评价,充分发挥教育评价的教育功能。

3. 个人潜力发展参照

学生的个人潜力之间不但存在质、量及时间上的差异,而且在潜力发挥的程度上也不一样。一个学生的潜力在某学科学习过程中得到充分的发挥,则该生应该给予高分数;反之,潜力发挥尚不够的学生,哪怕卷面分数已较高,但相对于该生可能达到的更高的学习水平来讲,教师可能只给该生一个中等或中上的成绩。这就是参照个人潜力对学生课业发展给予评价的思路。如何事先了解与判断学生在各个学科上的学习潜力,这是一个尚未得到解决的问题。不过,在实际需要时,我们可先用如下两种常用的方法:第一种是首先测量学生的智力或一般学习的能力,然后根据已经建立起来的这种能力测验分数(或等级)和某学科特定测验分数(或等级)之间在统计学上的回归关系,再从眼下学生的能力测验结果来预计学生在学科特定测验上的成绩,最后把这预计得到的学科测验成绩看成是学生的潜力所在,并与学生实际学科测验成绩相对照,以判断学生的学习潜力所发挥的程度。第二种方法是依靠任课教师对每位学生的了解,对学生在这门学科上的学习潜力作出分类判断,然后把由经验判断得到的学科成绩等级类别同实际的学科测验成绩等级类别相对比,对学生的课业发展做出判断与描述。

(二) 教育目标参照法

学校教育教学有着较明确的教育目标,因此,评价学生课业发展时参照学校教育目标的思想是顺理成章的。下面介绍几种可供选择的方法:

1. 专题内容领域参照法

教育过程是渐进的,但就课程教育内容而言又往往具有可分解性。当教学进程可按内容专题去划定范围以及待评估的素质可以在这个范围内实施行为抽样时,那么,据此行为样本组成的测验就可以对学生在这个专题内容领域中的素质发展做出推断,这就是内容领域参照测验评价。在教学过程中,如果要用内容领域参照法来评价学生的课业发展,我们需要做如下几件事:首先,我们要用某种方式让学生明确待评的内容领域及其具体的行为目标。这个内容领域可大可小,大的可以是篇章,小的可以是单元或论题,但对它的内容规定却要实际化和具体化。其次,针对某个内容领域进行学习行为抽样,并命制内容领域参照测验。这测验既可包含单个内容领域,也可以涵盖若干个内容领域。最后,由教育者针对每一专题内容领域测验确定一个合格线,它可以是正确解答某一内容领域试题数量的规定(比如6题至少答对5题),也可以是该专题内容领域测验答题的得分率。一般说来,不同的专题内容领域测验,其合格线标准是不尽相同的,但某些情况下,对不同内容领域也可采用同一合格线标准。用内容领域参照法评估学生课业进展,旨在调控教学、促进发展,有利于运用“掌握学习”策略和大面积提高课堂教学质量。

2. 课程目标或课程标准参照法

课程往往可以分解成若干个不同的学习专题内容领域,但课程目标或课程标准并不是各个内容领域的简单叠加,它是各个内容领域所涵盖的行为目标或素质目标有机结合、相互促动、功能放大以及从量变到质变的结果。因此,相对于上述的专题内容领域,课程目标或课程标准更具有广泛性和弥漫性。当课业发展评价需要参照课程目标或课程标准时,我们不能只局限于零碎的简单的基本知识与技能,还要关注知识的整合与综合应用;不仅要关心理论知识,还要关注学生在能力、情感、思维品质等方面的发展。但对于这些不同方面的评估,其采用的方法是不同的。课程目标或课程标准中那些基本知识技能的考核评价既可通过日常教学过程中的行为变化来衡量,也可通过精心设计的测验来反映。而对于学生的高级心智能力,尤其是对情感与个性品质等方面的发展变化,则更主要是通过较长期的观察与记录,包括对解决复杂问题和典型问题的观察与记录。为此,采用一定的方法对学生在课堂教学影响下的行为变化做出有价值的信息记录,是很重要的。

但从我国当前的实际情况出发,促进学生素质教育发展的关键还在于课堂教学。对于参照课程目标或课程标准的学生课业发展评价,有两种方法:第一种方法是以学期或学年的课程内容为参照,按不同学科把课程内容分解为"基础性目标"、"发展性目标"和"提高性目标"三类,并通过适当方式让学生乃至社会上所有关心学生发展的人都能明确它们的内涵。教育者提出各类目标的最低要求的掌握标准,尔后通过收集学生的多种学习表现去评价学生的课业发展情况。第二种方法则是从新课程标准出发,采用"成绩评定等级加评语"的评价方法,借鉴英国在义务教育阶段推行国家课程和学业评定的做法,把一门课程的总目标进行分解(比如分解成20个目标),然后对每个目标设置若干个不同层次的成绩水平(比如各设8个层次),最后对义务教育阶段的学生进行多方面的考察,以确定每个学生课业发展所达到的层次。

3. 整体教育改革实验的阶段性目标参照评价

全面推进素质教育,贵在教育创新和实验探索。为此,20世纪90年代中期以来,国内许多学校进行了不同模式的整体性教育改革试验。在制定整体性教育改革试验方案的过程中,教育研究人员依据某种教育理论和某些文件精神,规划了各个学科、各个学段学生的发展目标,甚至还建立了相应的目标评价体系。这就给学生评价带来可以操作的目标框架。进一步地,若要参照整体教育改革实验的阶段性目标开展学生评价,从操作程序来看,我们需要做如下几项工作:首先,要设计学生阶段性课业发展的评价表。由于学生许多方面的素质发展变化不是短期内可以见效的,因此,这里的阶段性是指在基础教育所历时期内的若干个关键性阶段。在这阶段性课业发展评价表中包括对课程学习情况评价的项目,也包括对心智发展、技能技巧、行为态度等方面的简要性评价项目。其次,要做好学生的学习行为记录,包括前面所述以内容领域为参照和以课程目标为参照下的课业进展评价资料。最后,若有可能的话,可在义务教育的若干关键阶段建立起统一的课程评价制度,把统一测验和灵活宽松的校内测验协调起来,既便于提高阶段性课业评价的有效性,又有利于教育部门和学校教师了解学生课业实际达到的水平,更有利于学生本人以及关心学生课业发展的家长们了解学生的真实学习情况。

总之,以教育目标或标准为参照来评价学生发展,需要贯彻"多元的教育目标与多元的评价方法相适应"的原则。

(三) 教育常模参照法

教育常模,就是有代表性的学生团体在通常的教育环境下实际所达到的成绩水平,如平均分数等。它可成为评价学生课业发展进步以及解释有关测验分数的参照点。利用某一教育常模对学生的课业发展做出评价,这种方法被广泛用于教育系统之中,包括管理、教学、诊断、选拔以及研究过程。教育常模参照评价法在本质上是把被评者在某种认知或非认知方面的实际水平同一个学生团体的实际水平(如平均数)相比较来论高低。这个作为参照点的"学生团体的实际水平",不是指课程教学上预期达到的那个"标准",而是实际水平的描述。在教育与心理测量学中,对于那些可用成就测验来测量的学习成果,既可用常模参照测验,也可用标准参照测验。标准参照测验和常模参照测验之间并不存在鸿沟,它们各有优缺点,结合使用,可相得益彰。常模参照测验能提供可靠的相对发展方面的信息,使学生知己知彼;而标准参照测验有利于向学生提供期望达到的学习水平,并可在测验后向人们反映学生实际拥有的学习水平。

评价学生发展的教育常模参照法,可以采用年级常模参照法、年龄常模参照法、百分等级常模参照法、分等评定常模参照法、标准分数常模参照法等。

【课堂讨论题】

在评价学生学业发展进步时,可否创建一种既有绝对评价又有相对评价的制度,使个体评价也好、集体评价也好,都更加科学合理与客观全面。

第三节 评价学生课业发展进步的主要方法

根据格兰朗德以及李聪明等人的教育观点,教育评价就是尽可能地利用测量的和非测量的各种技术方法,来评定教育效果,并作出价值判断。为了改进对学生课业发展的评价,我们应当学习与掌握多样化的教育评价技术与方法。

一、客观题评价法与主观题评价法

在学校教学过程中,教师沿用并创造了丰富多彩的考试题目类型,这些题目类型如第七章所述,大体可归为两类:一类是客观题,另一类是主观题,它们各自又可分成许多不同的题目类型。由于不同的题型具有不尽相同的测量功能与特点,因此,要使成就测验有效地测量到所计划的教学目标,就必须选择恰当的题型,使之与特定的学习成就相适应。下面我们先讨论各种客观题型的特点,再讨论主观题型的功能,以便帮助大家获得较全面的认识,从实际出发,选择最适当的题型。

(一)客观题评价法

观察事物讲究客观性,这种思路无疑是进步的。有一些考试题目,如果评分规则一旦明确下来,只要依照这些规则,无论谁去评分,都会得出相同的分数,这种类型的题目称为客观题。典型的客观题,要求学生填写一个词语、一个数字、一个符号或从预先准备好的备择项中选择正确的答案。典型的客观题类型常见的有填空题、简答题、是非题、匹配题、单项选择题或多项选择题等。实际上,除了上述这些典型的客观题型外,还有许许多多其他题型,如概念或术语的解释题、简单计算题、所有在内容受到明确限制后使评分更为客观的短答案题,以及用典型客观题作为提问的阅读理解题等,都是客观性较强的题型,国外一些文献则称之为半客观题。

选择题可以认为是一种最具典型性且最具良性测量功能的客观题。选择题的用途也最广,它不仅能测量由上述简答题、填空题、是非题以及匹配题等题型所测量的简单的学习成就,而且能测量知识、理解、应用领域某些更复杂和更高级的学习成就。

正因为选择题具有上述诸多优点,因此,选择题型在各种能力测验中得到广泛而重要的应用。比如,美国、日本、韩国等国家的大学入学考试科目中,有些科目基本上都采用选择题。特别是韩国以及我国台湾地区的大学入学考试,近几年来不断开发研究客观题型,充分发挥客观选择题的测量优势,在韩国的"大学修学能力测验"中,几乎全部使用选择题来考查学生综合应用知识解决问题的创新能力;而在 2002 年实行的我国台湾地区"大学入学多元方案"中设立的 5 个学科基本能力测验,除了"国语"和"英语"两科中有小部分主观题外,其余皆是选择题,有单项选择,也有多项选择。选择题的应用,由此可见一斑。

毫无疑问,客观题对学习成就以及能力方面的测量是高效和有用的,它们可以测量学习成就领域中从简单到复杂、从低级到高级的学习结果,测量效率高、信息量大、信度高、测验评分与计分误差控制得好,因而有相当广泛的应用前景。当然,客观题也确有自己明显的不足,主要是难以有效地、直接地测量学生在语言表达、思维分析过程以及创造技能方面的高级学习成就。特别是在编题缺乏技巧并粗制滥造的情况下,不但选择题的许多优点不能充分体现,反而会进一步突显一些缺陷。这一点,读者应当给予重视。要寻找其他题型与客观题配合使用,优势互补,这是命题的发展趋势。

(二) 主观题评价法

无论中外,在学业成就测验中都使用主观题型,如论述题、证明题、计算题、作图题、作文题,等等。主观题和客观题有相同和不同之处:相同之处是都要在试题中设置问题情境,提出作答任务与要求;不同之处是它允许被试自由反应作答,作答结果应是由被试构建的、相对完整而又符合所属科学规范的"产品",如一段逻辑论证或意义阐释的文字、由抽象符号与运算规则构成的一项数学证明、步骤规范求值精确的计算问题解答、一幅图或一首诗,等等。

主观题有自己突出的特点和长处:适合于考查学生的分析能力、综合能力、组织表达能力,以及计算与推论等较为复杂的心智技能;提倡自由反应,有利于考察应用能力乃至创造能力;可以获得较为丰富的作答反应过程资料,便于分析被试的技能、创意、策略,以及知识缺陷;内容和形式更为接近教学与实践中的问题情境,被试对其不感到陌生、好接受,教师命题制卷比较方便等。当然,主观题也有其明显的不足,比如,作答过程有大量的书写任务,易造成被试"忙于书写而无心遐想"、"手指累而头脑松";单位时间内施测的题量较少,限制了测验内容的覆盖面,不利于测验效率的提高;还有,评分易受评价者主观因素的影响等。

但值得庆幸的是,客观题或主观题一方不足的地方正是另一方的长处所在,二者结合恰好可以相互补充。所以,大多数学业成就测验都将这两种题型结合起来运用。我国的高校招生考试和高等教育自学考试试卷,同时采用这两种题型,力戒片面性。实践证明,其效果确实好。

二、表现性测验评价法

所谓表现性测验(performance test),指的是客观测验以外的一类以行动、作品、表演、展示、操作、写作、制作档案资料等更真实的表现来展示学生口头表达能力、文字表达能力、思维思考能力、随机应变能力、想象力、创造力、实践能力及学习成果与过程的测验。近二十多年来,英美等一些国家和地区,因对传统标准化考试(指选择题型的考试)有许多怨言而寻求更好的课业考评方法,以便更直接和更富实质性地去考察学生的学习成果,致力于培养学生高层次的思维能力以及传统笔试通常难以考查的那些技能技巧。新的课业考评方法尊重教育目标的广泛性与整体性,对于我国中小学教育改革及课业考评改革具有重要的借鉴意义。表现性测验在学生课业考评过程中常用下面一些测验题型与方式:

1. 口头测验

口头测验是通过口试或答辩的方法,对学生的有关知识与能力特性的发展作出评价的方法之一。口试是一种历史久远又常用的考评方法,它要求被试用口头语言对有关学习内容或问题作出反应。答辩是口试方法的特殊应用,它通常要求学生在教师和同学面前对自己的观点和逻辑做出较详细的解释与辩护。一般说来,目前答辩方法主要用于对攻读学位的学生进行考试评价,但在中小学课业考评中,答辩既可用于对个别学生的深入了解,也可创造性地同课堂教学有机地结合起来,以丰富课堂教学及评价活动。口试有许多优点,除可以反映与训练学生的口头表达能力、思维的逻辑性、语言思维及概括能力外,还能在一定程度上反映学生的思维过程以及对所掌握知识的理解能力,并且,口试还能用于考查学生在非认知方面的品质。因此,许多人认为口试是评定学生认知发展最有效的方法之一。

一般地说,口头测验常用于测量那些用纸笔测验难以考察的知识、技能及情意。在现代社会生活中,口头表达技能和听力受到格外的重视。这些能力是人际沟通、信息交流和语言学习所必需的。口头测验在下列领域内特别有用:①使用特定语言回答问题的能力;②综合有关信息,提出问题的能力;③阐述观点并为自己的观点作解释与辩护的能力;④口头表达时的逻辑思维及概括能力;⑤知识理解的广度与深度;⑥风度、气质与情感方面的特殊表现。

口头测验既可用于正规的场合,也可用于日常教学过程;既可用于攻读学位的论文答辩,也可用于常规招生的面试,更常用于课堂中的考核提问。归纳起来,口头测验通常有如下几种常用的方法:①高声朗读;②教师提问;③在一些题签中随机抽选加以回答;④按预先设置的问题进行专题发言;⑤小组讨论中随意发言;⑥师生一般会谈;⑦根据图片特别设置的情境讲故事;⑧角色扮演,如课文剧等。

2. 论辩或辩论

论辩能力不仅是从事某些特殊职业所需要的一种重要技能,而且被认为是当代青少年学生所应当重视的能力之一。通过论辩,不仅可以评估和考察上述口试及答辩所能考查的能力,还能反映学生的随机应变能力、论证思维的逻辑性、思维的敏锐性、言语的深刻性、回答问题的针对性,以及个人知识面的广泛性等能力品质。20世纪90年代以来,我国内地及港台地区也颇重视开展中学生或大学生辩论赛。与此同时,教育界一些有识之士也从中得到启迪,在学校教育中饶有趣味地引进"论辩"的活动形式,既丰富了学校课外活动内容,也开发和利用了一种新的课业考评方法。论辩方法在课堂教学中的应用,需要教师事先准备好适宜的论题,并应用行为评价表来描述和评定学生的表现,以便在有限的时间内及时地记录多位学生的表现。显然,学生在论辩过程中的许多表现,是其他考评方法,尤其是纸笔测验难以反映的,也是一般口头测验情境难以表现出来的。

3. 短文考试

短文考试即我们通常所指的论述题、问答题、概述题等题型的考试。它一般要求学生用一两段文字对某个问题(或某种现象、某种观点等)进行描述、分析、解释、总结、评价或论证等。短文考试可以有效地评价学生对某个问题或某门学科的理解程度。

4. 写作测验

写作能力被认为是一种高级的学习成果,向来受到人们的重视。虽然国内外一些研究表明,采用标准化的客观测验也能评价学生写作的要素(如拼写、语法、字词的用法等),但要全面评价学生的写作能力,最好的办法还是让学生实际动笔去写。写作测验主要用于评价学生的写作技能,诸如语言文字表达能力、想象创造力、描述事实与整理资料的能力,以及根据写作要求清晰表达自己思想观点的能力。写作测验通常有一般作文题和科学论文题两类。一般作文题主要是考查学生驾驭语言文字、遣词造句、谋篇布局、直接或间接表达事理与观点等方面的能力。科学论文题指的是用于科学研究和学科内容探讨方面的研究报告的写作。虽然科研论文写作也需要一般性作文的写作技能,但科研论文更重视文章的完整性、准确性、创造性和科学性。它对于考查学生整理与描述资料的能力、分析探究问题的能力,以及有条不紊地、清晰明确地表达某种思想观点的能力等,是非常有效的。近二十多年来,英国、美国、新加坡、澳大利亚等国家以及我国香港、台湾等地区的学校,十分重视培养学生的写作能力,并且把科研论文写作纳入到科学教育的过程中。

5. 过程反应题

过程反应题要求学生不仅要给出问题的答案(这种答案可能不是唯一的),而且要把如何得出结论有条不紊地加以叙述。它有利于记录及评价学生的思维过程和方法,对于描述学生的学习特点以及诊断学生的学习困难起着重要的作用。过程反应题的类型较多,常见的有证明、作图、数量关系分析及计算题等。

6. 实验技能教学考试评价

实验技能教学考试评价是结合教学过程,要求学生操作实验设备材料直接去感知事物的一种综合性的校内考试评价。学校课程中规定的各种实验,不仅有助于发展学生的更高层次的认知技能,而且给学生提供了直接感知与体验事物的机会,从而促进学生动作技能、心智技能的全面发展,并有助于其获取知识和发展积极的学习态度。当今世界,科学技术日新月异,学校课程重视探索求知,实验室正成为中心而发挥重要作用。

在我国基础教育阶段,从总的方面来讲,实验教学及技能培养是一个薄弱的环节。一方面,不同的学校,其仪器设备的配置情况是不同的,这造成许多学校的实验课开课率不高。另一方面,有些教师在思想上重视不够,习惯于一本书、一支粉笔的教学方法,许多人习惯于"黑板上讲实验、课本上看实验、考试前背实验、试卷上做实验"的局面。再加上高考指挥棒的作用,因此,学校不够重视对学生动作技能以及实验观察能力与创造力的培养。近几年来,随着高考改革以及高中毕业会考制度的建立,实验课逐渐得到重视,但还未达到要求。值此基础教育新课程改革之际,我们要从国家与民族发展的高度出发,重视中小学学生实验技能的教学,改进实验技能教学考试评价的方法,促进素质教育,提高教育质量。为进一步搞好实验技能教学考试评价的工作,需要遵循如下几条原则:

(1)实践性为主的原则。实验技能教学考试评价应以动手操作为主,考查学生的实验基础能力、观察能力。对于实验过程中的一些推导演算和结果解释等属于笔试的范围,虽应列入实验技能教学考试评价的整体计划中,但不宜占过多的权重,以利强化实际动手操作能力的教学。

(2)教学与发展的原则。实验技能教学考试评价是教学过程的一个环节,旨在落实既定的教育教学目标,促进学生全面发展,尤其是实验操作能力及相应的个性心理的发展。这种考试不便笼统打一个分数,也不进行排序,更不用于选拔分流之类的教育决策过程。实验技能教学考试通常由任课教师主持,不便营造紧张的考试气氛。

(3)全面性与客观性的原则。实验工作需要较高的、较全面的能力和素质。评价实验技能的教学及学生进行实验技能考试评价常包括认知领域、心理动作领域和情感领域。认知领域包括设计、分析、计算、解释、综合与评价等;心理动作领域包括观察、预测、按要求进行操作、想象、创造等多种较高级的心智行为和操作技巧等;情感领域包括好奇、坚持、兴趣、习惯、合作等方面。因此,评价学生的实验技能要建立在行为观察的基础上,可事先设计和准备好便于客观评价或记录学生操作行为表现的表格,采用先分项评价,而后再综合评价的方式评分。例如,我们要评价学生操作显微镜的技能,可设计类似表9-1所示的格式,这样做的目的是提高教育评价的科学性与效率。

（4）基础性与目标性原则。在基础教育阶段的实验教学带有基础性,要面向所有学生进行有目的有计划的教学,保证学生在实验时能够按照说明进行基本的操作,懂得安全措施,具备基本的实验能力,达到教学大纲中所规定的最低要求和目标。

由于大多实验都包括实验计划与设计、实验实施与操作、实验分析与解释、实验报告撰写这几个主要环节,因此,对学生的实验技能评价往往可以把笔试部分和动手部分分开进行,但在设计有关实验技能评价表时,则要从整体性原则出发,全盘考虑。例如,我们可把某一实验的技能要素分解为:实验设计、仪器和测量设备的使用、观察方法与记录、数据分析及符号表达(包括图表与曲线的绘制)、结果解释和推理、行为习惯和个性等若干题目,并给这些要素赋予一定的权重,并确定各要素下的行为表现的描述性评语,以供教师对照评定。

总之,实验技能是一种高级的、全面的能力,我们应当关注实验技能教学及考试评价的国际化趋势,采取有力措施,改进我国学校教育,尤其是基础教育阶段实验技能教学及考试评价方法,促进教育质量和教学水平的提高。

表 9-1 　显微镜操作技能检核评价表(在"是"或"否"栏打钩)

序号	内　　容	是	否
1	学生是否用透镜纸拭擦试片?		
2	学生是否在试片上滴 1~2 滴培养液?		
3	学生是否正确拭擦玻璃盖片?		
4	学生是否正确调整玻璃盖片?		
5	学生是否擦去多余液体?		
6	学生是否正确放置试片?		
7	学生是否用目镜观察和紧闭另一只眼睛?		
8	学生是否用最低倍数观察标本?		
9	学生是否调整光线和凹镜?		
10	学生是否调整十字线片?		
11	学生是否正确使用粗调?		
12	学生是否打破试片?		
13	学生是否将标本放好?		
……	……		

表现性测验的类型丰富多彩,且因不同的学科而有所区别。除了上述几种外,常用的还有作品、公开演示、展览,以及档案袋评价等。表现性测验近年来在许多国家得到格外的青睐。英国 1988 年后的全国课程改革极为强调仔细的学习目标及表现性测验,重视对研究技能、观察能力、口头技能、交际技能、共事能力、仪器操作能力、调查与设计能力的训练与测

评。这些能力的测试主要通过实践作业、书面作业、口头与听力作业、表演这四种类型的课程作业加以实现。实践作业指有指导的实验独立观察、独立完成美术作品及各种动手能力的测试。书面作业既有客观测验,也有抢答题、随笔、课程论文、调查报告、读书笔记、评论、科研项目等。口头与听力作业以及表演作业则主要用于语言、音乐等科目。美国本是十分重视选择题及常模参照测验的国家,但从 20 世纪 80 年代以来,也开始重视制定学习目标并大量设计和应用表现性测验,美国教育测验服务中心(ETS)还设立特别部门发展表现性测验。我国香港地区自 20 世纪 90 年代对中小学推行"目标为本课程"的教育改革以来,致力于制定教学目标和改进教学评价方法,大量采用表现性测验,以提高学生的素质技能。我国台湾地区在 2001 年到 2004 年期间计划实施"九年一贯"课程改革,把课程改革、教学改革与评价改革这三者有机地整合到教育改革行动之中,实行多元化教学评价,也格外重视实作评估,即表现性测验的评价方法。

表现性测验虽甚具吸引力,但也有很多局限性,主要表现在测验评分信度较低,成绩的可比性较差,测验评估费时,在时间上不经济,以及由于不同学生所测内容不同而易引起对于测验公平性的担忧等。如果测验成绩涉及学生重大抉择问题(如教育分流等),那么表现性测验的成绩的确存在评分信度方面的问题。但是,在义务教育阶段,甚至在高等教育阶段,如果测验成绩不涉及对学生的排序,也不涉及阻碍学生的发展时,那么采用表现性测验以使学生充分地、公开地、多方位地表现自己,其好处恐怕远比取得精确可靠的分数更多。况且在对义务教育阶段的学生淡化考试分数的今天,在日常教学中多开发和采用表现性测验,有利于促进素质教育走上正轨。因此,在学校教育中,表现性测验不能完全替代客观测验。最好的选择是让它们共存并进,这样才能相得益彰。

三、评定量表评价法

在教育与心理测量方法中,评定量表(rating scales)是用来量化观察中所得印象的一种测量工具,它是以自然观察为基础的,既可用于现场观察的直接记录与评价,也可用于经过较长时间的纵向观察以印象为基础的综合评价。因此,评定量表的使用,具有收集接近客观实际情况资料的功能,尤其适合对学生表现性行为或作业的评价,它是表现性评价的常用方法之一。评定量表的一个重要特点是由他人对被评者的心理或行为作出评价,而不是由被试自己对测验条目(项目)逐一作出反应。然而,现在许多评定量表不仅可以由知情的他人来作评定,而且还可以由被试自己作出反应(如 SCL-90 等心理卫生量表)。从这个意义上看,评定量表和自陈量表似乎没有绝对严格的区别。

评定量表在行为科学、心理科学、教育学、临床医学以及工商企业等领域有着广泛的应用。评定量表的主要特点是结构明确、各条目描述精炼、内容丰富、施测简便,通过知情人对被评者心理特征与行为特质的评价,不仅可判断每一条目内容在被评者身上是否存在,而且还可以按照量表设计的标准,作出等级评定或内容描述。虽然得到的评价是主观的,但评定的依据及来源却是比较客观的,因而具有相当的真实性。因此,在学校教育、行为科学等一些领域,人们已广泛使用评定量表法来收集资料。尤其是对于动作技能、工作习惯、社会态度、兴趣、欣赏、适应等方面的学习结果,通常需要用结构性强的评定量表加以评价。

(一) 评定量表的形式

1. 数字等级评定量表

数字等级评定量表用圈画数字的形式来确定所列行为特性的等级。行为特性一般分 3~5 个等级,用数字 1,2,3,4,5 来表示,并对数字等级作简单的文字说明。通常情况下,数字等级大小表示行为特性程度或优劣程度的大小。例如,在评价学生在课堂讨论中表现出的积极程度,以及学生所谈内容与课堂讨论主题联系的密切程度等项目时,可以用"5—4—3—2—1"分别表示行为特性的"很高—较高——一般—较低—很低"这 5 个等级程度。由于数字等级和词语可以互相转换,因此,数字等级评定量表也可以改编为词语等级评定量表。近几年来,我国小学采用"优、良、中、差"4 个等级来评定学生的学业成绩,实际上,可看成是这种评定量表的一种变式与改造。

2. 图示等级评定量表

图示等级评定量表是在每个行为特性项目的下边或右边给出水平横线图尺的等级刻度。一般分为 3~5 个等级,同一个评定量表中各条目的等级量表是相同的。这些等级刻度可以根据被评价的行为特性,按照从低到高,从小到大,从少到多,从差到优的顺序分成若干个等级。例如,分成 5 个等级时,在评价学生在课堂讨论中表现出来的积极程度、学生所谈内容与课堂讨论主题联系程度、学生谈话时语言与思维的条理性等行为特性时,可用"低—较低——一般—较高—高"以及"差—较差——一般—较好—好"等一些表示程度大小的词语在水平线图尺上加以表示。任课教师等评价人员利用图示等级评定量表评价学生的学习与发展,应当建立在系统观察和较充分证据的基础上。在具体操作时,评价人员可以在连续性图尺刻度的任一适当位置上画个记号,比如用"×"表示,不一定取其等分点。不难看出,图示等级评定量表和数字等级评定量表之间有许多相同的地方。但数字或词语等级评定量表只限于整数等级,而图尺等级评定量表可以在连续的水平图尺线上任意取值。

评定量表除了上述两种外,常用的还有图示描述评定、检选式评定和脸谱图形评定等一些方法。图示描述评定在每一题目下设有图尺量表刻度,并在若干个刻度下面,用语言描述其刻度值大小所提示的行为与心理特征,由评定者根据被评者的表现给予客观评定。这种评定形式是对上述的图示等级评定量表的一种改进。检选式评定则是事先向评定者提供由许多形容词或陈述句组成的项目一览表,评定者将各项目所提示的人格与行为逐一与被评者进行对照,而后把其中最能描述与反映被评者心理特征、行为特性的项目挑选出来,最后综合起来进行分析。脸谱图形评定则通过一系列简单、形象而有趣的脸谱或图形,直观形象地反映人的情绪特征、行为特征及外貌特征等,由评定者对被评者的行为、表情、态度、情绪、容貌等事项进行对照评定。这种评定方法生动有趣、形象直观、容易操作,但所能提供的心理活动与行为方面的信息量较有限。

(二)等级评定量表的使用

等级评定量表可用来评价许多学习结果及发展侧面,它们在心理、教育测量及评价过程中有诸多方面的特殊应用。

第一,它适用于过程评价。学生在许多课程或专题上的成就会通过行为表现出来,如学生说话的能力,辩论的技巧,课堂教学能力,实验设备与仪器的操作,团队班级工作,演唱、弹奏乐器、体育运动的动作技能,体操表演等。这些学习内容与活动用书面测验的方式是难以充分体现的,只有以直接或间接的方式,从活动表现的全过程或部分过程去观察评价(例如,微格教学技能评价就是利用录像的办法,对被评价者的教学技能做出分科评价),才会客观真实。

第二,它适用于成果评价。成果评价在许多情况下具有实质性意义。如果学生的表现与成就能够以某种形式的结果体现出来的话,那么对成果的评价可以与预期的教育目标相结合,以便说明更多的问题。比如,学生的写作、绘图、归纳主题、网页制作、程序设计、数学建模等能力,最好是通过学生的作品与成果进行评价。而对写作过程观察、怎样设计程序、如何想出数学模型等方面的过程观测,虽然有一定的意义,但得不到更多的、有实质性意义的信息。教学过程中任课教师经常检查学生课堂作业、论文、读书笔记、科技小制作、书画作品等学习成果,这些都是成果的评价。不过,有些学习内容,如写字、绘画、烹调、木工技能等,学习开始阶段要从过程加以评价,而在学习进展到一定水平后,则需要从学习者所做出来的"产品"的质量去评价。

第三,它适用于对学生诸方面发展的终结性评价。无论是评定学生"个人—社会"发展,还是评定学生在认知方面的发展,要对学生在一个学期或一个学年的情况做出总评,其方法与上面的过程评价和成果评价还是有所不同的。对活动过程学习成果的评价,通常采用观察过程中的现场评价或观察后不久的即时评价。但是,学校教育中的终结性评价更多地表现为定期行为,而这种评价是建立在平时训练观察的基础上的,其等级评定是任课教师或班主任对学生发展的总体上的印象,多少带有教师的感觉和个人印象。当然,在这种带有"算总账"式的定期评价中,对有些发展侧面的评价,还需要综合运用测量与非测量的多种方法以及成果评价与过程评价的有关结论,才能对学生的发展做出合乎事实的等级评定。

四、同伴评定和轶事记录评价法

对学生在"个人—社会"发展诸方面的评价,固然可用比较规范的、结构性强的、系统化的自陈量表(自我报告)和等级评定量表等一些评价技术,但考虑到各种评价技术都有局限性这一事实,故若能增加同伴评定和轶事记录,则会使评价更有说服力。

(一)同伴评定

在有些方面,学生常比教师更了解同学之间彼此的长处和不足。事实上,同学间所发生的某些细微内部活动和变化,当教师的不一定比学生更清楚。至少,有了同伴评定,可以修正教师的评价结论或增加教师评定的自信心。同伴评定的两种常用方法是人物推定法和社会关系评价法。但在对学生课业发展及"个人—社会"发展的评价中,人物推定法是一种最实用的方法。这里简要介绍人物推定法。

人物推定法是由同伴按要求推举出具有某种特征人物的一种简单的评价方法。其方法是:简要地向每位学生提供一系列行为描述,要求他们写出与每项描述及要求最相宜的同学的名字。这些同学的人数可以限定为1人,也可以限定为若干人。这些行为特征与品质可以是正面的特性指标,也可以是负面的特性指标,这要根据实际情况来选择。应用人物推定法时,事先要设计一个简表,便于学生使用,并要说明清楚。表9-2是一份评价学生"关心他人"的人物推定表的示例。

表9-2 评价学生"关心他人"的人物推定表

说明:
以下所列的是对班内一些同学的行为的描述,阅读描述内容并写出那些与描述最贴切的同学的名字。可以写班上任何同学,包括那些不在的同学。不要把你的选择给别人看,注意写清姓名。 在下列描述后的空白处写出人名: 1. 班里喜欢和别人一起工作、一起玩的是谁? _____ 2. 班里谁愿意把东西让大家共同分享? _____ 3. 班里谁乐于帮助别人完成课堂作业? _____ 4. 班里谁待人诚恳不欺骗人? _____ 5. 班里谁经常鼓励别人进步? _____ 6. 班里谁愿意帮助有困难的同学? _____

一般说来,要使人物推定法有较可信的评价结果,前提条件是学生之间有着一段较长时间的相互观察、相互接触、相互了解的过程。人物推定法可用来评价"个人—社会"发展的任何方面,也可用于对诸如创造思维、创新精神等方面典型特征的人物推定,如表9-3所示,还可用于对班级集体和班级活动意向的系统征询。

表9-3　评价"创造思维"的人物推定条目示例

1. 班上谁的主意最多?（流畅性）
2. 班上谁经常提出与众不同、有独创性的想法?（独创性）
3. 当条件改变或困难解决不了时,班上谁常最先提出克服困难的新途径?（变通性）
4. 班上谁最能提出新设想,提出制作小装置?（创造性）
5. 在提出设想、归纳结论时,班上谁考虑得最全面?（细致性）

（二）轶事记录

教师通过每天的观察,虽然可以获得关于学生学习与生活极为丰富的信息,但这些信息需要用一定的方式记录下来。所谓轶事记录,是教师在对学生活动的观察中所获得的有效事件的真实记录。每一真实有效的事件,都是在其发生后不久便被记录下来。那么,什么样的事件需要记录下来呢?一般来说,能进一步说明教育过程所期望的学习结果的事件,自然应当记录下来。此外,那些独特的、异常的或例外的事件,也应当记录下来。不过,由于教师面对人数众多的学生,在时间与精力上无法把各方面的有效事件都记录下来。从实际出发,教师需要更好地把握这些原则:其一,把观察和记录限定在其他方法所不能评价的某些重要行为领域;其二,尽可能把广泛的行为观察集中在那些需要特别帮助或特别需要增加评价信息的学生身上;其三,针对一些典型的、偶发的、例外的、独特的事件加以记录。

轶事记录的最大优点主要在于它描述的是自然情境中的实际行为,对于描绘学生最本质的行为特性可能有重要的帮助。比如,某个学生可能具备较多的健康活动知识,可是在每天的活动中却又违反着它们;性格文静的某学生,首次在全班同学面前做了一段精彩的讲话;某位循规蹈矩的同学,在一次班级讨论会上提出了多项富有创意的活动计划;某两位同学本来关系紧张、充满敌意,但他们在某次活动过程中表现出友好的姿态;一些常说对科学很感兴趣的同学,却在接触实验工作时表现得毫无兴趣;某个高谈关心他人或乐于助人的同学,却表现出彻头彻尾的自私行为等。这许许多多的轶事记录,会给教师评价学生带来帮助。

为便于理解和应用,下面举两个可供参考的实例记录:

【例9-1】　"1999年3月15日下午,班集体活动,班长刘刚主持,讨论有关班集体春游活动的计划。陈斌举手站起发言,几乎想不住口地讲下去。坐下后,他又四五次打断其他同学的发言。打断别人发言时说的大多是俏皮话、挖苦话。主持人指出他违反秩序,他说:'废话!'说完,跷起二郎腿,对讨论再也不予理睬。"

【例9-2】 "3月4日上午第一节上课将开始,比尔问可否让他在班上读一下自己写的一首有关春天的诗。他读诗的声音很低,读的过程中两眼紧盯着纸面,并反复前后移着右脚,手还不时地拉自己的衣领。当他读完时,杰克(坐在后排)说:'没听清,能不能再大声读一遍?'比尔说声:'行了!'便急忙坐下了。"

【教师解释】 "比尔喜欢写小说和诗,说明他有一定的创作能力,但在众人面前他还是显得胆怯和紧张,他拒绝再读,看来是紧张的缘故。"

当然,轶事记录也有一些局限性,主要是:其一,系统的轶事记录要耗费教师大量的时间;其二,事件具有偶发性和特定场合性,使得轶事的记录也可能缺乏客观性和本质性。为了提高轶事记录的使用价值,注意以下几方面,还是很有必要的。

第一,要记录行为发生的情境,以便使行为的分析更有意义。

第二,对观察到的事件应尽可能及时地做好记录,并注意特殊行为。

第三,一般在收集一定量的记录后才能推断学生的典型行为。但对不可重复的一些典型行为,如见义勇为的行为,或拾重金而不昧的行为,则应该赋予事件一种特殊意义。

第四,正反面事件都要记录,并把事件记录和教师对事件的解释分开。

第五,所描述的事件应当是能够代表被观察学生的典型行为,或者是一种意外的不寻常的具有特殊意义的行为。

第六,虽然不用完全句来描述实例,但整个记录仍要显得流畅、精致。

五、档案袋评价法

档案袋评价(portfolio evaluation)是"教师依据教学目标与计划,请学生持续一段时间主动收集、组织与省思学习成果的档案,以评定其努力、进步、成长情形"的一种评价方法。用档案袋评价法来了解学生的成长历程与发展进步,这一想法源自于艺术家的作品档案袋(artist's portfolio)。那些画家、音乐家、摄影家、建筑设计师、时装设计师、剧作家以及文学家等,通常都会有意识地保存个人的作品。保存作品档案资料,一方面艺术家本人可以反思自己的艺术成长历程,另一方面人们可以据此了解艺术家的成长道路,对艺术家的艺术成就和发展作出质性的分析(qualitative analysis)与评价。

档案袋评价有不同的类型。但用于班级学生评价的档案袋基本上可分成成果型档案袋、过程型档案袋和评价型档案袋三类。根据档案袋的内容结构性,还可把档案袋进一步分成结构型档案袋、半结构型档案袋和无结构型档案袋三类。就一般教学情境下运用的档案袋评价而言,其目的大体上可分成:总结性评价、形成性评价、诊断性评价、最佳行为评价、典型行为或个人独特性评价。

在教学评价多元化的改革浪潮中,档案袋评价渐受人们的青睐与重视。档案袋评价以实际操作的形式,请每位学生均设计与制作个人学习档案袋,就特定学习主题连续收集各种有意义的资料,经过整理、反思与统合,构建出有丰富内容、有创意的学习档案,以系统地展现学生个人学习的历程与成果。一般说来,精心设计与制作的学习档案袋,可以发挥诸多优势,如能兼顾学习历程与结果,兼顾认知、情意、动作技能的整体目标;可以评估学生的元认知(metacognitive)和反思能力;可以呈现多元资料,获得关于学生发展的更真实的表现与成果;可以用整合、动态、实作的方法激发学生的学习兴趣;可以培养学生主动积极、自我成长、自我评价、自我负责的精神及价值观;可以增进师生互动、同学沟通、合作精神等。为了更好地发挥档案袋评价的上述优点,我们还需要注意如下几个原则:(1)档案袋评价必须与教学相结合;(2)档案袋评价应与其他评价方法共同使用;(3)档案袋评价应采用渐进式、引导式的方式,循序渐进;(4)档案袋评价应实施多次、阶段性的反思与协助;(5)档案袋评价应顾及学生的承受力和可利用的资源。

不过,我们也应当认识到档案袋评价的一些局限性。首先,档案袋评价的技术投入运作需要教师有较系统的教育评价理论修养,尤其是对档案袋评价技术有的基本了解与掌握。然而,国内中小学教师从整体上看,缺乏这方面的专业素养。其次,档案袋评价需要学生和教师付出比传统纸笔测验多得多的时间与精力。这对国内本就很忙碌的中小学教师来讲,是一种挑战,也是一种困难。尤其是当小班化教学模式还不能得到大面积推广的情况下,要教师付出那么多精力和时间来指导学生制作档案袋,开展个体化的档案袋评价,是行不通的。再次,档案袋评价的标准化与客观化程度较低,因而评价的信度和效度有时难以保证。所以,档案袋评价只是多元评价的方法之一,不能取代其他评价技术,也不一定要各门课程、每位任课教师都来对学生提出制作学习档案袋的学习任务。这与近年来中学生开展研究性学习的道理是一样的。此外,档案袋评价技术的应用,往往需要有一定的经费投入,这也可能给学校经费预算以及学生家庭经济带来一定的困难。因此,我们要正确认识、科学使用档案袋评价技术。

六、动态评价法

学校教育的目的之一,在于促进学生认知与行为的有效改变,而考试评价是协助达成教学目标的重要手段或者说重要过程之一。随着认知心理学的蓬勃发展,人本思想以及现代建构主义思想渐受重视,考试评价的理念及方法也在不断发展和改变,传统静态评价(static evaluation or assessment)难以对学生的认知历程与学习潜能进行有效的分析与评价,这使得动态评价(dynamic evaluation or assessment)应运而生,渐受关注。

动态评价有两层含义:一是跨越多个时间点观察评估学生的进步与改变情形,了解学生动态认知历程与认知能力变化的特点和潜能。二是评价者与被评价者之间产生大量的互动,强调评价与教学结合,实施个体化的诊断评价与教学补救。为此,前者是教师连续应用"前测验—教学介入—后测验"的程序,后者则是经过充分的沟通与互动,持续评价学生教学反应与学习历程,了解学生在教学前后认知能力的发展与改变,了解学生远近不同的学习迁移,进而提供促进学生最佳发展和改变的教学介入与教育干预。所以,动态评价能够统整教学与评价,兼重历程与结果,可以评估与预测学生最佳的发展水准,颇具现代教育理念,值得我们研究与借鉴。

动态评价有一些不同的模式,但最常用的是坎佩恩—布朗(J. C. Campione & A. L. Brown)渐进提示评价模式(graduated prompting evaluation or assessment)。这一模式根据俄国著名心理学家维果茨基(Vygotsky)的社会发展认知论,把其中有关学习与发展的观点、最近发展区概念、鹰架概念、社会中介概念等用于教学评价的过程。创建这种评价模式的这两位学者认为,动态评价不仅可以测量与评价学生过去已有的知识、经验与技能,而且可以在渐进提示的学习进程中评估学生的成长、认知改变的可能和学习的迁移距离。这种模式以数学、阅读、逻辑推理、结构复杂问题解决的作业为题材,事先建构一套"从一般、抽象到特定、具体"的提示系统为鹰架结构,再采用"前测—学习或训练—迁移—后测"的四个阶段的基本程序来了解学生的学习、保留、迁移能力。前测与后测可采用静态评价(如传统书面测验)的方法,以了解前后测的表现水平之变化,但在中间的训练学习、保留、迁移阶段,可采取动态评价的方法,采用一系列标准化教学与提示系统介入。根据学生的认知能力,在学习与迁移阶段还可以因人而异地施以多种层次的教学介入与训练,促进学生的学习迁移,评估学生的迁移成效。一般说来,迁移阶段可依中介介入的学习材料或题型与原学习材料或者说题型之间的相似关系,使迁移分成保持(零迁移)、近迁移、远迁移和极迁移四个不同的难度层次或距离层次。极迁移是难度最大、迁移距离最远的一种学习迁移,是具有"触类旁通"效果的学习迁移。在计分与评价方面,通常最简单的方法是以提示量多少来核算的,每提示一次,计点一次,提示量愈多,表示学生的能力愈低,迁移的能力也愈低(近迁移或零迁移等)。反之,提示量愈少,则说明学生的学习能力愈高,学习的迁移能力愈高(远迁移或极迁移）。

坎佩恩—布朗的渐进提示评价模式具有评分客观、易于实施与推广、精确评估迁移能力、强调与学科领域结合等优点。然而,此模式若用于复杂度甚高的学科,会因解题与思考历程过于复杂与多元,以致不易建立工作分析、认知分析与提示系统。

在应用动态评价技术时,教师还可以根据教学与评价的实际,灵活地运用或创造出简易性的互动评价技术,以确认学生内在认知历程及认知缺陷,作为班组教学与个别教学补救的依据。这种互动评价的简单方法,常见的包括临床晤谈、后设认知晤谈、放声思考、错误类型分析等。所谓临床晤谈法,是对讨论主题不预设立场,不定标准化问题,依据学生反应来提出问题。同时,鼓励学生尽可能用自己的话来解释自己的认知或行为。教师在与学生进行非结构式的面谈互动过程中,可以了解学生的认知过程、认知水平及存在的问题。放声思考要求学生一边开动脑筋,一边将其思考的内容、路线、策略、自设自问、自我探索的运思历程用语言跟随着说出来,让教师或同伴能了解和分享其心智运作历程,作为教师评估学生认知水平、调整教学辅导的依据。而错误类型分析不仅要分析学习错误的表现类型,还要分析可造成学习错误的认知历程。为此,教师通过采用互动式的晤谈或让学生进行放声思考等方法,探究学生的认知历程,评价学生的认知能力。采取一定的互动模式,帮助学生正确地进行学习,提高学生的认知能力和学习迁移能力。这些简易性的动态评价方法,既可以单独使用,又可以在前面所述的学习潜能评价模式和渐进提示评价模式中加以应用。

总之,动态评价技术有兼重学习结果与学习历程,兼重回溯性评价和前瞻性评价,兼重认知潜能和学习迁移能力,兼重教学与评价的整合,兼重社会文化介入与个别差异,兼重静态与动态,兼重鉴定、诊断与处方,兼重师生双向沟通与互动关系等诸多优点。动态评价不仅适用于正常发展的学生,而且特别适用于学习障碍者。从维果茨基的社会发展认知论的观点来看,发展认知乃社会互动历程,学习障碍可能系社会互动环境不佳所致。经由教学介入与引导,可扩增学习障碍儿童的认知发展区域,激发其潜在发展水准。同时,实施持续的互动评价,可更正确地诊断学习障碍学生的真正潜能。但是,动态评价也难免存在一些缺点,如动态评价专业性强、评价设计较难且不易推广,实施个别化评价使成本与费用较高,信度与效度的证据常常不足,前测的信息没能得到充分发掘与利用,中间的教学介入内容缺乏明确的理论依据等。因此,积极引进与研究动态评价是很有必要的,但不能用动态评价取代静态评价,也不能固守静态评价而把动态评价技术置之度外。这就是我们应当持有的态度。

练习与思考

一、名词解释

1. 发展性评价 2. 教育常模 3. 表现性测验 4. 实验技能教学考试评价 5. 评定量表 6. 人物推定评价法 7. 档案袋评价

二、问答题

1. 课业考评存在的主要问题是什么?

2. 课业考评的表征性分数机制的特点是什么?

3. 课业考评的实质性内容机制的特点是什么?

4. 国外课业考评改革的主要趋势和经验有哪些?

5. 学校课业考评改革的总体目标是什么?

6. 学校课业考评改革今后着重要实现哪几个"转变"?

7. 基础教育课程改革要实现"六个改变",具体内容是什么?

8. 课业发展的主要内容包括哪些方面?

9. 评价学生课业发展进步的参照体系包括哪些方面?

10. 什么是个人发展横向参照?

11. 什么是个人发展纵向参照?

12. 什么是个人潜力发展参照?

13. 评价学生课业发展进步的教育目标参照法有哪几种?

14. 实验技能教学考试评价要遵循哪几条原则?

15. 口头测验有哪些方法?

16. 口头测验的测量优势在什么地方?

17. 评定量表的主要形式有哪些?

18. 什么是轶事记录? 轶事记录在学生评价中最大的优点是什么?

19. 档案袋评价的优缺点是什么?

20. 动态评价的优缺点是什么?

三、结合实际探究学习题

1. 谈谈如何在你所学或所教课程中设计和应用表现性测验评价法。

2. 想想如何将档案袋评价法创新地应用在青年骨干教师的成长以及各类研究生的培养过程中。

第十章　教育研究中的统计假设检验

🔘 **内容导读**

　　本章属于教育统计学内容中的提高性部分,介绍推断统计中的统计假设检验,它在教育研究和教学改革实验数据分析中具有十分重要的应用。

　　本章内容以概念性、原理性、技术性与计算分析性的内容为主,涉及的知识点有:总体与样本,参数与统计量,描述统计与推断统计,随机现象与随机变量,事件与概率,概率分布,正态分布与 t 分布;统计假设检验的基本概念、思想方法和检验步骤;平均数差异显著性检验;总体相关系数显著性检验和两独立点体的比例系数差异显著性检验。

　　本章具有概念多、原理抽象、思维独特、公式较多的特点,是学习上的难点章节。

　　本章重点内容是统计假设检验的内容,包括三个方面:一是总体平均值差异显著性检验;二是总体相关系数差异显著性检验;三是比例系数差异显著性检验。

　　学生在学习本章内容时,应当循序渐进,理解相应的概念与原理,分辨不同条件下的统计假设检验方法,通过学习、思考、归纳、对比和适当的练习,掌握本章重点内容,提高思维水平和统计分析技能。在学习时应注意灵活应用,而不是死记概念和公式。

第一节　统计假设检验预备知识

　　简单地说,统计假设检验就是从概率论与数理统计学的角度出发,以样本观测数据为事实,对所建立的有关假设的真伪进行统计思想检验和决策。统计假设检验,属于推断统计学的内容。为了理解与掌握统计假设检验的基本思想与方法,我们应当先学习一些简单的知识。

一、基本概念

1. 总体与样本

　　在科学研究中,研究者必须严格区分直接操作的对象是总体还是样本。我们把客观世界中具有某种共同特征的元素的全体称为总体,总体中的每一个元素都称为个体,从总体中抽取的部分个体组成的群体称为样本。要区别总体与样本,就看具有同一特征的个体是不是都已包含在所研究的群体内,是的话该群体为总体,否则为样本。总体与样本的区别在同一项研究中是绝对的,比如研究全国的自学考试考生,全国考生是总体,上海考生为样本。但在不同研究中两者的区分又是相对的。比如一项专门研究上海自考的课题,上海考生就成了总体,其中某区的考生则为样本。总体所含个体数,有的无限多,叫无限总体;有的只含有限数额个体,叫有限总体。样本是总体的一部分,所含个体数总是有限的。总体所含个体数叫总体规模,一般用 N 表示;样本所含个体数叫样本容量,一般用 n 表示。但在前面各章中因为没有提出总体与样本两个概念的严格区别,所以在介绍各种特征量数时也都是不加区分的。

我们的研究目标是总体,但由于得不到总体或不愿用总体而使用样本来研究总体,因此,我们希望所拥有的样本对总体有较强的代表性。也就是说,我们希望所拥有的样本对总体而言,"遗传"更多一点,"变异"更少一点,样本与总体的差异更小一点。研究发现,影响样本对总体代表性的因素主要有三个:第一个因素是总体本身的离散性。一个总体本身的离散程度大,则所得样本对总体的代表性可能就更偏弱一些;相反,总体本身离散程度小,则样本对该总体的代表性就可能强。第二个因素是所抽取样本容量的大小。样本容量是指样本中所包含的元素的个数。样本的容量大,则它对总体的代表性就强;样本的容量小,则它对总体的代表性就弱。第三个因素是抽样方法。不同方法所抽取的样本对总体的代表性是不一样的,比如典型抽样往往是某种特殊样本,如先进典型、落后典型等,而相对于总体来讲,它并不是一个代表性强的样本。随机抽样是一种比较优良的统计抽样方法。随机抽样既能保证样本对总体具有一定的代表性,同时还能应用统计方法估计出样本相对于总体的误差的大小,因此,在统计分析中,理论上要求所有的样本都是随机抽取的,只有使用随机样本,才能更精确、更科学地推断总体的性质。

2. 参数与统计量

基于总体数据求取的各种特征量数,我们称其为参数,应用样本数据计算的各种特征数量我们称其为统计量。今后对于参数和统计量,我们不仅要从概念上严加区分,从形式上也要严加区分。我们规定:凡是总体参数一律用希腊字母表示;凡是样本统计量则一律用拉丁字母表示。相应的一些符号我们罗列于表 10-1,供读者阅读和使用。

表 10-1 与参数、统计量相关的符号

特征量数	平均数	方差、标准差	相关系数	比例系数
参数	μ	σ^2、σ	ρ	π
统计量	$\bar{X}$	S^2、S	r	p

由于我们的目的是通过样本来研究总体,因此以总体为参照物,样本与总体的差异我们

称其为抽样误差。不仅样本相对于总体而言有差异,而且从同一总体中抽取的不同样本之间也有差异。有些样本之间的差异甚至会大于样本与总体的差异。总体与样本之间的关系也反映在总体参数与样本统计量的关系上。总体只有一个,因此总体参数也只有一个,总体参数是常数。样本来自于总体,但样本可有许多个,相应于总体参数,每抽取一个样本就可以求得一个样本统计量,而每一个样本统计量的值都在总体参数的上下波动,与总体参数都存在一定的差异。每个不同样本的统计量之间也都是不相同的,相对于总体参数而言,有的样本的统计量离总体参数更近,而有的样本的统计量会离得更远一些。因此,我们可以看出,样本统计量是一个变量,它随样本抽取统计量的变化而变化,又由于样本的随机性,样本统计量也是一个随机变量。

3. 描述统计与推断统计

统计的目的既然是要对总体的量的取值作出把握与认识,那么,一个可行的办法就是进行普查。假定我们要考察某一地市的适龄儿童入学率,就要对其所属县区乡镇作全面的逐一的调查,搞清每一基层单位的适龄儿童入学率,这样才能得到该地市儿童入学率的总体的认识。但是,普查费时费事,并不都是可行的,于是就可进行抽样调查,以便通过局部的了解来推断总体的情况。但是要进行科学的推断,就要了解各种事物量的取值的客观规律性。各种教育现象,比如适龄儿童入学率,在各种不同时空与环境条件下,并不都取某一相同的常数值,也就是说都是变量。关于随机变量取值的客观规律性,概率论与数理统计作了专门的研究。教育统计要从局部的数量关系来推论总体应用的状况,就要遵循概率论和数理统计的理论和方法。因此,教育统计学是社会科学中的一门,是数理统计跟教育学、心理学交叉结合的产物。

教育统计的内容主要包括两大部分,即描述统计与推断统计。

描述统计主要研究的问题是,如何把统计调查所获得的数据加以科学整理、概括和表述。通常由调查所获某教育现象(变量)的数据(即变量取值),是一个个分散的数据,看不出规律性,也不好把握其间所隐含的信息。比如,它们取值分布的特点怎样,集中趋势与离散程度如何,我们对这些是不清楚的。另外,两变量成对取值的数据,能否说明变量间有依存关系,也是需要考察的。描述统计就是要去做上述工作,通过列表归类、描绘图像、计算刻画数据分布的统计量数,如平均数、标准差和相关系数等,把数据的分布特征和隐含信息概括、明确地揭示出来,从而使我们更好地理解、对待和使用数据。当然,要做好调查统计工作,搞好描述统计分析,首先必须定义好教育领域中的变量,编制好教育统计指标。

推断统计是教育统计的核心内容。它主要研究的问题是,如何利用实际获得的样本数据资料,依据数理统计提供的理论和方法,来对总体的数量特征与关系作推论判断,即进行统计估计和统计假设检验等。比如,如何通过某校某课程的一次抽考成绩,来推断该校课程的实际教学水平;如何通过实验班与控制班成绩的差异,来判断所实验的教改措施的真实效果;如何利用样本数据得到的地区经济水平与教育发展规模的关系,来预测全地区某地经济水平提高后的教育规模等。教育领域各变量相互关系错综复杂,因此,不能只作一元统计分析推断,还要进行多元统计研究。21世纪以来,多元统计发展十分迅速。现在,教育统计中的因素分析、聚类分析、路径分析等都在大力推广应用多元统计。要做好统计分析推断工作,必须认真搞好统计调查设计和实验设计,做好科学抽样工作。抽样理论和实验设计理论也有巨大进展。推断统计使人们能够更好地认识教育现象的内在特征、结构关系,更好地探索规律,有效地预测和调控教育现象,应特别予以重视。

4. 随机现象与随机变量

我们可以把周围客观世界中发生的各现象分为两类:一类称作确定性现象,一类称作不确定性现象。所谓确定性现象,是指在相同的条件下其结果也一定相同的现象。比如在相同的条件下,两物体自由下落的高度一定相等,这里的相同条件主要是指重力加速度相同,下落的时间相同;又比如在相同的条件下,两封闭电路中的电压相等,这里的相同条件是指电路中的电流相等,电阻也相等。所谓不确定性现象,是指在相同的条件下其结果却不一定相同的现象。不确定现象大量存在于客观世界之中。不确定现象最简单的例子就是抛分币。即使控制各种条件并应用"动作"精确地机械抛扔分币,在分币落地之前谁也无法确定它这次是正面向上还是反面向上。也就是说,抛分币时给以相同的条件却有两种可能的结果。这就是一种不确定性现象。又比如投掷骰子,给以相同的条件,其可能的结果有六种,故也是一种不确定性现象。在统计学中,不确定性现象又称为随机现象,随机现象是统计学的主要研究对象。确定性现象也称非随机现象,是其他数学学科,如函数论等的研究对象。我们把对随机现象的一次演示或观察称为做了一次随机试验。这种被观察的随机现象的试验结果当然是变量,不同结果就是变量的取值。比如说抛分币,其结果可用变量 X 表示,但其取值只有两个:正面向上或正面向下,或者以 1 或 0 记之。投掷骰子结果我们也可用变量 Y 表示,其取值有六个,即 1,2,3,4,5,6。为了区别于我们以前学过的变量,我们称记录各种随机试验结果的变量为随机变量。自然,记录非随机试验结果的变量则称为非随机变量。非随机变量也称确定性变量、函数变量。随机变量有的是连续性随机变量,有的是非连续性随机变量。非连续性随机变量也称离散性随机变量。前面所举的记录抛扔分币、投掷骰子的结果的变量都是离散性随机变量。教育统计与测量研究的对象,主要是学生的测验分数。学生的测验分数也具有随机性,也是一个随机变量。通常学生的测验分数除特别指明为等

二、概率与概率分布

1. 事件与概率

研究随机现象常做随机试验。统计学中把随机试验的各种可能结果称作为事件，记作事件 A、事件 B，等等。

事件 A、事件 B 的内容可以用文字叙述，也可以用数学式表示，其形式与所给随机变量赋值相一致。比如，若随机事件 A 为"抛分币结果正面向上"，也可记作随机变量 $X = 1$。若随机事件 B 为投掷骰子结果点数不大于 3，也可记作 $Y \leqslant 3$。若随机事件 C 为某学生测验分数在 85 分以上，可记为 $Z > 85$。离散性随机变量的取值又恰好等于某数的记法，而连续性随机变量的取值一般只取大于或小于某值，或取介于某两值之间值。比如随机变量 Z 取值大于 85，小于 90，则记为 $85 < Z < 90$。

在一轮随机试验中，某一事件 A 发生的次数 f 与总试验次数 N 之比被称为该轮试验中事件 A 发生的频率。试验次数较少时，事件发生的频率是一个很不稳定的数，但随着试验次数的增多，频率值会越来越稳定地趋向于一个固定数值，我们把这个数值称为事件 A 发生的概率，记为 $P(A)$。通俗地说，某事件发生的概率就是该事件发生可能性的大小。

按照概率的定义，概率的取值范围在区间 $[0, 1]$ 上。如果某事件的概率 $P = 0$，表示该事件不可能发生，我们称这样的事件为不可能事件。比如只刻有 1~6 点的骰子，掷出 0 点的概率为零，即掷出 0 点的事件为不可能事件。如果某个事件的概率为 1，表示该事件肯定会发生，我们把这样的事件称为必然事件。比如在掷骰子试验中，$X \leqslant 6$ 的事件就是必然事件。在实际研究中，更多事件的概率介于 0 与 1 之间。通常，人们把发生概率很小的事件，如概率小于 0.05，或者概率小于 0.01，称为小概率事件。因为前者表示一百次中只可能发生五次，而后者在一百次中仅可能发生一次。在随机现象研究中，概率是一个最基本的概念，也是一个最重要的概念。在对随机现象的研究中，人们无法预测随机试验的准确结果，但却可以估计某种结果发生的概率，因此，估计事件发生的概率成了随机现象研究中最基本的计算。比如我们无法准确估计学生考试的分数，但却可以估计某学生得分在什么范围内的概率。估计事件发生概率的方法有很多种，有些事件概率的估计还很复杂。在应用统计学时，更多的是依据已知的概率分布估计事件发生的概率。因此认识概率分布、应用概率分布估计事件发生的概率是本节的重要内容。下面我们介绍概率分布的知识。

2. 概率分布

概率分布是针对随机变量而言的。一个离散性随机变量的概率分布是指这个随机变量所有取值点的概率分布情况。比如说抛扔一枚分币的随机试验,其变量取值为 0(反面向上)和 1(正面向上),其取 0 与取 1 的概率各为 0.5。这是离散性随机变量概率分布中最简单的一种分布。如果抛扔两枚分币,那么随机变量的取值就有三个:0(全部反面向上)、1(其中有一个正面向上)和 2(全部正面向上),其概率分别为:

$$P(0) = 0.25; \ P(1) = 0.50; \ P(2) = 0.25$$

这样按顺序列出全部取值的概率就是一个概率分布。如果学生的测验分数是按等级分,比如是优、良、中、差、劣五等,学生获得各等级的概率分别为 0.2、0.35、0.25、0.15、0.05。这也是一个概率分布。可以明显地看到,一个随机变量所有取值点的概率之和为 1。

一个连续性随机变量的概率分布是指这个随机变量的定义域严格划分为若干个互不重叠但又首尾衔接的区间,同时按序给出每一区间上取值的概率,这就形成了一个连续变量的概率分布。表 10-2 就是一个连续性随机变量的概率分布表。

表 10-2　一个连续性随机变量的概率分布

X	P	X	P
80~85	0.03	60~65	0.17
75~80	0.12	55~60	0.05
70~75	0.25	合计	1.00
65~70	0.38		

表 10-2 很容易使我们想起第一章所介绍的相对次数分布表。事实上,两者之间确有相通之处,如果编制相对次数分布表时依据的数据量很大,有时,我们就把它当作一个概率分布来使用,这时的相对次数就成了概率的近似值。也有把连续性随机变量的概率分布表达成表 10-3 形式的。这种形式基本上与第一章所介绍的累积分布相似。这种形式与表 10-2 相比,能更精确地表示概率分布。

表 10-3　概率分布表的另一形式

X	P	X	P
$X < 85$	1.00	$X < 70$	0.60
$X < 80$	0.97	$X < 65$	0.22
$X < 75$	0.85	$X < 60$	0.05

以上介绍各种概率分布时采取的是列出对应数据表的办法,实际上表述随机变量的概率分布还有图示形式。若随机变量是连续性的,且可在从 $-\infty \sim +\infty$ 整无限宽的区间上取值的话,其"次数分布"的包络图形就会形成一条光滑的曲线,而在一个区间(X_1,X_2)上取值的可

能性即概率,就是曲线与此区间所夹面积占曲线与横轴间所夹总面积的比,如图 10 - 1 所示。

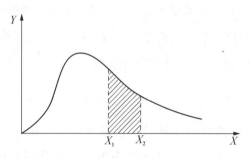

图 10 - 1　一个连续性随机变量的分布曲线

　　图 10 - 1 中曲线下任意两个 X 值之间所夹面积占总面积的比就是 X 在 X_1 和 X_2 之间取值的概率,记作 $P(X_1 < X < X_2)$。我们看到,图中曲线对应每个 X 值都有一个高度,若记为 Y,则 Y 是 X 的函数。这就可表达成: $Y = f(X)$。它被称为随机变量 X 概率分布的密度函数,则求 X 取值在某一区间的概率只要求出相应的曲线下两点之间所夹的面积即可(设总面积为 1)。从理论上讲,求一条曲线下任一部分的面积,都要用到高等数学中的积分,这似乎给我们带来了不少困难。但在实践中,由于有些理论分布太重要,用得太频繁,高等数学中计算积分又十分不方便,因此有人已经将积分计算好,列成了表格供人查用,以致后来者甚至不必知道这些分布的密度函数,就可以用查表法求出这些随机变量取某些定值的概率,从而给我们带来了很大的方便。下面介绍常用的概率分布。

三、正态分布与 t 分布

1. 正态分布

　　正态分布是连续性随机变量中常见的一种概率分布形态,因此,也有人称其为常态分布。正态分布是统计学研究中最基本也是最重要的一种分布。

　　正态分布有一般正态分布和标准正态分布。对于一般正态分布,其密度函数可写成以下形式:

$$Y = \frac{1}{\sqrt{2\pi}\sigma} e^{-\frac{(X-\mu)^2}{2\sigma^2}} \tag{10-1}$$

　　式中: X 为连续性随机变量; e 是自然对数的底; π 是圆周率; μ 为这个分布的平均数; σ 为这个分布的标准差。由此可见,正态分布是由它的平均数和标准差唯一决定的,因此我们也常记一个正态分布为 $N(\mu, \sigma^2)$。

图 10-2 是一般正态分布图。从形态上看,正态分布是一条单峰、对称、呈钟形的曲线,其对称轴为过 $X=\mu$ 的纵线。曲线在 $X=\mu$ 点取值得最大值。从 $X=\mu$ 点开始,曲线向正负两个方向递减延伸,不断向 X 轴逼近,但永不与 X 轴相交,因此可以说,曲线在正负两个方向上都以 X 轴为渐近线。

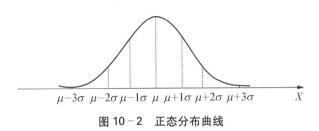

图 10-2　正态分布曲线

一个随机变量服从正态分布的最大特点是其取值在平均数附近的概率很大,而取值离平均数越远,其概率越小。下面的三组数据充分说明了这一特征:

$$P(\mu - 1\sigma < X < \mu + 1\sigma) = 0.6826$$

$$P(\mu - 2\sigma < X < \mu + 2\sigma) = 0.9544$$

$$P(\mu - 3\sigma < X < \mu + 3\sigma) = 0.9974$$

第三组数据的含义是正态随机变量取值在 $\mu-3\sigma$ 和 $\mu+3\sigma$ 之间的概率为 0.9974,换句话说,正态随机变量小于 $\mu-3\sigma$ 或大于 $\mu+3\sigma$ 的可能性只有万分之二十六,这是一个很小的概率。我们平时常说学生的成绩总是两头小、中间大,这正是对正态分布这一特征的通俗描述。

正态分布由它的平均数和标准差唯一决定,从另一种意义上说,一般正态分布也就有好多好多,这给我们深入研究正态分布带来了一定的困难。但是人们发现,在许许多多的正态分布中有平均数为 0、标准差为 1 的正态分布可以作为正态分布的一个典型代表,其他各种正态分布都可能通过一定的数学方法与它相互转化。人们将它称为标准正态分布。由于它的平均数为 0,标准差为 1,因此,标准正态分布的密度函数得到简化。为与其他正态分布相区别,我们以 Z 代表这个标准正态分布的随机变量,其结果形式为:

$$Y = \frac{1}{\sqrt{2\pi}} e^{-\frac{z^2}{2}} \tag{10-2}$$

将公式(10-2)与公式(10-1)比较,我们可以发现以下关系:

$$Z = \frac{X - \mu}{\sigma} \tag{10-3}$$

这个关系式恰好就是我们在第三章中介绍过的一般分数转化为标准 Z 分数的公式,而且我们已经知道,经过这一转换,Z 分数的平均数就成了 0,标准差就成了 1。这个关系式启发我们,对于任何正态分布,只要通过这一关系的转换,就都可以转化成标准正态分布。这给我们深入研究正态分布带来了方便。

现在我们来求标准正态曲线下 Z 的各种取值的概率。显然我们并不愿意通过数学积分的办法来求取这些概率值,我们介绍查表法。本书附表 3－1 就是正态分布表。表中每一行有 3 个对应的数值 Z, Y, P。其中 Z 是标准分数 Z 的值,Y 是 Z 对应的正态曲线的高,P 是阴影部分的面积(见附表 3－1 右上角示意图),也就是随机变量取值在平均数 0 与所查 Z 值之间的概率。如果我们注意到标准正态分布以过 $X = 0$ 的纵线为对称轴、正态分布整体面积为 1 这两个事实,那么,对于正态曲线下任意两 Z 值之间所夹的概率面积都是可求的。

例如:(1) $P(0 < Z < 1.15) = 0.37493$

（2）$P(-0.54 < Z < 0.82)$

$= P(0 < Z < 0.54) + P(0 < Z < 0.82)$

$= 0.20540 + 0.29389$

$= 0.49929$

（3）$P(0.25 < Z < 0.97)$

$= P(0 < Z < 0.97) - P(0 < Z < 0.25)$

$= 0.33398 - 0.09871$

$= 0.23527$

（4）$P(Z > 0.65)$

$= 0.5 - P(0 < Z < 0.65)$

$= 0.5 - 0.24215$

$= 0.25785$

有时我们也需要通过已知概率来求取 Z 值,比如我们要求在正态分布上端留下 0.45 概率面积值时 Z 分界点是多大,实际上就是要求一个 Z_0,使得:

$$P(Z > Z_0) = 0.45$$

这个问题应转化为我们这张正态分布表所能查找到的形式,即转化为:

$$P(0 < Z < Z_0) = 0.5 - 0.45 = 0.05$$

然后用 0.05 的 P 去查与之对应的 Z,可得 $Z_0 \approx 0.13$。读者在用 Z 求 P 或用 P 求 Z 时,要学

会画示意图,要明确所求 P,或所求 Z 的位置,然后再转化为本书所提供正态分布的查找形式,才能准确无误。

在标准正态分布中,所夹中间面积 90% 的两个 Z 值分别为 ±1.64,所夹中间面积 95% 的两个 Z 值分别为 ±1.96;所夹中间面积 99% 的两个 Z 值分别为 ±2.58。读者还可以从这三组数据中,进一步体会正态分布中间大、两头小的概率分布特征。要熟记这三组数据,以便以后使用。

一般的正态分布可以通过转化为标准正态分布来进行研究。下面我们通过一例来具体说明这一方法。

【例 10-1】　已知一项考试的成绩服从平均数为 82,标准差为 8 的正态分布,问成绩落在 80~90 分之间的考生占多大比例?

【分析解答】　此题实质上是求成绩落在 80~90 分之间的概率。必须先把原始分转化成标准分:

$$Z_1 = \frac{X_1 - \mu}{\sigma} = \frac{80 - 82}{8} = -0.25$$

$$Z_2 = \frac{X_2 - \mu}{\sigma} = \frac{90 - 82}{8} = 1$$

通过画示意图,可以发现我们所求的是两块可查表面积的和:

$$P(Z_1 < Z < Z_2) = P(-0.25 < Z < 1) = P(0 < Z < 0.25) + P(0 < Z < 1)$$
$$= 0.09871 + 0.34134 = 0.44005$$

保留两位小数: $P = 0.44$

即:考试成绩落在 80~90 分之间的考生占 44% 的比例。

2. t 分布

t 分布又叫学生氏分布,是格塞得(W. S. Gasset)1908 年在爱尔兰啤酒厂工作时发现的,发表论文时他用了笔名 Student,故称其为学生氏分布。

t 分布与正态分布一样,也是一个单峰、对称、呈钟形的分布,其对称轴通过分布的平均数,t 分布曲线在正负两个方向上也以横轴为它的渐近线。与正态分布相比,t 分布曲线中间低而尖,两头高而缓。t 分布的最大特点是它实质上是一族分布,每一个 t 分布的形态受一个称为自由度的指标所制约。对应一个自由度就有一个 t 分布,随着自由度的增大,t 分布曲线的中间就越来越高,两头却越来越低,整条曲线越来越趋近于正态分布。当自由度接近无穷大时,t 分布就变成了正态分布。图 10-3 所示就是 t 分布与正态分布的一幅比较图。

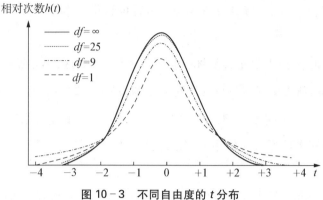

图 10-3　不同自由度的 t 分布

　　分布的自由度是统计上的一个重要概念。有人解释自由度是所抽取的样本中能独立变化数据的个数,记为 df。我们可将自由度作为区分同族分布中各个具体分布的一个有序编号。对于每一个服从 t 分布的抽样分布,我们要知道它的分布形态,还要知道它确切的编号,也就是要知道它确切的自由度。

　　现在我们来解决求 t 分布曲线下概率面积的方法问题。与正态分布一样,我们也是通过查表来获取 t 分数取值的概率的。本学习材料后面的附表 3-2 就是一张 t 分布表。习惯上我们总是根据已知的概率值和 t 分布的自由度去查得这一概率的 t 分数的。

　　比如说,在一自由度为 10 的 t 分布中用概率 0.05 去查,可得 t 分数为 2.228。其实际含义是,t 分数落在±2.228 之外的概率为 0.05,实际上就是 t 值表头附图中阴影部分的概率面积为 0.05。

　　再如根据概率 0.01、自由度 16 查 t 分布表,查得 t 值为 2.921。也就是说,t 分数要小于 -2.291 或大于+2.921,其概率小于 0.01。

　　有了上述这些预备知识,下面我们介绍统计假设检验的基本原理。

第二节　统计假设检验的基本原理

一、统计假设检验的基本概念

1. 小概率事件原理与显著性水平

　　在前文介绍概率基础知识时我们曾经说过,随机事件发生的概率在 0~1 之间,概率取 0 的事件称为不可能事件,概率取 1 的事件称为必然事件,而绝大部分随机事件的概率取值都在 0 与 1 之间。在教育统计中常常把概率取值小于 0.05 的随机事件称为小概率事件。但小概率事件毕竟不是不可能事件,小概率事件还是会发生的。小概率事件原理就是认为小概率事件在一次抽样中不可能发生的原理。在实际工作中,人们常常按照小概率事件原理对随机现象作出决策判断,这是一种科学的思维方式。

在统计假设检验中,公认的小概率事件的概率值被称为统计假设检验的显著性水平,记为 α, α 值必须在每一次统计检验之前就取定。在教育统计学中,α 值常取 0.05 和 0.01 这两个水平,偶尔也有取 0.001 的。在假设检验中,α 的取值越小,假设检验的显著性水平越高。

2. 虚无假设与备择假设

许多科学研究都是从建立假说开始的。天文学史上的日心说、宇宙发生史上的大爆炸说、地球形成史上的冷凝说、大陆形成史上的板块漂移说等,都是一些假说。假说是人们依据已获得的部分信息对客观世界的某种性状作出的推断性描述。假说既可能属真,也可能有误。假说在被提出之后,人们又进一步搜集信息,对假说的正确性进行验证。经过验证,或推翻假说或支持假说,真理就在这一过程中不断被揭示、发展,谬误也在这一过程中不断地被推翻、被纠正。统计假设检验的过程类似于证实或推翻假说从而获取真理的过程。

做统计假设检验一定要先做好提出假设的工作。统计假设检验中使用的假设有两种,一种称为虚无假设,一种称为备择假设。虚无假设又称为原假设、零假设,以符号 H_0 表示。虚无假设在假设检验中将被视作已知条件来应用,因此虚无假设应是一个相对比较明确的陈述命题,一定要含有"等于什么"的成分,比如说,$\mu = 80$, $\mu_1 = \mu_2$, $\sigma_1^2 = \sigma_2^2$, $\pi_1 = \pi_2$, $\rho = 0$,等等。备择假设又称解消假设、研究假设等,以符号 H_1 表示。备择假设作为虚无假设的对立假设而存在,因此它也是一个陈述命题。比如说,$\mu \neq 80$, $\mu \neq \mu_2$, $\rho \neq 0$,等等。备择假设是对虚无假设的否定。

统计检验的假设都是成对作出的。统计假设建立之后,就在虚无假设为真的前提下,采集样本数据进行统计分析计算与检验,以推翻或证实假设。

所谓形式上同时出现,是指作假设时一定要将两个假设同时列出,常见的有如下几种:

$$\begin{cases} H_0 : \mu_1 = \mu_2 \\ H_1 : \mu_1 \neq \mu_2 \end{cases} \qquad \begin{cases} H_0 : \pi_1 = \pi_2 \\ H_1 : \pi_1 \neq \pi_2 \end{cases}$$

$$\begin{cases} H_0 : \rho = 0 \\ H_1 : \rho \neq 0 \end{cases} \qquad \begin{cases} H_0 : \sigma_1^2 = \sigma_2^2 \\ H_1 : \sigma_1^2 \neq \sigma_2^2 \end{cases}$$

由于虚无假设要作为检验的已知条件,而备择假设仅是备以待择,是虚无假设被拒绝后供人们采择的假设,故虚无假设一定在前,备择假设一定在后。所谓从逻辑上看两者是非此即彼的,意思是说这一假设中一定有一个而且也仅有一个是正确的;两个假设不可能同时成立,但也不可能同时不成立;两个假设中若有一个被证实是错误的话,那么另一个假设就自然是正确的。

3. 检验统计量

统计假设检验过程需要计算某些事件发生的概率。这里的"某些事件发生的概率"实际上就是指"在一定的抽样条件下,某些事先设计好的统计量其取值的概率"。这些统计量是根据检验目的而设计的公式,专门用于统计假设检验的,因此被称为检验统计量。由于这些检验统计量是根据检验目的而设计的,因而在这些检验统计量的计算中肯定要应用与所检验参数相应的样本统计量。比如要检验两总体平均数是否有显著差异,那么检验统计量的计算中肯定要应用两样本平均数;如果要检验两总体方差是否有显著差异,检验统计量计算就一定要用到两样本方差;如果要检验两总体比例系数是否有显著差异,那么检验统计量肯定要用到两个样本的比例系数观测值。

检验统计量是一个随机变量,它的概率分布是明确的。在本学习材料后续的内容中,假设检验都是借助正态分布或 t 分布来作出统计决策的。

二、统计假设检验的思想方法与检验步骤

1. 思想方法

概括起来说,统计假设检验就是一种带有概率值保证的反证法。

反证法是大家熟悉的一种逻辑推理证明方法。有些命题从正面进行推论难以证明,但证明它的否命题却往往事半功倍,这就是反证法的思想方法。这样做的理由是从逻辑上说,否命题不成立,则其原命题就自然成立。反证法在数学证明中应用比较多。比如说,原来的目的是要证明线段 a 大于线段 b,但证明者不直接证明 $a > b$,而是找出它的否命题 $a \leqslant b$,假设其成立,然后进行推论,推论至最后得出一个荒谬的结果,或者得到一个与已知条件不符的结果,假设整个推论的各个步骤都是严密正确的,那么谬误的产生就只有源自于作为推论条件的假设,从而证明了假设是错误的。所以反证法的逻辑就是:证明了作为否命题假设的错误,那么原命题就自然正确了。

统计假设检验从逻辑过程上看也是一种反证法。统计检验人员常常希望证明备择假设是正确的,但他却不直接证明备择假设的正确性,而是从与备择假设对立的虚无假设出发,以虚无假设为条件,采集样本数据,确定抽样分布,计算检验统计量,考察检验统计量取值的

概率。如果最终发现这是一个小概率事件,那就要根据小概率事件原理推翻原虚无假设。当然,研究者必须保证在整个过程中除所作虚无假设之外的一切工作都是严密、科学的。虚无假设与备择假设是一对互否命题,也就是我们前面所说的,他们是非此即彼的,推翻了虚无假设,备择假设自然就成立了。这就是统计假设检验应用反证法的"反证"过程。

所谓带有概率值保证,是指上述的用反证方法作的统计假设检验,最终推翻虚无假设。也即所求检验统计量的取值为一小概率事件,而根据小概率事件原理推翻虚无假设。我们知道,根据小概率事件原理作决策判断是一种科学的正确的决策思想方法,但并不保证每次的决策都是正确的。换句话说,这一推翻虚无假设的决策也是可能犯错误的,只是犯错误的概率比较小而决策正确的概率比较大,而且这个决策正确的概率是由我们控制的,是可以计算的。这就是统计假设检验"带有概率值保证"的含义。

2. 检验步骤

我们可以将统计假设检验的步骤归纳如下:

(1)根据题目的设问提出检验假设。

(2)选定显著性水平 α。

(3)写出检验统计量计算公式,并按已知数据条件计算检验统计量值。

(4)根据显著性水平 α 在 Z 分布或 t 分布中的位置确定临界值和危机域,危机域通常在概率分布的两个尾部,是小概率事件所在地。

(5)将求得的检验统计量值与临界值作比较,根据其是否进入危机域而做出是否拒绝虚无假设的统计结论。

3. 统计决策的两类错误

由于统计假设检验是根据样本统计量来推断总体性质的,最终作决策时只能是根据概率值大小来判断,因此无论作什么决策都有犯某种错误的风险。统计工作者在作假设检验时不仅不能奢望不犯错误,而且应该了解自己作决策时可能犯的错误是什么性质,所犯错误的概率有多大,有没有降低犯错误概率的办法。

在用统计假设检验作决策时可能犯的错误有两种类型:一种是虚无假设属真而被拒绝的错误,统计上称为 I 型错误,又称为"拒真"错误;另一种是虚无假设实伪而未被拒绝的错误,统计上称为 II 型错误,又称为"纳伪"错误。两种错误的产生和性质可参见表 10-4。从表 10-4 中可以看到,如果我们拒绝虚无假设,我们可能会犯拒真错误;如果我们不拒绝虚无假设,我们可能会犯纳伪错误。因此,无论怎么决策,统计假设检验都是有可能犯错误的。虽然无论作什么决策都可能犯错误,但是犯错误的可能性大小却是不一样的。

表 10 - 4　统计决策的两类错误

决策　　　 虚无假设性质	拒绝	不拒绝
拒真	Ⅰ型错误	正确
纳伪	正确	Ⅱ型错误

统计假设检验中犯Ⅰ型错误的概率大小就等于显著性水平 α 值的大小。由于犯Ⅰ型错误的概率恰好就是显著性水平 α 的值,故也有人将Ⅰ型错误称为 α 型错误。

有人将Ⅱ型错误称为 β 型错误, β 同时也是犯Ⅱ型错误的概率值符号。由于影响Ⅱ型错误概率大小的因素中有一些是未确定因素,因此在实际检验中,Ⅱ型错误的概率是无法精确计算的。但是我们可以分析影响Ⅱ型错误概率大小的因素。控制犯Ⅱ型错误的因素有三个,一个是 α ,另一个是样本容量,第三个是样本统计量,但是通过控制 α 来降低犯Ⅱ型错误的概率却要增大 α 值而导致犯Ⅰ型错误概率上升,因此,这不是一种理想的办法。理想的办法就是适当加大样本容量,正确选择检验统计量。

第三节　平均数差异的显著性检验

两个总体平均数差异的显著性检验有许多不同的情形,本节主要学习如下三种情况下的平均数差异显著检验。

一、两独立总体方差相等但未知数值

对于两个独立的正态总体,如果已知两总体方差相等但未知总体方差具体数值,从中各抽取一随机样本,两样本平均数之差 $(\bar{X}_1 - \bar{X}_2)$ 将服从自由度为 $df = n_1 + n_2 - 2$ 的 t 分布。

其检验统计量的计算公式为:

$$t = \frac{(\bar{X}_1 - \bar{X}_2) - (\mu_1 - \mu_2)}{\sqrt{\dfrac{n_1 S_1^2 + n_2 S_2^2}{n_1 + n_2 - 2}\left(\dfrac{1}{n_1} + \dfrac{1}{n_2}\right)}} \qquad (10-4)$$

式中: S_1^2 , S_2^2 分别为两样本的方差; $\bar{X}_1$, $\bar{X}_2$ 分别表示两个样本平均数; μ_1 , μ_2 代表两总体的平均数; n_1 , n_2 为两样本容量,它可以是大样本,也可以是小样本。对于求得的 t 值,可以到自由度 $df = n_1 + n_2 - 2$ 的 t 分布表中去查它的取值概率。

【例 10 - 2】　随机抽取两组被试,甲组 12 人,乙组 10 人,分别接受两种不同的心理暗示后测量他们的听反应时。由经验得知,两种被试的听反应时都会服从正态分布而且总体方差相等。现测得甲组被试的听反应时平均值为 0.04 秒,标准差为 0.008 秒,乙组被试的听反应时平均值为 0.032 秒,标准差为 0.007 秒。请问两种不同暗示对被试的听反应时有不同影响吗?($\alpha = 0.05$)

【分析解答】 要知道不同暗示对被试的听反应时有无影响,实际上就是要知道分别接受两种不同暗示的被试其听反应时的总平均数有无显著差异。若有差异,表示两种心理暗示有不同影响;若无差异,表示两种心理暗示影响一样。所以例 10-2 实质上还是要对听反应时的总平均作差异显著性检验。分析给出的抽样条件,符合总体方差相等但未知数值、两总体正态分布且相互独立的情况,因此 $\overline{X}_1 - \overline{X}_2$ 服从自由度为 $df = n_1 + n_2 - 2$ 的 t 分布。

$$H_0 : \mu_1 = \mu_2$$

$$H_1 : \mu_1 \neq \mu_2$$

$$t = \frac{(\overline{X}_1 - \overline{X}_2) - (\mu_1 - \mu_2)}{\sqrt{\frac{n_1 S_1^2 + n_2 S_2^2}{n_1 + n_2 - 2}\left(\frac{1}{n_1} + \frac{1}{n_2}\right)}} = \frac{(0.040 - 0.032) - 0}{\sqrt{\frac{12 \times 0.008^2 + 10 \times 0.007^2}{12 + 10 - 2}\left(\frac{1}{12} + \frac{1}{10}\right)}} = 2.356$$

已知 t 值服从自由度 $df = n_1 + n_2 - 2 = 20$ 的 t 分布,根据 $\alpha = 0.05$ 和自由度 20 查 t 分布表(要注意其为双侧检验,查双侧表),可查得 $t_{\alpha/2} = \pm 2.086$。

因为 $2.356 > 2.086$,进入危机域,所以拒绝虚无假设。即两种不同的暗示对被试的听反应时有不同的影响。这样下结论,出错的可能性不会大于 0.05。

在一些研究报告中,类似上例,研究人员求得 t 值,查得临界值 $t_{\alpha/2}$ 之后,将结论写为 $P < 0.05$,其意义与我们用文字所作的解释是一样的。如果所求值未进入危机域,就写作 $P > 0.05$,这种表示方法更简单,但只有学过统计学的科研人员才能理解其内涵。作为初学者,我们要求读者还是先按照这里的方法来推断和下结论。尽管如此,我们也应看懂别人报告中的结论方法。

二、两总体方差未知、独立大样本

如果两总体的分布形态不明,或者已知两总体不服从正态分布,只要两样本的容量都达到 30 以上,两样本平均数之差 $\overline{X}_1 - \overline{X}_2$ 的抽样分布就非常接近于正态了。因此,为了解决实际检验的需要,我们就用正态分布来近似它。这时,检验统计量为:

$$Z = \frac{(\overline{X}_1 - \overline{X}_2)}{\sqrt{S_1^2/n_1 + S_2^2/n_2}} \tag{10-5}$$

应用公式(10-5)计算出 Z 值后,就可以在标准正态分布中考察 Z 的取值概率。

【例10-3】 对甲乙两校初中二年级学生进行数学测验后,在甲校随机抽取50名学生,计算出成绩的平均数为74,方差为45。在乙校随机抽取60名学生,计算出成绩的平均数为71.5,方差为50。请在 $\alpha = 0.05$ 的显著性水平上检验甲乙两校初二学生的数学水平是否存在显著差异?

【分析解答】

$$H_0 : \mu_{甲} = \mu_{乙}$$

$$H_1 : \mu_{甲} \neq \mu_{乙}$$

$$Z = \frac{(\bar{X}_1 - \bar{X}_2) - (\mu_1 - \mu_2)}{\sqrt{S_1^2/n_1 + S_2^2/n_2}} = \frac{(74 - 71.5) - 0}{\sqrt{45/50 + 50/60}} = 1.899$$

因为 Z 近似服从标准正态分布,双侧检验,$\alpha = 0.05$

所以临界值为 $Z_{\frac{\alpha}{2}} = 1.96$

因为 $1.899 < 1.96$,未进入危机域,所以没有充分理由拒绝虚无假设,则只好先接受零假设,这说明甲乙两校初二学生数学的总体水平不存在显著差异。

三、两相关总体

在两总体相关的情况下,两总体平均数差异显著性检验的统计量公式如下:

$$t = \frac{\bar{X}_1 - \bar{X}_2}{S_D / \sqrt{n-1}} \tag{10-6}$$

式中:S_D 为两样本对应数据之差 $D = X_1 - X_2$ 的标准差。还可以证明 $\bar{D} = \bar{X}_1 - \bar{X}_2$。

在零假设成立,即"$H_0 : \mu_1 = \mu_2$"成立的情况下,到上述 t 分布中去考察 t 分布检验统计量服从自由度 $df = n-1$ 的分布。这样,在我们求出检验统计量 t 分数之后,就可以在自由度 $df = n-1$ 的 t 分布中考察 t 分布数的取值概率,从而做出统计结论。

【例10-4】 严格配对的两组被试各有12名学生,分别接受新、旧两种教法学习同一种学习材料。学完后进行统一测试,测得结果如表10-5所示。这组数据支持新教法与旧教法有显著差异的结论吗?($\alpha = 0.05$)

表 10-5 两组被试数据

被试	1	2	3	4	5	6	7	8	9	10	11	12
新法	18	15	14	18	10	8	20	5	12	16	17	8
旧法	20	12	14	16	11	7	14	7	12	15	15	6

【分析解答】　两列数据——经严格配对,因此属于相关总体的平均数差异显著性检验,抽样分布应该是 $df = n-1$ 的 t 分布。又由于提供了原始数据,可以使用公式(10-6)计算检验统计量。

$$H_0: \mu_{新} = \mu_{旧}$$
$$H_1: \mu_{新} \neq \mu_{旧}$$

求得新、旧两法成对数据之差数 D 分别为:

$$-2, 3, 0, 2, -1, 3, 6, -2, 0, 1, 2, 2$$

继而可求得:$\bar{X}_1 - \bar{X}_2 = \bar{D} = 1.1667$,$S_D = 2.2298$

计算检验统计量:

$$t = \frac{(\bar{X}_1 - \bar{X}_2) - (\mu_1 - \mu_2)}{S_D / \sqrt{n-1}} = \frac{1.1667}{2.2298 / \sqrt{12-1}} = 1.735$$

在 t 分布表中,按 $df = 11$ 和 $\alpha = 0.05$ 查双侧临界值 $t_{\alpha/2}$,可得 $t_{\alpha/2} = 2.201$。

因为 $t = 1.735 < 2.201$,未进入危机域,所以无充分理由拒绝虚无假设。即新教法与旧教法的效果差异不显著。

第四节　其他总体参数的差异显著性检验

本节介绍总体相关系数和两个独立总体比例系数差异的显著性检验方法。

一、总体相关系数显著性检验

相关系数是刻画两变量相关一致性程度的特征量数,是研究两变量关系的重要指标。研究两个变量的关系首先关心的是两个量是否相关,然后才关心相关的密切程度。因为是否相关是定性问题,相关密切程度是定量问题。在介绍相关系数的时候我们已经得知,相关系数取值为 0 表示两变量相互独立,取值不为 0 即表示两变量相关,从这一角度看,相关与独立的界线是非常明确的。但值得注意的是,这样明确的分界只对两变量的总体相关系数的评价有实际意义,在评价样本相关系数时就会出现偏差。设想有这样一种情况,两个已知的随机变量确实是相互独立的,因此它们的总体相关系数 $\rho = 0$,但在只有样本数据时若计算两变量的相关系数 r,将有什么结果呢? 从理论上说 r 也应该为 0,但是由于抽样是有误差的,实际所求的 r 却绝大多数不为 0。我们面临的问题是,无论总体两变量相关还是不相关,样本相关系数常不为 0,那么,根据一个不为 0 的样本相关系数,如何判断它的总体到底是相关还是不相关呢? 这就是总体相关显著性检验要解决的问题,是要检验总体相关系数 ρ 等不等于 0 的问题。如果检验结果是 $\rho \neq 0$,我们就说总体相关显著;如果检验结果 $\rho = 0$,我们就说总体相关不显著,也可以说总体不相关。

相关显著性检验的检验假设是:

$$H_0 : \rho = 0$$
$$H_1 : \rho \neq 0$$

(一) 皮尔逊积差相关系数检验

对积差相关系数来说,在 $\rho = 0$ 的假设前提下,样本相关系数的抽样分布服从自由度为样本容量 n 减去 2 的 t 分布,这时的检验统计量为 t 分布,计算公式为:

$$t = \frac{r\sqrt{n-2}}{\sqrt{1-r^2}} \tag{10-7}$$

式中:r 为样本积差相关系数,n 为样本容量。式中分母部分实际上是相关系数的抽样标准误差。有了检验统计量的计算公式,又有抽样分布的形态,读者可以自己对总体相关系数是否显著作检验。

由于相关显著性检验在实际工作中应用太广泛、太重要,为免去每次检验求 t 值的麻烦,一些统计学者直接编制了相关系数显著性临界值表(见附表 3-3)供使用,检验人员不必去计算 t 值就可以判断总体相关是否显著。方法是:在做出检验假设后,先根据显著性水平 α 和自由度 $df = n - 2$,在附表 3-3 中查出相关系数的临界值 $r_{\alpha/2}$,然后将所求 r 与 $r_{\alpha/2}$ 比较,如果 r 的绝对值大于 $r_{\alpha/2}$,则拒绝虚无假设,说明总体相关显著。如果 r 的绝对值小于 $r_{\alpha/2}$,则无充分理由拒绝虚无假设,说明总体相关不显著,实际含义就是两变量不相关。

【例 10-5】 某研究随机抽取 25 名被试,算得他们的机械操作能力测验成绩与识字测验成绩的积差相关系数为 0.32,请问此相关系数是显著相关吗?($\alpha = 0.05$)

样本相关系数有无实际使用价值就看总体是否相关显著,因此作相关显著性检验。

【分析解答】
$$H_0 : \rho = 0$$
$$H_1 : \rho \neq 0$$

据 $\alpha = 0.05$ 和 $df = n - 2 = 25 - 2 = 23$,查积差相关系数显著性临界值表,得 $r_{0.05/2} = 0.396$,将求得的样本相关系数与临界值比较:

因为 $0.32 < 0.396$,未进入危机域,所以无充分理由拒绝虚无假设。即原总体相关不显

著,所求样本相关系数由抽样误差造成。

读者也可应用公式(10-7)作检验,看结果是否一致。

(二)斯皮尔曼等级相关系数检验

在本书第四章第三节中,我们详细介绍了斯皮尔曼等级相关的计算和应用。由于受样本大小的影响,所以实际计算得到的斯皮尔曼等级相关系数 r_R 的观测值是否具有统计学上的显著相关,还需要做进一步的假设检验。由于这一计算过程比较繁杂,所以,统计学家同样创编了一个"斯皮尔曼等级相关系数显著性临界值表",供大家直接查表检验(见附表3-4)。

这里不妨以第四章中的【例4-5】为例,可知 $N=10$, $r_R=0.72$;若我们取 $\alpha=0.05$,查附表3-4可知,临界值为0.564。由于实际观测的 $r_R=0.72>0.564$,所以,我们认为相关是具有统计学上的显著性,也就是说,学校儿童问题行为与母亲的耐心程度是有关联的。

【课堂讨论题】

若取显著性水平 $\alpha=0.01$ 的话,查附表3-4来检验上例中的斯皮尔曼等级相关系数,其结论为何? 怎样看待采取不同显著性水平下的不同检验结果?

(三)点双列相关系数 r_{pb} 检验

点双列相关系数的检验方法也比较简单,只要对公式 $r_{pb}=\dfrac{\bar{X}_p-\bar{X}_q}{S_x}\sqrt{pq}$ 中的 $\bar{X}_p$ 与 $\bar{X}_q$ 进行差异的 t 检验即可。若差异显著,表明 r_{pb} 显著;若差异不显著,则 r_{pb} 也不显著。

对于点双列相关系数的检验,如果样本容量较大($n>50$),也可以用下面的近似方法:

$|r_{pb}|>\dfrac{2}{\sqrt{n}}$ 时,认为 r_{pb} 在0.05水平显著;

$|r_{pb}|>\dfrac{3}{\sqrt{n}}$ 时,认为 r_{pb} 在0.01水平显著。

【课后研读题】

请以本书第四章第四节中的例4-7的数据,采用本章独立小样本下的 t 检验方法(见公式10-4),取 $\alpha=0.05$,检验一下该点双列相关系数是否具有统计学上的显著性意义。

二、两独立总体的比例系数差异显著性检验

在实际工作中,我们会经常碰到两个比例系数差异显著性检验。例如,若把体育测评分成达标与未达标,那么两个学校体育达标率是否存在显著性差异? 再如,若用某种心理卫生评定量表去测评人的心理健康水平,并规定达到或超过某种临界分数线时被判为"心理问题者",这样,两个不同的特殊群体其心理有问题者检出率是否存在显著性差异? 特别是在民意问卷调查的资料分析中,经常要求考察两个不同阶层的群体对某个特定问题的态度反应之间是否存在显著性差异,这就直截了当地提出了关于两个独立总体的比例系数差异显著性统计检验问题。

两独立总体的比例系数差异显著性检验,当样本容量较大时,可以采用正态分布检验。设两个独立的样本容量分别为 n_1 和 n_2,其中第一个样本比例系数为 p_1,第二个样本比例系数为 p_2,则两个总体的比例系数差异显著性检验在"此两比例系数差异为零",即假定 H_0: $\pi_1 - \pi_2 = 0$ 成立之下,其检验统计公式为:

$$Z = \frac{p_1 - p_2}{\sqrt{\hat{p}\hat{q}\left(\dfrac{1}{n_1} + \dfrac{1}{n_2}\right)}} \qquad (10-8)$$

式中:$\hat{p}$ 为 p_1 和 p_2 的加权平均数,即有:

$$\hat{p} = \frac{n_1 p_1 + n_2 p_2}{n_1 + n_2} \qquad (10-9)$$

$$\hat{q} = 1 - \hat{p} \qquad (10-10)$$

【例10-6】 采用随机抽样方法在初一年段和初二年段分别抽取 40 人和 45 人,向他们征求对某学科兴趣的意见,其中表示兴趣的比例初一学生是 0.457,初二学生是 0.543。问:初一和初二学生对该学科的兴趣有无显著差异?

【分析解答】 虚无假设 H_0:$\pi_1 = \pi_2$,即初一学生和初二学生对该学科表示兴趣的比例系数不存在显著差异。

备择假设 H_1:$\pi_1 \neq \pi_2$

不妨取显著性水平 $\alpha = 0.05$,用正态分布检验,其双侧的临界值 $Z_{\alpha/2} = 1.96$

检验统计是 $Z = \dfrac{p_1 - p_2}{\sqrt{\hat{p}\hat{q}\left(\dfrac{1}{n_1} + \dfrac{1}{n_2}\right)}}$

已知 $p_1 = 0.457$，$p_2 = 0.543$，$n_1 = 40$，$n_2 = 45$

$$\hat{p} = \frac{40 \times 0.457 + 45 \times 0.543}{40 + 45} = 0.505$$

$$\hat{q} = 1 - \hat{p} = 1 - 0.505 = 0.493$$

则，实得的 Z 值为：

$$Z = \frac{0.457 - 0.543}{\sqrt{(0.505 \times 0.495)\left(\dfrac{1}{40} + \dfrac{1}{45}\right)}} = \frac{-0.086}{0.109} = -0.789$$

由此实得 $|Z| = 0.789 < Z_{\alpha/2} = 1.96$

故本研究数据没有充分理由拒绝 H_0，这表明初一学生和初二学生对某学科表示兴趣的人数比例差异不显著。

练习与思考

一、名词解释

1. 总体　2. 样本　3. 参数　4. 统计量　5. 随机现象　6. 随机变量　7. 事件
8. 概率　9. 概率分布　10. 小概率事件　11. 显著性水平　12. Ⅰ型错误　13. Ⅱ型错误　14. 虚无假设　15. 备择假设　16. 不可能事件　17. 必然事件　18. 危机域
19. 相关的总体

二、简答题

1. 什么是描述统计？

2. 什么是推断统计？

3. 正态分布有什么特点？

4. 比较 t 分布与正态分布的异同点。

5. 什么是小概率事件原理？

6. 统计假设检验的思想方法是什么？

7. 怎样控制统计决策的两类错误？

8. 统计假设检验的一般步骤是什么？

9. 参数与统计量的区别在哪里?

10. 一般正态分布和标准正态分布之间的联系与区别是什么?

三、计算题

1. 查正态分布表确定或计算下列各式概率的值。

(1) $P(0 < Z < 1.6)$

(2) $P(-1.6 < Z < 1.6)$

(3) $P(Z > 1.6)$

(4) $P(Z < 1.6)$

(5) $P(-0.8 < Z < 1.96)$

2. 已知下列各式的概率值,利用正态分布表,确定 Z_0 值。

(1) $P(0 < Z < Z_0) = 0.36433$

(2) $P(|Z| < Z_0) = 0.5407$

(3) $P(Z > Z_0) = 0.19766$

(4) $P(Z < Z_0) = 0.84134$

(5) $P(-1 < Z < Z_0) = 0.58349$

3. 查表确定 t 分布的临界值(双侧)。

(1) 当 $df = 10$, $\alpha = 0.01$ 时,t 分布临界值 = _____。

(2) 当 $df = 42$, $\alpha = 0.05$ 时,t 分布临界值 = _____。

(3) 当 $df = 1$, $\alpha = 0.05$ 时,t 分布临界值 = _____。

(4) 当 $df = 5$, $\alpha = 0.001$ 时,t 分布临界值 = _____。

(5) 当 $df = 22$, $\alpha = 0.05$ 时,t 分布临界值 = _____。

4. 查表确定下列样本相关系数是否显著(先取 $\alpha = 0.05$,再取 $\alpha = 0.01$)。

(1) $n = 15$, $r = 0.4352$

(2) $n = 30$, $r = 0.3710$

(3) $n = 10$, $r = 0.5524$

(4) $n = 6$, $r = 0.7280$

(5) $n = 52$, $r = 0.3019$

(6) $n = 80$, $r = 0.2654$

（7）$n = 150$，$r = 0.2140$

四、统计假设检验

1. 随机抽取文、理两科大学生各一组参加一种推理测验，已知测验成绩服从正态分布且总体方差相等。测验数据为：文科生 13 名，平均得分 85 分，标准差 11 分；理科生 15 名，平均得分 82 分，标准差 9 分。请问文理两科大学生在这个推理测验上的得分有无显著差异？（$\alpha = 0.05$）

2. 随机抽取 5 岁儿童 80 名做深度知觉测验，结果数据如下：男童 45 名，深度知觉平均误差 5 cm，标准差 2 cm；女童 35 名，平均误差 6.5 cm，标准差 2.2 cm。请问男、女童深度知觉误差是否有明显差异？（$\alpha = 0.01$）

3. 10 名学生在一次冬训前后各进行了一次一分钟跑测验，测验成绩如表 10－6 所示，请在 $\alpha = 0.05$ 水平上检验一下冬训后成绩是否有明显进步。

表 10－6　10 名学生冬训前后测验成绩

学生	1	2	3	4	5	6	7	8	9	10
前测	275	300	240	230	181	259	228	244	250	184
后测	285	305	251	228	193	268	217	263	249	191

4. 随机选取 60 名女大学生和 110 名男大学生进行心理测验的项目分析。已知在最后一个测试项目上的态度反应是：在 110 名男生中作肯定回答的有 22 人，作否定回答的有 88 人；而在 60 名女生中作肯定回答的有 18 人，作否定回答的有 32 人。试问：男女大学生在这个项目上的态度之间是否存在显著性差异？确切地说，男女大学生在这个项目上作肯定回答的人数比例之间是否存在显著性差异？

附录一

"教育统计与测量评价"课程终结性模拟测验说明

说明一　本课程终结性正式测验的题目类型及权重

(一) 单项选择题(10 题),10 分。

(二) 阅读或者绘制统计图表(1 题),10 分。

(三) 名词解释(4 题),12 分。

(四) 问答题(3 题),18 分。

(五) 计算题(4 题),36 分。

(六) 假设检验题(1 题),14 分。

合计:100 分。

说明二　课程终结性测验各章内容比重

第一章,10%。

第二章,10%。

第三章,10%。

第四章,8%。

第五章,10%。

第六章,10%。

第七章,8%。

第八章,8%。

第九章,10%。

第十章,16%。

"教育统计与测量评价"模拟测验(一)

一、单项选择题(每题 1 分,共 10 分)

1. 某变量的观测值可以对它们进行加、减、乘、除四种运算,这一变量属于( )变量。

A. 称名   B. 顺序   C. 等距   D. 比率

2. 已知 $X_1 = 5$,$X_2 = 7$,$X_3 = 4$,$X_4 = 6$,$X_5 = 3$,则这批数据中的 $\sum_{i=2}^{4} X_i$ 的值为( )。

A. 21   B. 17   C. 19   D. 25

3. 某次考试之后对数据进行统计分析,求得第 90 百分位数是 78 分,这意味着考分低于 78 分的考生人数比例为( )。

A. 90%   B. 10%   C. 78%   D. 22%

4. 有一组数据是测量身高的,另一组数据是测量体重的。若要比较这两组数据各自的离散程度,则要用( )。

A. 平均差   B. 差异系数   C. 标准差   D. 方差

5. 积差相关系数方法的创立者是英国的( )。

A. 皮尔逊   B. 斯皮尔曼

C. 达尔文   D. 高尔顿

6. 教育测量专家格兰朗德认为,一个完整的评价计划,可用公式加以形象地表达,其公式是哪个?( )

A. 评价=测量+评定+价值判断

B. 评价=测量+定量描述+定性判断

C. 评价=测量+非测量+价值判断

D. 评价=测量+非测量+统计推断

7. 测量标准误与测验信度的关系可用公式( )表达。

A. $SE = S_x \sqrt{1 - r_{xx}}$ B. $SE = \sqrt{1 - r_{xx}}$

C. $SE = S_x^2 \sqrt{1 - r_{xx}}$ D. $SE = S_x \sqrt{1 - r_{xx}^2}$

8. 若根据题目答案的范围和评分误差的大小,可以把测验题目分成( )。

A. 选择题和填空题   B. 选择题和供答题

C. 客观题和主观题   D. 论文题和操作题

9. 在正态分布中,若 $P(|Z| \leq Z_0) = 0.95$,则 Z_0 的值为(   )。

A. 1.64   B. -1.64   C. 1.96   D. -1.96

10. 随机猜答一道"四选一"的选择题,猜对的概率为(   )。

A. 0.4   B. 0.25   C. 0.5   D. 0.1

二、绘制统计图(10 分)

某校初三年段 156 名学生语文统考成绩分布如附表 1 - 1 所示,请绘制它的次数分布直方图和多边图(可以绘在同一框架上)。

附表 1 - 1　156 名学生语文统考成绩分布

组别	组中值	次数 f
85~89	87	4
80~84	82	9
75~79	77	18
70~74	72	32
65~69	67	51
60~64	62	24
55~59	57	10
50~54	52	6
45~49	47	2
Σ		156

三、名词解释(每小题 3 分,共 12 分)

1. 教育测量

2. 潜力参照测量与评价

3. 测验的信度

4. 评价指标

四、问答题(每题 6 分,共 18 分)

1. 为什么说教育测量与评价是教师必备的知识技能修养?

2. 怎样制作命题双向细目表?

3. 国外课业考评改革主要有哪些趋势与经验?

五、计算题(每小题 9 分,共 36 分)

1. 已知 5 个数据如下,请确定这批数据的平均数 $\overline{X}$ 和标准差 S。

X_i：20，12，15，18，10

2. 已知两半测验分数 X_i 和 Y_i，求得 $\sum (X_i - \bar{X})(Y_i - \bar{Y}) = 62$，$\sum (X_i - \bar{X})^2 = 85$，$\sum (Y_i - \bar{Y})^2 = 66$，请首先确定两半测验之间的积差相关系数，而后再确定整个测验的信度系数。

3. 若某次考试成绩服从 $N(70, 12^2)$ 分布，今有甲、乙、丙三位考生卷面成绩分别为 58 分、82 分和 90 分，试回答下列问题：

（1）甲、乙、丙三人的标准分数各是多少？若按公式 $T = 500 + 100Z$ 进行放大，则他们的 T 分数各是多少？

（2）考试成绩在 58~82 分之间的考生人数比例是多少？

4. 为分析男女生在某一能力发展上的差异情况而进行抽样研究，已知 10 名男生和 10 名女生的有关数据分别为：$n_1 = 10$，$\bar{X}_1 = 59.7$，$S_1 = 10.7$；$n_2 = 10$，$\bar{X}_2 = 45.7$，$S_2 = 16.9$，请计算 t 检验的实得值。

六、假设检验（14 分）

对男女大学生进行"瑞文标准推理测验"，其抽样测试结果如附表 1 - 2 所示，试在 $\alpha = 0.05$ 显著水平上，检验男女生之间的推理能力是否存在显著差异。

附表 1 - 2　男女大学生"瑞文标准推理测验"结果

	n	$\bar{X}$	S
男生	100	55.4	12
女生	100	51.7	9

"教育统计与测量评价"模拟测验(二)

一、单项选择题(每题 1 分,共 10 分)

1. 在统计学中,平均数、中数等统计量指标,它们可以反映一批数据的( )。

A. 集中趋势   B. 离中趋势   C. 分布范围   D. 差异程度

2. 已知一批数据的平均数 $\bar{X} = 60$,若 $Y_i = 10X_i$,则数列 $\{Y_i\}$ 的平均数 $\bar{Y}$ 为( )。

A. 60   B. 600   C. 70   D. 500

3. 在教育测量中,评估选择题区分度时我们通常可用( )。

A. 等级相关   B. 列联系数

C. 肯德尔 W 系数   D. 点双列相关

4. 在正态分布中,已知概率 $P(0 < Z \leq 1.96) = 0.4750$,试问:概率 $P(|Z| < 1.96)$ 的值为( )。

A. 0.4750   B. 0.9750   C. 0.9500   D. 0.0250

5. 若双变量观测值 (X_1, Y_1), (X_2, Y_2), $\cdots (X_n, Y_n)$ 的散点图几乎形成一条直线,则这两个变量之间的相关系数为( )。

A. r 接近 1   B. r 接近 -1 C. $|r|$ 接近 1   D. $|r|$ 接近 0

6. 教育评价专家斯塔费尔比姆说过,评价最重要的意图是为了( )。

A. 评量   B. 评定   C. 证明   D. 改进

7. 测验的信度,反映测验分数的( )。

A. 高分与低分   B. 误差大小

C. 测验内容有效性   D. 试验的难易难度

8. 测验蓝图设计是关于( )。

A. 测验内容和试验题型的抽样方案

B. 测验内容和考查目标的抽样方案

C. 试验时间和测验题目的抽样方案

D. 测验时间和考查目标的抽样方案

9. Z 分数量表是( )。

A. 称名量表   B. 等距量表   C. 顺序量表   D. 比率量表

10. 某班 50 名学生中有 30 名女生,随机抽取一名学生恰好是男生的概率为(　　)。

A. $\dfrac{1}{20}$ B. $\dfrac{1}{30}$ C. $\dfrac{3}{5}$ D. $\dfrac{2}{5}$

二、绘制统计图(10 分)

80 名学生的一项推理能力测验分数如附表 1 - 3 所示,请绘制简单次数分布直方图与多边图。

附表 1 - 3　80 名学生的一项推理能力测验分数

组别	组中值	次数 f
60~64	62	2
55~59	57	3
50~54	52	6
45~49	47	9
40~44	42	25
35~39	37	16
30~34	32	11
25~29	27	6
20~24	22	2
Σ		80

三、名词解释(每小题 3 分,共 12 分)

1. 教育评价

2. 诊断性测量与评价

3. 测验的效度

4. 评价标准

四、问答题(每小题 6 分,共 18 分)

1. 教育测量与评价有哪些主要功能?

2. 客观题的主要优缺点是什么?

3. 课业考评的实质性内容机制的主要特点是什么?

五、计算题(每小题 9 分,共 36 分)

1. 已知 $X_1 = 10$, $X_2 = 15$, $X_3 = 20$, $X_4 = 16$, $X_5 = 25$,试求这批数据的平均数和标准差。

2. 某校语文考试其成绩服从正态分布，$\bar{X} = 75$ 分，标准差 $S = 8$ 分。甲、乙、丙三位考生的原始分数分别是 95 分、83 分和 63 分，请计算他们各自的标准分数 Z。

3. 采用"分半法"估计测验的信度时，首先要计算一批考生样本在两半测验 X 与 Y 之间的相关系数，然后利用斯皮尔曼-布朗校正公式求出整个测验的信度。今已知从 10 名考生的分半测验成绩中，得到 $\sum X_i^2 = 3258$，$\sum X_i = 174$，$\sum Y_i^2 = 3226$，$\sum Y_i = 172$，$\sum X_i Y_i = 3212$，试求：

（1）两半测验之间的相关系数。

（2）整个测验的信度系数。

4. 计算下列题目的难度值 P。

（1）假定 100 名考生在某 5 道"四选一"的客观选择题上的答对人数如附表 1-4 所示，请确定各题的难度值。

附表 1-4　100 名考生某客观选择题的答对人数

数目编号	01	02	03	04	05
答对人数	72	48	9	86	23
难度值 P					

（2）假定 100 名考生在另一道满分为 12 分的题目上的得分情况如附表 1-5 所示，请确定这道题目的难度值 P。

附表 1-5　100 名考生在一满分为 12 分的题目上的得分情况

得分点	6 分	7 分	8 分	9 分	10 分	11 分	12 分	$\sum$
考生人数	13	10	25	20	12	10	10	100 人

六、假设检验（14 分）

随机抽取 60 名学业一般的大学生和 80 名学业优秀的大学生，对他们进行心理健康水平测定，其结果表明：在前者中有 20 人具有较严重的心理问题，后者中有 16 人具有较严重的心理问题，请检验两比例系数差异是否显著。

"教育统计与测量评价"模拟测验(三)

一、单项选择题(每题 1 分,共 10 分)

1. 观测数据为 98,90,86,83,80,80,75,70,则这组数据的全距为(　　)。

A. 98 　　　　B. 18 　　　　C. 25 　　　　D. 28

2. 一批数据的离差之和为(　　)。

A. 难以确定　　B. 1　　　　C. 0　　　　D. 大于 0

3. 如果两个行为变量的观测值皆为顺序变量,则研究这两个变量之间的相关系数时,宜采用(　　)。

A. 等级相关系数 　　　　　　　　B. 积差相关系数

C. 点双列相关系数 　　　　　　　D. 双列相关系数

4. 在一批考试分数中,第 86 百分位数是 78 分,这意味着比 78 分低的考生人数占全部考生总数的(　　)。

A. 78% 　　　B. 86% 　　　C. 22% 　　　D. 20%

5. 一批数据,其离差平方和的平均数称为(　　)。

A. 平均差　　B. 标准差　　C. 方差　　　D. 变差

6. 按解释测量结果或评价结果的参照点分类,教育测量与评价可分成(　　)。

A. 常模参照、标准参照和潜力参照

B. 个人横向参照、个人纵向参照和个人潜力参照

C. 标准参照、内容参照和目标参照

D. 形成性参照、识别性参照和总结性参照

7. 重测信度的用途有时也用于评估所测特质的短期内的(　　)。

A. 有效性　　B. 稳定性　　C. 可测性　　D. 等值性

8. 每项评价指标在指标体系中所占的重要性程度,经量化后的值叫(　　)。

A. 权重　　　B. 加权　　　C. 标度　　　D. 强度

9. 在相同的条件下,其结果却不一定相同的现象,叫(　　)。

A. 模糊现象 　　　　　　　　　　B. 随机现象

C. 确定现象 　　　　　　　　　　D. 非随机现象

10. 已知 $P(0 < Z < 1.5) = 0.3749$,则 $P(|Z| > 1.5)$ 概率值为(　　)。

A. 0.1251　　　B. 0.3749　　　　　C. 0.2502　　　　　D. 0.6251

二、完成统计表(10分)

某系 100 名本科生的大学英语四级考试成绩如附表 1-6 所示,请计算相对次数、向上累积次数及向上累积相对次数。

附表 1-6　100 名本科生大学英语四级考试成绩统计表

组别	组中值	次数 f	相对次数 R_f	累积次数 cf	累积相对次数 crf
90~94	92	1			
85~89	87	2			
80~84	82	4			
75~79	77	8			
70~74	72	10			
65~69	67	28			
60~64	62	20			
55~59	57	17			
50~54	52	8			
45~49	47	2			
小计	/	100			

三、名词解释(每小题3分,共12分)

1. 散点图

2. 常模参照测量与评价

3. 题目的区分度

4. 教育评价表

四、问答题(每题6分,共18分)

1. 为什么说教育测量与评价在教育中有着重要作用?

2. 主观题的主要优缺点是什么?

3. 学校课业考评对学生发展起哪些作用?

五、计算题(每小题9分,共36分)

1. 已知 10 位评委对某一参赛选手的评分如下:8,6,9,7,8,9,5,7,6,5,求这组数

据的平均数 $\bar{X}$ 和标准差 S。

2. 请用标准分数 Z 来评价某生的三科成绩,有关数据如附表 1-7 所示:

附表 1-7 某生三科成绩

科目	考分 X	$\bar{X}$	S
语文	86	80	10
外语	90	85	12
数学	85	70	15

3. 为估计某一测验的分半信度,现从 40 名学生的测验数据中求得两半测验分数的 $\Sigma(X_i - \bar{X})(Y_i - \bar{Y}) = 62$,$\Sigma(X_i - \bar{X})^2 = 85$,$\Sigma(Y_i - \bar{Y})^2 = 66$,试求分半信度系数。

4. 用"两端组法"确定下列各题的区分度指数 D(保留两位小数),见附表 1-8。

附表 1-8 测验数据

题目		满分值	高分组(40 人)		低分组(40 人)		区分度指数 D	对 D 值的评价
			通过人数或平均得分	P_H	通过人数或平均得分	P_L		
选择题型	(1)	1	28		17			
	(2)	1	20		6			
	(3)	2	38		16			
	(4)	2	35		11			
	(5)	2	12		2			
问答题型	(6)	10	7.35		4.50			
	(7)	20	12.60		8.11			
	(8)	20	18.22		10.59			

六、假设检验(14 分)

从学前教育专业和学校教育专业的学生中各随机抽取一部分学生进行某项能力评估,其数据如下所示,试问:从该调查数据能否说明这两个专业的学生在这项能力上存在显著差异?(取显著性水平 $\alpha = 0.05$)

学前教育专业:$n_1 = 40$,$\bar{X}_1 = 78.5$,$S_1 = 13.6$;

学校教育专业:$n_2 = 40$,$\bar{X}_2 = 81.0$,$S_2 = 14.7$。

"教育统计与测量评价"模拟测验(四)

一、单项选择题(每题 1 分,共 10 分)

1. 集中量数反映一批数据的(   )。

A. 平均数   B. 差异程度   C. 集中趋势   D. 离中趋势

2. 如果某行为变量 X 和变量 Y 之间存在统计相关关系,则说明(   )。

A. X 是 Y 变化的原因   B. X 是 Y 变化的结果

C. X 和 Y 的变化互为因果   D. X 与 Y 的变化有某种关联

3. 在一批考试分数中,第 90 百分位数是 63 分,这意味着比 63 分低的考生人数占全部考生总数的(   )。

A. 63%   B. 90%   C. 10%   D. 37%

4. 之所以中学校长不能直接用高考各科原始分数来评价各科教师的教学质量,是因为(   )。

A. 考试信度不高   B. 原始分可比性差

C. 考试内容不同   D. 考试效果不好

5. 投掷 1 粒骰子,出现"5"点的概率是(   )。

A. $\dfrac{1}{6}$ B. $\dfrac{1}{4}$ C. $\dfrac{1}{5}$ D. $\dfrac{1}{2}$

6. 按测验材料来分,可把测验分成(   )。

A. 语文测验和数学测验   B. 语言测验和操作测验

C. 文字测验和非文字测验   D. 个别测验和团体测验

7. 复本信度和重测信度这两种方法的最大差别是(   )。

A. 不是同一批被试   B. 计算误差大小

C. 不是同一份测验   D. 计算方法

8. 标准正态分布的平均数和标准差分别是(   )。

A. 0 和 1   B. −3 和 +3   C. −1 和 1   D. −4 和 +4

9. 已知 $P(|Z| > 2.58) = 0.01$,则 $P(0 < Z < 2.58) = ($)。

A. 0.50   B. 0.495   C. 0.02   D. 0.45

10. 统计假设检验中,犯 I 型错误的概率为( )。

A. α　　　　　B. $1-\alpha$　　　　　C. β　　　　　D. $1-\beta$

二、阅读统计表(每小题 2 分,共 10 分)

某次英语水平考试分数统计如附表 1-9 所示,请完成下列各个问题:

附表 1-9　某次英语水平考试分数分布表

分数分组	次数	累积次数	累积相对次数
90~94	13	1900	100
85~89	27	1887	99.89
80~84	51	1860	97.89
75~79	70	1809	95.21
70~74	98	1739	91.53
65~69	134	1641	86.37
60~64	131	1507	79.32
55~59	125	1376	72.42
50~54	149	1251	65.84
45~49	136	1102	58.00
40~44	134	966	50.84
35~39	126	832	43.97
30~34	138	706	37.16
25~29	139	568	29.89
20~24	147	429	22.58
15~19	151	282	14.84
10~14	98	131	6.89
5~9	26	33	1.74
0~4	7	7	0.37

1. 考试成绩分组归类的组距 $i = ($　　$)$,考生总数 $N = ($　　$)$。

2. 位于 60~64 这组的次数 $f = ($　　$)$;次数最多的一组的实际组限是($　　$)$。

3. 在累积次数一栏中,数字"1376"的含义是($　　$)$。

4. 在所有考生中,考分低于 74.5 分的人数及其比例分别是($　　$)和($　　$)$。

5. 考试分数的相对地位,即百分等级,可从附表 9 中第($　　$)栏数据中得到初步判断。

三、名词解释(每小题 3 分,共 12 分)

1. 等距变量

2. 标准参照测量与评价

3. 内容效度

4. 评定量表

四、问答题(每小题 6 分,共 18 分)

1. 试述教育测量和教育评价之间的关系。

2. 怎样分析一份试卷的内容效度?

3. 当前学校的学生课业考评存在哪些主要问题?

五、计算题(每小题 9 分,共 36 分)

1. 已知 10 位评委对 1 号歌手的评分结果如下:9, 8, 6, 7, 9, 8, 8, 7, 9, 8,试求这 10 位评委评分结果的平均数 $\bar{X}$ 和标准差 S。

2. 已知某次语文考试成绩服从正态分布,平均数为 70 分,标准差为 12 分。若甲、乙两名考生的卷面成绩分别为 58 分和 82 分,试确定他们的标准分数 Z。此外,大约有多少比例的学生其成绩在 58~82 分之间?

3. 用等级相关法确定两列数据之间的相关系数 $\left[r_R = 1 - \dfrac{6\sum D^2}{n(n-1)(n+1)} \right]$,见附表 1-10。

附表 1-10　两列数据

X_i	Y_i	X_i	Y_i
41	75	39	67
35	57	34	61
42	73	36	65
40	65	36	67

4. 采用两端组法确定考试题目的区分度,假定 52 名学生参加考试,其中 14 名(占总人数 52 名的 27%)高分组学生和 14 名(占总人数 52 名的 27%)低分组学生在最后一道论述题(满分值 $W = 10$ 分)上的得分如附表 1-11 所示,试计算该题目的区分度。(区分度 $D = P_H - P_L$)

附表 1－11　两组学生得分

高分组(14人)	10	7	9	9	8	9	6	10	8	8	8	9	10	8
低分组(14人)	4	6	2	3	5	1	0	4	3	2	0	7	6	3

六、假设检验(14分)

今随机抽取 20 名高中男生和 30 名高中女生,分别对他们进行数学推理能力测验,所得结果见附表 1－12,试问:男、女生之间在数学推理能力方面是否存在显著差异?（显著水平 $\alpha = 0.05$ ）

附表 1－12　随机抽取学生进行数学推理能力测验的结果

	人数	平均分数	标准差
男生	20	70.5	10
女生	30	66.5	8

"教育统计与测量评价"模拟测验(五)

一、单项选择题(每题 1 分,共 10 分)

1. 用来描述性别的数据常常用"1"代表男性,用"0"代表女性,那么这种性别数据属于( )变量。

A. 称名   B. 顺序   C. 等距   D. 比率

2. 一组数据中 $\sum_{i=1}^{n}(X_i - \bar{X})$ 的值为( )。

A. -1   B. 0   C. 1   D. 不确定

3. 某次考试之后对数据进行统计分析,求得第 64 百分位数是 46 分,这意味着考分高于 46 分的考生人数比例为( )。

A. 36%   B. 46%   C. 54%   D. 64%

4. 两列数据一列为等距变量,另一列为顺序变量,若计算其相关系数,用( )相关。

A. 积差   B. 等级   C. 点双列   D. 双列

5. 下列哪种信度异质性测验可用?( )

A. 复本信度   B. 分半信度

C. 库德—理查逊信度   D. 克龙巴赫 α 系数

6. 下面哪个领域不属于布鲁姆目标分类学的内容领域?( )

A. 知识   B. 课程   C. 情感   D. 动作技能

7. 按教学运用的时机分类,教育测量与评价可分成( )。

A. 常模参照、标准参照和潜力参照测量与评价

B. 个人横向参照、个人纵向参照和个人潜力参照测量与评价

C. 标准参照、内容参照和目标参照测量与评价

D. 形成性、诊断性和总结性测量与评价

8. 如果需要寻找一个测验外在的、客观的标准来判断该测验的有效性,这种效度是( )。

A. 内容效度   B. 结构效度

C. 效标关联效度   D. 表面效度

9. 在正态分布中,若 $P(-1 \leq Z \leq Z_0) = 0.81634$,则 Z_0 的值为( )。

A. 1   B. 1.64   C. 1.96   D. 2

10. 同时投两个骰子,出现点数之和为 12 点的概率为(　　　)。

A. 1/36　　　　　　B. 1/18　　　　　　C. 1/12　　　　　　D. 1/6

二、绘制统计图(10分)

某班 40 名学生某门课成绩分布如附表 1 – 13 所示,请绘制它的次数分布直方图和多边图(可以绘在同一框架上)。

附表 1 – 13　某班 40 名学生某门课成绩分布

组别	组中值	次数 f
95~99	97	2
90~94	92	6
85~89	87	4
80~84	82	9
75~79	77	4
70~74	72	5
65~69	67	4
60~64	62	2
55~59	57	4
Σ		40

三、名词解释(每小题3分,共12分)

1. 形成性测量与评价

2. 小概率事件

3. 课业考评

4. 指标权重

四、问答题(每题6分,共18分)

1. 根据数据所反映的变量的性质,可把数据分为哪几种? 请举例说明其区别。

2. 简述制定教育评价表的主要步骤。

3. 评价学生课业进步有哪些主要方法?

五、计算题(每小题9分,共36分)

1. 已知六个数据如下:X_i:6,5,7,4,6,8,请确定这批数据的平均数 $\overline{X}$ 和标准差 S。

2. 假定数学成绩服从正态分布,某班学生数学平均分为 90,标准差为 8;语文平均分为

80,标准差为 10;外语平均分为 78,标准差为 14。有一学生数学、语文和外语分别考了 82 分、80 分和 85 分,问:

(1)该同学哪科成绩最好?

(2)该同学各科成绩分别在班级中的位置?(即百分等级)

3. 教育测量学中试题的区分度以题目得分与试卷总分的相关系数表示,附表 1-14 是一次测验的有关数据。已知第一题为选择题,试求其区分度。

附表 1-14 10 名学生在某一选择题得分及试卷总分

考生	A	B	C	D	E	F	G	H	I	J
第一题	1	1	1	1	0	0	1	0	0	1
被试得分	75	57	73	65	67	56	63	61	65	67

4. 某次考试高一的 5 名学生完成时间分别为 170、120、110、160、130 分钟,高三的 5 名学生完成时间分别为 50、70、90、55、45 分钟,问高一和高三哪一组离散程度大?

六、假设检验(14 分)

八人射击小组经过三天的集中训练,训练前后测验分数如附表 1-15 所示,问这三天集中训练是否有显著效果?($\alpha = 0.05$)

附表 1-15 8 人射击小组训练前后测验分数

被试编号	1	2	3	4	5	6	7	8
训练前	16	14	18	20	15	14	17	21
训练后	20	14	16	21	19	15	15	19

"教育统计与测量评价"模拟测验(六)

一、单项选择题(每题 1 分,共 10 分)

1. 考试成绩通常被认为是(　　)变量。

    A. 称名　　　　　B. 顺序　　　　　C. 等距　　　　　D. 比率

2. 下列能反映数据离散性的是(　　)。

    A. 中数　　　　　　　　　　　B. 众数

    C. 几何平均数　　　　　　　　D. 差异系数

3. 某次考试之后对数据进行统计分析,求得第 35 百分位数是 55 分,这意味着考分高于 55 分的考生人数比例为(　　)。

    A. 35%　　　　B. 45%　　　　C. 55%　　　　D. 65%

4. 已知两列数据都是等比数据且呈正态分布,若计算其相关系数,用(　　)相关。

    A. 积差　　　　B. 等级　　　　C. 点双列　　　　D. 双列

5. 只适合在题目全部为二分记分题的测验中使用的是下列哪种信度?(　　)

    A. 百分比一致性指标　　　　　B. 分半信度

    C. 库德—理查逊信度　　　　　D. 克龙巴赫 α 系数

6. 在评价标准的几个构成要素中,没有独立意义、只能表示一种分类的要素是(　　)。

    A. 强度　　　　B. 标号　　　　C. 频率　　　　D. 标度

7. 按测量的内容分类,教育测量与评价可分成(　　)。

    A. 常模参照、标准参照和潜力参照测量与评价

    B. 个人横向参照、个人纵向参照和个人潜力参照测量与评价

    C. 标准参照、内容参照和目标参照测量与评价

    D. 智力、能力、成就和人格测量与评价

8. 反映测验题目样本多大程度上代表应测内容与行为领域的效度是指(　　)。

    A. 内容效度　　　　　　　　　B. 结构效度

    C. 效标关联效度　　　　　　　D. 表面效度

9. 在正态分布中,若 $P(-1.96 \leq Z \leq Z_0) = 0.13366$,则 Z_0 的值为(　　)。

    A. -1.64　　　　B. -1　　　　C. -0.65　　　　D. -0.21

10. 同时投两个骰子,出现点数之和为 11 点的概率为(   )。

A. 1/36   B. 1/18   C. 1/12   D. 1/6

二、绘制统计图(10 分)

某班 40 名学生某课程成绩如附表 1－16 所示,请编制成绩的简单次数分布表,并写出主要步骤。

附表 1－16 某班 40 名学生某课程成绩

98	97	93	92	91	90	90	90	89	89	86	86
84	84	84	83	82	81	81	80	80	79	78	78
75	74	72	72	71	70	69	69	68	67	62	60
59	58	57	56								

三、名词解释(每小题 3 分,共 12 分)

1. 总结性测量与评价

2. 显著性水平

3. 效标关联效度

4. 表现性测验

四、问答题(每小题 6 分,共 18 分)

1. 请就你熟悉的一门课程谈一下如何设计测验蓝图。

2. 请举例谈一下如何用关键特征法确定评价指标的权重。

3. 请用学过的测量与评价的理论谈一谈可以从哪些角度对学生进行课业考评。

五、计算题(每小题 9 分,共 36 分)

1. 已知五位评委给一名选手的评分分别为 97、80、92、95、86,试求这批数据的平均数 $\bar{X}$ 和标准差 S。

2. 某校参加英语考试满分为 100 分的学生共 1000 人,其成绩服从正态分布,$\bar{X} = 80$ 分,标准差 $S = 10$ 分,请问 90 分以上有多少人? 80~90 分之间有多少人? 不及格的有多少人?

3. 某校请专家对某个年级的 8 位物理教师的课堂教学效果排序,又对这 8 位教师所任课的班级统一测试取平均分,分数如附表 1－17 所示,问课堂教学效果与学生的测试成绩是否存在相关?

附表 1－17　8 位物理教师课堂教学效果与学生的测试成绩

	物理教师编号							
	1	2	3	4	5	6	7	8
专家排名	4	2	8	7	6	3	1	5
班级平均分	72	54	80	70	63	60	51	69

4. 某次考试 12 人的一个问答题得分(满分为 15 分)与总分成绩如附表 1－18 所示,请用高低分组法计算该题目的区分度和难度。

附表 1－18　12 人的一个问答题得分与总分成绩

	被　　试											
	1	2	3	4	5	6	7	8	9	10	11	12
问答题得分	8	6	5	11	9	7	4	7	10	14	12	4
总　　分	72	54	68	92	83	79	51	73	85	90	88	69

六、假设检验(14 分)

有一项关于某能力的研究,将被试随机分成实验组和控制组,其中实验组 52 人,实验结果平均值为 80,标准差为 18;控制组 60 人,实验结果平均值为 73,标准差为 15,请问两组的平均值之间是否有显著差异?($\alpha = 0.05$)

附录二

各章练习与思考题解题提示及参考答案

第一章

三、1. 提示:以教材第一章表 1-4 中的次数分布数据,在同一坐标框架上画出相对次数直方图与多边图。纵轴为相对次数的量尺,横轴为测验分数的量尺。请先画直方图,再画多边图。作图方法类似教材中的例题。

2. (1) 1900 人。(2) 19 组。(3) 131 以及 59.5~64.5。(4) 14.5~19.5 以及 14.5~69.5 之间。(5) 1739 人以及 91.53%。(6) 位于 69.5~74.5 这一组。

第二章

二、1. 方差 112.40 和标准差 10.60。

2. 平均数 70,方差 200,标准差 14.14。

3. 91.94 分。

4. 请用差异系数 CV 加以比较,A 地区的 $CV = 37.37\%$,大学生的 $CV = 18.75\%$,故 A 地区自学考生的成绩差异程度较大。

5. 从平均数与标准差的定义出发,可以推导出: $\overline{Y} = 600$, $S_Y = 120$。(本题也可以直接依据平均数和标准差的性质加以推论,有关这方面的内容,可以参考其他书籍)

6. 本题解答方法同上题类似。可以推导证明得到 $\overline{T} = 100$, $S_T = 15$。

第三章

二、1. (1) 甲乙丙丁 4 人的原始总分依次是 252, 255, 242 和 270。

(2) 语文标准分数分别是 0.4375, 1.5625, -0.6875 和 -0.1875。

(3) 数学标准分数依次是:0.1923, -0.7308, -0.2692 和 1.0385。

(4) 英语标准分数依次是:0.2778, 0.9444, 0.8333 和 1.6111。

(5) 4 人的标准分数总分依次是:0.9076, 1.7761, -0.1234 和 2.4621。

2. 通过标准分数 Z 来比较。某 12 岁女少年身高 Z 分数为 0.672,体重 Z 分数为 1.128;

而某 8 岁女童的身高 Z 分数为 0.87。可见,12 岁女少年体重发育比其身高发育更快。同时,12 岁女少年体重发育也比 8 岁女童身高发育情况更好。

3. 利用 Z 分数研究问题。某人在 4 个分测验上的标准分数 Z 分别是 1.25,1.6,0.91 和 3;其 Z 分数总分为 6.76;其 Z 分数的平均分数为 1.69。

第四章

二、1. 积差相关系数为 0.90。

2. 提示:利用公式(4-2)求解,设计表格,分步进行。关键在于掌握方法与步骤。

3. 提示:针对顺序变量数据,直接计算等级相关。

4. 提示:直接计算点双列相关,也可利用皮尔逊积差相关方法来求解,这两者的计算结果从理论上讲应当是一致的。

5. 提示:针对评估得到的分数,最好采用等级相关分析方法。为此,请首先把评估分数加以排序,然后计算等级相关。

第五章

三、提示:1. 系统认识教育测量与评价的类型和功能。

2. 联系实际,对现在学校中的考试制度进行反思。

3. 指出现在学校中考试发挥了哪些功能。

第六章

二、1. 提示:利用皮尔逊积差相关分析方法,求相关系数作为重测信度值,即稳定性信度。

2. 提示:本题解答与分析方法同上。

3. 提示:利用克龙巴赫 α 信度系数计算方法逐步进行。

4. 提示:先计算两半测验的相关系数,再利用斯皮尔曼—布朗的公式加以校正,求出整个测验的信度系数。

5. 提示:本题实际上是求库德—理查逊信度。

6. 提示:(1) 先计算测量的标准误 $SE = S\sqrt{1-r}$。

(2) 利用 $X \pm SE$ 公式,确定各人的真实分数区间。

7. 提示:本题求解评分者信度。由于评分者只有 2 人,故可直接计算相关系数。由于题中是顺序变量的数据,故用等级相关分析方法。

8. 提示：(1) 求各个被试的总分。

(2) 按总分高低排序。

(3) 选择高低分组人选(各按 27% 划取)。

(4) 求各个题目的难度值 P_H 和 P_L。

(5) 计算各个题目的难度 $P = (P_H + P_L)/2$。

(6) 计算各个题目的区分度 $D = P_H - P_L$。

第七章

三、1. 提示：本题是提高性的内容要求，若要较全面地了解布鲁姆等人关于教育目标分类的基本内容，请阅读其他书籍，如《教育评价》(邱渊、王钢等译,华东师范大学出版社,1988年版)以及关于布鲁姆等人教育目标分类的专题译著。

2. 提示：选择一门较熟悉的课程(中学或小学皆可)，设计一份终结性测验(期末考试)的命题双向细目表,亲身体验设计测验蓝图的主要步骤与方法。

第八章

三、1. 提示：从制定教育评价表的意义出发，联系你所在学校的实际，谈谈教育评价表的积极作用。

2. 提示：结合学校实际特点，按照制定教育评价表的若干步骤，尝试编制"××学校教师课堂教学质量评价表"。

第九章

三、1. 提示：从你所学或所教课程的特点出发，结合表现性测验评价各种方法的要领，进行设计和推广应用。

2. 提示：根据档案袋评价的特点与本质，抓住"历程"、"成长"和"反思"等特质，设计档案袋评价结构模式，创造性地运用于中小学骨干教师专业成长的培养过程，创造性地运用于研究生教育培养的发展历程。

第十章

三、1. (1) 为 0.4452。(2) 为 0.8904。(3) 为 0.0548。(4) 为 0.9452。(5) 为 0.7631。

2. (1) $Z_0 = 1.1$。(2) $Z_0 = 0.74$。(3) $Z_0 = 0.85$。(4) $Z_0 = 1.0$。(5) $Z_0 = 0.65$。

3. (1) 3.169。(2) 2.021。(3) 12.706。(4) 6.859。(5) 2.074。

4.（1）不显著。（2）显著。（3）不显著。（4）不显著。（5）显著。（6）显著。（7）很显著。

四、1. 该题属于两独立正整总体、方差相等且未知的情形,采用 t 检验。实际 t 值为 0.7645;在显著性水平 $\alpha = 0.05$ 以及自由度 $df = 26$ 时,t 分布临界值为 2.056。故本题的统计决策为"无显著差异"。

2. 该题属于两独立总体且大样本的情况,采用 Z 检验。实得 Z 值为 -3.147;统计决策为"差异显著"。

3. 该题属于相关总体的情形,采用相关情形下的 t 检验。实得 t 值为 -2.1805,双侧检验时统计决策为"进步不明显";而单侧检验时,统计决策为"进步明显"。（注意:双侧检验和单侧检验的临界值不一样。请同学们先掌握双侧检验的方法,以后再自学单侧检验的方法。）

4. 本题属于两独立比例系数差异显著性检验,采用 Z 检验。实得 Z 值为 1.48;统计决策为"差异不显著"。

"教育统计与测量评价"模拟测验参考答案

模拟测验(一)

一、10 个题目的正确选项依次是:D, B, A, B, A, C, A, C, C, B。

二、1. 坐标框架正确(2 分)。2. 直方图正确(3 分)。3. 多边图正确(3 分)。(两端闭合)4. 图形完整又美观,图题正确(2 分)。

三、1. 教育测量就是针对学校教育影响下学生各方面的发展,侧重从量的规定性上予以确定和描述的过程。

2. 潜力参照测量与评价,是将被试实际水平与其自身潜在水平(潜力)相比较,以评价其有无充分发挥自身潜力为目的的测量与评价。

3. 测验的信度,简单地说就是测验结果的可信程度,也可以说是两次测验结果之间的一致性程度。

4. 评价指标就是根据评价的目标,由评价指标设计者分解出来的,能够反映评价对象某方面本质特征的具体化、行为化的主要因素,它是对评价对象进行价值判断的依据。

四、1. 答案要点:

(1)正确评价学生的发展是教师的一种职业能力。

(2)教师在教书育人中需要作出一系列决策和判断,需要采用教育测量与评价的多种方法,以弥补非正式观察和书面考试之不足。

(3)教育测量与评价的指导思想是为了创造适合学生发展的教育环境,评价可以促进教与学的发展。

(4)实践证明,评价是所有成功教学的基础。

(5)国外的教师教育普遍学习教育测量与评价类的课程。

2. 答案要点:

(1)确定测验内容要目。

(2)界定考查目标层次(即学习水平层次)。

(3)确定各内容要目的权重。

(4)把每一内容要目的权重,分配到若干必要的目标层次上去,形成双向网络结构。

3. (答案要点)主要有四个趋势:

趋势与经验之一:减少考试次数,强化课程作业,把经常性的形成性评价同若干关键年龄段所举行的校外统一考试相结合,以便在较宽松、自主的教育环境下全面落实教育目标。

趋势与经验之二:无论是考试制度向来比较严格的国家,还是考试制度一贯比较宽松的国家,在中小学教育过程中,对于考试这根"弦"的拨弄,基本上呈现出小学阶段较宽松、初中阶段次之、高中阶段相对绷紧的趋势。

趋势与经验之三:课业考评方法多元化,教学与评价整合化,尤其是表现性测验和实验技能教学考试受到高度重视与广泛采用。

趋势与经验之四:学习成绩和学生素质发展评价大量使用观察表现的等级评定量表,学生参与评价,记录成就与成长的多功能的学习成绩报告单得到普遍重视。

五、1. $\overline{X} = 15$, $S = 3.6878$(平均数计算正确得 3 分,标准差计算正确得 6 分)。

2. 两半测验相关系数 $r_{hh} = 0.8278$ (5 分),

测验信度 $r_{xx} = 0.9058$ (4 分)。

3. (1) 甲的 $Z = -1$, $T = 400$ (2 分),

乙的 $Z = 1$, $T = 600$ (2 分),

丙的 $Z = 1.667$, $T = 667$ (2 分)。

(2) 考生人数比例约为 68.27% (3 分)。

4. $t = 2.1$ (正确得 9 分,否则酌情扣分)。

六、(1) 建立假设 (2 分)。

(2) 正确选用统计量 (3 分)。

(3) 计算实得统计量观测值 (3 分)。

(4) 选取临界值 (2 分)。

(5) 做出结论 (4 分)。

本题采用 Z 检验,实得 Z 值为 2.47;差异显著。

模拟测验(二)

一、10 个单选题的正确选项依次是:A, B, D, C, C, D, B, B, B, D。

二、1. 坐标框架正确 (2 分)。2. 直方图正确 (3 分)。3. 多边图正确 (3 分)。4. 图形完整又美观,图题正确 (2 分)。

三、1. 所谓教育评价,是指按照一定的价值标准和教育目标,利用测量和非测量的种种方法系统地收集资料信息,对学生的发展变化及其影响学生发展变化的各种要素进行价值分析和价值判断,并为教育决策提供依据的过程。

2. 诊断性测量与评价是对经常表现出学习困难的学生所做的测量与评价,它的目的是对个人的问题行为及其原因进行诊断。

3. 测验的效度是指测验能测出其所欲测特质的程度。测验的效度总是相对于某种测量目标而言的。

4. 评价标准是衡量评价对象达到评价指标要求的尺度,它由强度和频率、标号、标度这三个要素构成。

四、1. 要点:

(1)教育判断的功能,它包括五个方面。

(2)改进教师教学的功能,它包括四个方面。

(3)促进学生学习的功能,它包括两个方面。

(4)行使教育管理的功能,它包括三个方面。

2. 优点:

(1)评分客观,答案客观。

(2)测量效率高,信息量大,覆盖面广。

(3)测量的信度高,评分误差小。

(4)适用测量明确的知识点。

缺点:

(1)难以测量高层次的心智技能。

(2)不易测量文字表达能力和创新思维能力。

3. 实质性课业考评内容机制,它具有以下几点鲜明的特点:

(1)强调教育目标的整体性与广泛性。

(2)重视对课程学习目标的确定与落实,在给学生评级或评分的同时,更提倡使用言简意赅的词语对学生的学习情况进行描述性评价,必要时,还要及时向学生提出改进学习的指导与建议。

(3)实质性课业考评强化教育性功能,淡化区分与选拔功能,减小课业考评给学生带来的心理压力。

(4)实质性课业考评机制重视用多元方法对学生的课业发展进行评估,重视过程评价和结果评价相结合,尤其重视对学生在高级心智能力以及复杂而重要的技能技巧方面的评价。

(5)实质性课业考评机制强调学生个性发展与教育共性要求的统一。

五、1. 平均数 $\bar{X} = 17.2$ （3分），标准差 $S = 5.036$ （6分）。

2. 甲的 $Z = 2.5$ （3分），乙的 $Z = 1.0$ （3分），丙的 $Z = -1.5$ （3分）。

3. （1）先求两半测验之间的相关系数 $r_{hh} = 0.88$ （5分）。

（2）再求整个测验的信度系数 $r_{xx} = 0.94$ （4分）。

4. （1）$P_1 = 0.72$，$P_2 = 0.48$，$P_3 = 0.09$，$P_4 = 0.86$，$P_5 = 0.23$ （5分）。

（2）$P = 0.7317$ （4分）。

六、（1）建立假设 （2分）。

（2）选择统计量及临界值 （3分）。

（3）计算实得统计量值 （5分）。

$$P_1 = \frac{1}{3},\ P_2 = \frac{1}{5},\ \hat{p} = 0.2571,\ \hat{q} = 0.7429,\ Z = 1.79$$

（4）统计决策（4分）。本题统计结论为"没有显著差异"。

模拟测验（三）

一、10个单项选择题的正确选项依次：D，C，A，B，C，A，B，A，B，C。

二、（1）计算相对次数 （3分）。（2）计算累积次数 （3分）。（3）计算累积相对次数（4分）。

三、1. 散点图是用平面直角坐标系上点的散布图形来表示两种事物之间的相关性及联系模式的一种图示方法。

2. 常模参照测量与评价是将被试水平与测验常模相比较，以评价被试在团体中的相对地位的一种测量与评价类型。

3. 题目的区分度指的是题目区分被试能力水平高低的有效程度。

4. 教育评价表是根据教育教学的特性而编制的，由评价指标、指标权重和评价标准等构成，它是进行教育测量与评价的工具。

四、1. 要点：

（1）教育测量与评价在教育系统中对实现教育目标起重要作用。

（2）教育测量与评价是课程改革的重要组成部分。

（3）教育改革常常以教育测量与评价的改革或反思为突破口。

2. 要点：

优点：

(1) 适合考查高层次、复杂的心智技能。

(2) 答案不唯一,可以自由反应,便于考查综合与创新能力。

(3) 答案由考生提供,便于考查文字表达能力。

(4) 命题相对容易。

缺点:

(1) 评分误差大。

(2) 在通常的学业测验中,题量受到限制。

(3) 考生答题较累。

3. 要点:

首先,合理的课业考评制度为学生发展提供较明确的目标和努力的方向。

其次,合理的课业考评制度将有助于评价学生的发展进步,从而对教与学双方活动起着重要的控制、调节和促进等作用。

再次,课业考评为学生心理发展和学习进步创造必要的背景和空间,激发学生的学习动机和自主发展的动力。

最后,课业考评在中小学生个体社会化进程中起着控制、调节、促进和加速的作用。

五、1. 平均数 $\bar{X} = 7$ (3分),标准差 $S = 1.4142$ (6分)。

2. 语文 $Z = 0.6$,外语 $Z = 0.4167$,数学 $Z = 1$ (6分)。

因此,数学优于语文,语文优于外语 (3分)。

3. (1) 两半测验相关系数 $r_{hh} = 0.8278$ (5分)。

(2) 整个测验信度 $r_{xx} = 0.9058$ (4分)。

4. 计算结果如下:

题目	P_H	P_L	D	区分度评价
(1)	0.700	0.425	0.275	较弱,可修改
(2)	0.500	0.150	0.350	可接受
(3)	0.950	0.400	0.550	优秀
(4)	0.875	0.275	0.600	优秀
(5)	0.300	0.050	0.250	较弱,可修改
(6)	0.735	0.450	0.285	较弱,可修改
(7)	0.630	0.406	0.224	较弱,可修改
(8)	0.911	0.530	0.381	可接受

(P_H 得2分;P_L 得2分;D 得3分;评价得2分)

六、本题为独立大样本下的 Z 检验,实验 Z 值为 -0.8712;统计检验结论为"没有显著差异"。

评分标准:建立假设 (2分);选取统计量 (3分);计算正确 (3分);选取临界值 (2分);统计决策 (4分)。

模拟测验(四)

一、10个单选题的正确选项依次是:C,D,B,B,A,C,C,A,B,A。

二、(1) 组距是5;考生总数1900人 (2分)。

(2) 次数是131;实际组限是(14.5,19.5) (2分)。

(3) 低于59.5分的考生人数总共(累积)有1376人 (2分)。

(4) 1739人和91.53% (2分)。

(5) 第4栏 (2分)。

三、1. 等距变量除了能表明量的大小外,还具有相等的单位,而且其零点是相对的。如温度量表是等距量表。

2. 标准参照测量与评价是将被试的表现与既定的教育目标或行为标准相比较,以评价被试在多大程度上达到该标准。由于这种测量与评价常常和教育目标连在一起,故也称目标参照测量与评价。

3. 内容效度指的是测验题目样本对于应测内容与行为领域的代表程度。在学校课程考试中,它是指考试题目反映一门课程的教学内容和教学要求的程度。

4. 评定量表是用来量化观察中所得印象的一种测量与评价的工具。评定量表有数字评定量表、图示评定量表、图示描述评定量表、脸谱评定量表等多种形式。

四、1. 要点:

(1) 教育测量与教育评价之间有联系有区别。

(2) 教育测量侧重从量的规定性方面去把握事物。

(3) 教育评价关注价值判断,包括优缺点分析。

(4) 教育测量通常是教育评价的基础。

(5) 教育评价通常是教育测量的延续及功能释放。

(6) 有些情况下,教育测量本身就是系统的教育评价过程。

2. 要点:

(1) 由专家审视一份试卷的题目。

(2) 对实际试卷中的题目按考试内容和考查能力层次进行双向分类。

(3) 形成一张"试卷双向分类表"。

(4) 由专家组对考试内容效度的满意程度做出判断与描述。

(5) 必要时,可召开考生和命题教师座谈会。

3. 要点:

其一:课业考评指导思想与学校教育理念、目标不相适应,在考试设计及考试结果的使用过程中过分强调区分和选拔功能。

其二:课业考评方法单一,把考试的教育功能简单化,考试的评定功能绝对化。

其三:课业考评抽象化和表征化。

五、1. 平均数 $\bar{X} = 7.9$ (3分),标准差 $S = 0.9434$ (6分)。

2. 甲的 Z 分数是-1,乙的 Z 分数是1,约有68.26%的学生其成绩在58~82分之间。

评分标准:上述三个层次的答案,每个层次各3分。

3. 计算等级相关,按步给分:

(1) 排名次正确者 (2分)。

(2) 计算等级差数 D (1分)。

(3) 计算等级差数平方 D^2 (2分)。

(4) 计算等级相关系数 (4分)。

(本题 $\sum D^2 = 14.5$, $r_R = 0.8273$)

4. (1) 计算 $P_H = 0.85$, $P_L = 0.3286$ (6分)。

(2) 计算区分度 $D = P_H - P_L = 0.5214$ (3分)。

六、本题采用独立小样本下的 t 检验;实际 t 值为 1.5333;统计检验结果为"没有显著差异"。

评分标准:建立假设 (2分)。选择 t 检验统计量 (3分)。计算实得 t 值 (3分)。根据自由度和显著性水平查 t 分布临界值表 (2分)。统计结论 (4分)。

模拟测验(五)

一、10 个单选题的正确选项依次是:A, B, A, B, A, B, D, C, C, A。

二、1. 坐框标架 (2分)。2. 直方图正确 (3分)。3. 多边图正确 (3分)。4. 图题、图形完整又美观者 (2分)。

三、1. 形成性测量与评价是在教学过程中经常实施的,在性质上大致相当于现在的中小学单元测验。形成性测量与评价的目的,对教师而言是借此获得教学过程中连续性的反馈,了解学生的学习效果、学习历程、学习特点、学习困难等信息,作为随时修正自己教学的参考。

2. 人们把发生概率很小的事件,如概率小于 0.05,或者概率小于 0.01,称为小概率事件。

3. 所谓课业考评,是指对学生的课程学业所取得的发展进步进行考核评价。

4. 所谓指标权重,就是表示每项评价指标在指标体系中所占的重要性程度,并赋予相应的值,这个数值就叫做对应指标的权数,或叫权重。

四、1. 要点:

(1)称名、顺序、等距、等比四种。

(2)分别举例。

(3)比较其不同。

2. 要点:

(1)确定教育评价的对象和目标。

(2)初拟评价指标。

(3)筛选评价指标。

(4)确定评价指标权重。

(5)设计教育评价标准。

3. 要点:

客观题评价法与主观题评价法,表现性测验评价法,评定量表评价法,同伴评定和轶事记录评价法,档案袋评价法,动态评价法。

五、1. 平均数 $\bar{X} = 6$ (3分),标准差 $S = 1.29$ (6分)。

2. 数学 $Z = -1$ (1分),语文 $Z = 0$ (1分),外语 $Z = 0.5$ (1分)。

数学 $P = 0.15866$,比其低人数所占比例为 15.866% (2分)。

语文 $P = 0.5$,比其低人数所占比例为 50% (2分)。

外语 $P = 0.69146$,比其低人数所占比例为 69.146% (2分)。

3. (1)选点双列公式,总分标准差 $S = 5.8$ (4分)。

(2)相关系数 0.37 (5分)。

4. (1)高一学生 $S = 23.15$ (2分),高三学生 $S = 16.31$ (2分)。

(2)高一学生 $CV = 16.78\%$ (2分),高三学生 $CV = 26.31\%$ (2分)。

(3) 高三学生离散度大 （1分）。

六、本题采用两相关样本下的 t 检验；实际 t 值为 0.56；统计检验结果为"没有显著差异"。评分标准:建立假设 （2分）;选择检验统计量 t （3分）;计算实得 t 值 （3分）;根据自由度和显著性水平查 t 分布临界值表 （2分）;统计结论 （4分）。

模拟测验(六)

一、10 个单选题的正确选项依次是:C, D, D, A, C, B, D, A, B, B。

二、1. 求全距 （1分）。2. 定组数 （1分）。3. 定组距 （1分）。4. 写出组限 (2分)。5. 求组中值 （1分）。6. 归类划记 （1分）。7. 登记次数 （1分）。8. 标题写好,表格美观 （2分）。

三、1. 总结性测量与评价用于教学结束后,在性质上相当于现在中小学所举行的期末考试。其目的有两个:其一是在教学目标之下,检查学生一学期来的学业达到了什么程度,从而判断教学效果的得失。其二是根据总结性测量与评价的结果,评定学生的学业成就,并将评定结果通知学生家长。

2. 显著性水平是统计假设检验中公认的小概率事件的概率值,记为 α。

3. 效标关联效度是指一个测验对于处于特定情境中的个体行为进行预测时的有效性。而要判断这种预测的有效性,需要用一个测验外的、客观的标准。

4. 表现性测验是指客观测验以外的一类以行动、作品、表演、展示、操作、写作、制作档案资料等更真实的表现来展示学生口头表达力、文字表达力、思维思考力、随机应变力、想象力、创造力、实践能力及学习成果与过程的测验。

四、1. 要点:

(1) 确定测验内容要目。

(2) 确定该科目应考查的目标层次,并把这些目标层次从低级到高级依次排列。

(3) 确定各项测验内容要目下的权重。

(4) 把每一项考试内容的分数比重逐一分配到若干必要的测验目标层次。

2. 要点:

(1) 提出备择指标。

(2) 请被调查者从备择指标中找出一定数量的关键指标。

(3) 计算人数和百分比。

(4) 按一定的规则选取指标。

（5）计算各指标的权重系数。

3. 要点：

个人发展参照；教育目标参照；教育常模参照。

五、1. 平均数 $\bar{X} = 90$ （3分），标准差 $S = 6.23$ （6分）。

2. 90分对应 $Z = 1$ （1分），90分以上的人约159人 （2分）。

80分对应 $Z = 0$ （1分），80~90分之间的人约341人 （2分）。

60分对应 $Z = -2$ （1分），60分以下的人约23人 （2分）。

3. 计算等级相关

（1）排名次正确 （2分）。

（2）计算等级差数 D （1分）。

（3）计算等级差数平方 D^2 （2分）。

（4）计算等级相关系数 （4分）。

（本题 $\sum D^2 = 14$，$r_R = 0.82$）

4.（1）计算 $P_H = 0.82$，$P_L = 0.33$ （3分）。

（2）难度0.575 （3分）。

（3）区分度0.49 （3分）。

六、本题采用独立大样本下的 Z 检验；实际 Z 值为2.22；统计检验结果为"有显著差异"。评分标准：建立假设 （2分）。选择检验统计量 Z （3分）。计算实得 Z 值 （3分）。根据自由度和显著性水平查 Z 分布临界值表 （2分）。统计结论 （4分）。

附录三

附表 3-1　正态分布表

（曲线下的面积与纵高）

Z	Y	P	Z	Y	P	Z	Y	P
0.00	0.39894	0.00000	0.30	0.38139	0.11791	0.60	0.33322	0.22575
0.01	0.39892	0.00399	0.31	0.38023	0.12172	0.61	0.33121	0.22907
0.02	0.39886	0.00798	0.32	0.37903	0.12552	0.62	0.32918	0.23237
0.03	0.39876	0.01197	0.33	0.37780	0.12930	0.63	0.32713	0.23565
0.04	0.39862	0.01595	0.34	0.37654	0.13307	0.64	0.32506	0.23891
0.05	0.39844	0.01994	0.35	0.37524	0.13683	0.65	0.32297	0.24215
0.06	0.39822	0.02392	0.36	0.37391	0.14058	0.66	0.32086	0.24537
0.07	0.39797	0.02790	0.37	0.37255	0.14431	0.67	0.31874	0.24857
0.08	0.39767	0.03188	0.38	0.37115	0.14803	0.68	0.31659	0.25175
0.09	0.39733	0.03586	0.39	0.36973	0.15173	0.69	0.31443	0.25490
0.10	0.39695	0.03983	0.40	0.36827	0.15542	0.70	0.31225	0.25804
0.11	0.39654	0.04380	0.41	0.36678	0.15910	0.71	0.31006	0.26115
0.12	0.39608	0.04776	0.42	0.36526	0.16276	0.72	0.30785	0.26424
0.13	0.39559	0.05172	0.43	0.36371	0.16640	0.73	0.30563	0.26730
0.14	0.39505	0.05567	0.44	0.36213	0.17003	0.74	0.30339	0.27035
0.15	0.39448	0.05962	0.45	0.36053	0.17364	0.75	0.30114	0.27337
0.16	0.39387	0.06356	0.46	0.35889	0.17724	0.76	0.29887	0.27637
0.17	0.39322	0.06749	0.47	0.35723	0.18082	0.77	0.29659	0.27935
0.18	0.39253	0.07142	0.48	0.35553	0.18439	0.78	0.29431	0.28230
0.19	0.39181	0.07535	0.49	0.35381	0.18793	0.79	0.29200	0.28524
0.20	0.39104	0.07926	0.50	0.35207	0.19146	0.80	0.28969	0.28814
0.21	0.39024	0.08317	0.51	0.35029	0.19497	0.81	0.28737	0.29103
0.22	0.38940	0.08706	0.52	0.34849	0.19847	0.82	0.28504	0.29389
0.23	0.38853	0.09095	0.53	0.34667	0.20194	0.83	0.28269	0.29673
0.24	0.38762	0.09483	0.54	0.34482	0.20540	0.84	0.28034	0.29955
0.25	0.38667	0.09871	0.55	0.34294	0.20884	0.85	0.27798	0.30234
0.26	0.38568	0.10257	0.56	0.34105	0.21226	0.86	0.27562	0.30511
0.27	0.38466	0.10642	0.57	0.33912	0.21566	0.87	0.27324	0.30785
0.28	0.38361	0.11026	0.58	0.33718	0.21904	0.88	0.27986	0.31057
0.29	0.38251	0.11409	0.59	0.33521	0.22240	0.89	0.28848	0.31327

Z	Y	P	Z	Y	P	Z	Y	P
0. 90	0. 26609	0. 31594	1. 25	0. 18265	0. 39435	1. 60	0. 11092	0. 44520
0. 91	0. 26369	0. 31859	1. 26	0. 18037	0. 39617	1. 61	0. 10915	0. 44630
0. 92	0. 26129	0. 32121	1. 27	0. 17810	0. 39796	1. 62	0. 10741	0. 44738
0. 93	0. 25888	0. 32381	1. 28	0. 17585	0. 39973	1. 63	0. 10567	0. 44845
0. 94	0. 25647	0. 32639	1. 29	0. 17360	0. 40147	1. 64	0. 10396	0. 44950
0. 95	0. 25406	0. 32894	1. 30	0. 17137	0. 40320	1. 65	0. 10226	0. 45053
0. 96	0. 25164	0. 33147	1. 31	0. 16915	0. 40490	1. 66	0. 10059	0. 45154
0. 97	0. 24923	0. 33398	1. 32	0. 16694	0. 40658	1. 67	0. 09893	0. 45254
0. 98	0. 24681	0. 33646	1. 33	0. 16474	0. 40824	1. 68	0. 09728	0. 45352
0. 99	0. 24439	0. 33891	1. 34	0. 16256	0. 40988	1. 69	0. 09566	0. 45449
1. 00	0. 24197	0. 34134	1. 35	0. 16038	0. 41149	1. 70	0. 09405	0. 45543
1. 01	0. 23955	0. 34375	1. 36	0. 15822	0. 41309	1. 71	0. 09246	0. 45637
1. 02	0. 23713	0. 34614	1. 37	0. 15608	0. 41466	1. 72	0. 09089	0. 45728
1. 03	0. 23471	0. 34850	1. 38	0. 15395	0. 41621	1. 73	0. 08933	0. 45818
1. 04	0. 23230	0. 35083	1. 39	0. 15183	0. 41774	1. 74	0. 08780	0. 45907
1. 05	0. 22988	0. 35314	1. 40	0. 14973	0. 41924	1. 75	0. 08628	0. 45994
1. 06	0. 22747	0. 35543	1. 41	0. 14764	0. 42073	1. 76	0. 08478	0. 46080
1. 07	0. 22506	0. 35769	1. 42	0. 14556	0. 42220	1. 77	0. 08329	0. 46164
1. 08	0. 22265	0. 35993	1. 43	0. 14350	0. 42364	1. 78	0. 08183	0. 46246
1. 09	0. 22025	0. 36214	1. 44	0. 14146	0. 42507	1. 79	0. 08038	0. 46327
1. 10	0. 21785	0. 36433	1. 45	0. 13943	0. 42647	1. 80	0. 07895	0. 46407
1. 11	0. 21546	0. 36650	1. 46	0. 13742	0. 42786	1. 81	0. 07754	0. 46485
1. 12	0. 21307	0. 36864	1. 47	0. 13542	0. 42922	1. 82	0. 07614	0. 46562
1. 13	0. 21069	0. 37076	1. 48	0. 13344	0. 43056	1. 83	0. 07477	0. 46638
1. 14	0. 20831	0. 37286	1. 49	0. 13147	0. 43189	1. 84	0. 07341	0. 46712
1. 15	0. 20594	0. 37493	1. 50	0. 12952	0. 43319	1. 85	0. 07206	0. 46784
1. 16	0. 20357	0. 37698	1. 51	0. 12758	0. 43448	1. 86	0. 07074	0. 46856
1. 17	0. 20121	0. 37900	1. 52	0. 12566	0. 43574	1. 87	0. 06943	0. 46926
1. 18	0. 19886	0. 38100	1. 53	0. 12376	0. 43699	1. 88	0. 06814	0. 46995
1. 19	0. 19652	0. 38298	1. 54	0. 12188	0. 43822	1. 89	0. 06687	0. 47062
1. 20	0. 19419	0. 38493	1. 55	0. 12001	0. 43943	1. 90	0. 06562	0. 47128
1. 21	0. 19186	0. 38686	1. 56	0. 11816	0. 44062	1. 91	0. 06439	0. 47193
1. 22	0. 18954	0. 38877	1. 57	0. 11632	0. 44179	1. 92	0. 06316	0. 47257
1. 23	0. 18724	0. 39065	1. 58	0. 11450	0. 44295	1. 93	0. 06195	0. 47320
1. 24	0. 18494	0. 39251	1. 59	0. 11270	0. 44408	1. 94	0. 06077	0. 47381

续 表

Z	Y	P	Z	Y	P	Z	Y	P
1.95	0.05959	0.47441	2.30	0.02833	0.48928	2.65	0.01191	0.49598
1.96	0.05844	0.47500	2.31	0.02768	0.48956	2.66	0.01160	0.49609
1.97	0.05730	0.47558	2.32	0.02705	0.48983	2.67	0.01130	0.49621
1.98	0.05618	0.47615	2.33	0.02643	0.49010	2.68	0.01100	0.49632
1.99	0.05508	0.47670	2.34	0.02582	0.49036	2.69	0.01071	0.49643
2.00	0.05399	0.47725	2.35	0.02522	0.49061	2.70	0.01042	0.49653
2.01	0.05292	0.47778	2.36	0.02463	0.49086	2.71	0.01014	0.49664
2.02	0.05186	0.47831	2.37	0.02406	0.49111	2.72	0.00987	0.49674
2.03	0.05082	0.47882	2.38	0.02349	0.49134	2.73	0.00961	0.49683
2.04	0.04980	0.47932	2.39	0.02294	0.49158	2.74	0.00935	0.49693
2.05	0.04879	0.47982	2.40	0.02239	0.49180	2.75	0.00909	0.49702
2.06	0.04780	0.48030	2.41	0.02186	0.49202	2.76	0.00885	0.49711
2.07	0.04682	0.48077	2.42	0.02134	0.49224	2.77	0.00861	0.49720
2.08	0.04586	0.48124	2.43	0.02083	0.49245	2.78	0.00837	0.49728
2.09	0.04491	0.48169	2.44	0.02033	0.49266	2.79	0.00814	0.49736
2.10	0.04398	0.48214	2.45	0.01984	0.49286	2.80	0.00792	0.49744
2.11	0.04307	0.48257	2.46	0.01936	0.49305	2.81	0.00770	0.49752
2.12	0.04217	0.48300	2.47	0.01889	0.49324	2.82	0.00748	0.49760
2.13	0.04128	0.48341	2.48	0.01842	0.49343	2.83	0.00727	0.49767
2.14	0.04041	0.48382	2.49	0.01797	0.49361	2.84	0.00707	0.49774
2.15	0.03955	0.48422	2.50	0.01753	0.49379	2.85	0.00687	0.49781
2.16	0.03871	0.48461	2.51	0.01709	0.49396	2.86	0.00668	0.49788
2.17	0.03788	0.48500	2.52	0.01667	0.49413	2.87	0.00649	0.49795
2.18	0.03706	0.48537	2.53	0.01625	0.49430	2.88	0.00631	0.49801
2.19	0.03626	0.48574	2.54	0.01585	0.49446	2.89	0.00613	0.49807
2.20	0.03547	0.48610	2.55	0.01545	0.49461	2.90	0.00595	0.49813
2.21	0.03470	0.48645	2.56	0.01506	0.49477	2.91	0.00578	0.49819
2.22	0.03394	0.48679	2.57	0.01468	0.49492	2.92	0.00562	0.49825
2.23	0.03319	0.48713	2.58	0.01431	0.49506	2.93	0.00545	0.49831
2.24	0.03246	0.48745	2.59	0.01394	0.49520	2.94	0.00530	0.49836
2.25	0.03174	0.48778	2.60	0.01358	0.49534	2.95	0.00514	0.49841
2.26	0.03103	0.48809	2.61	0.01323	0.49547	2.96	0.00499	0.49846
2.27	0.03034	0.48840	2.62	0.01289	0.49560	2.97	0.00485	0.49851
2.28	0.02965	0.48870	2.63	0.01256	0.49573	2.98	0.00471	0.49856
2.29	0.02898	0.48899	2.64	0.01223	0.49585	2.99	0.00457	0.49861

Z	Y	P	Z	Y	P	Z	Y	P
3.00	0.00443	0.49865	3.35	0.00146	0.49960	3.70	0.00042	0.49989
3.01	0.00430	0.49869	3.36	0.00141	0.49961	3.71	0.00041	0.49990
3.02	0.00417	0.49874	3.37	0.00136	0.49962	3.72	0.00039	0.49990
3.03	0.00405	0.49878	3.38	0.00132	0.49964	3.73	0.00038	0.49990
3.04	0.00393	0.49882	3.39	0.00127	0.49965	3.74	0.00037	0.49991
3.05	0.00381	0.49886	3.40	0.00123	0.49966	3.75	0.00035	0.49991
3.06	0.00370	0.49889	3.41	0.00119	0.49968	3.76	0.00034	0.49992
3.07	0.00358	0.49893	3.42	0.00115	0.49969	3.77	0.00033	0.49992
3.08	0.00348	0.49897	3.43	0.00111	0.49970	3.78	0.00031	0.49992
3.09	0.00337	0.49900	3.44	0.00107	0.49971	3.79	0.00030	0.49992
3.10	0.00327	0.49903	3.45	0.00104	0.49972	3.80	0.00029	0.49993
3.11	0.00317	0.49906	3.46	0.00100	0.49973	3.81	0.00028	0.49993
3.12	0.00307	0.49910	3.47	0.00097	0.49974	3.82	0.00027	0.49993
3.13	0.00298	0.49913	3.48	0.00094	0.49975	3.83	0.00026	0.49994
3.14	0.00288	0.49916	3.49	0.00090	0.49976	3.84	0.00025	0.49994
3.15	0.00279	0.49918	3.50	0.00087	0.49977	3.85	0.00024	0.49994
3.16	0.00271	0.49921	3.51	0.00084	0.49978	3.86	0.00023	0.49994
3.17	0.00262	0.49924	3.52	0.00081	0.49978	3.87	0.00022	0.49995
3.18	0.00254	0.49926	3.53	0.00079	0.49979	3.88	0.00021	0.49995
3.19	0.00246	0.49929	3.54	0.00076	0.49980	3.89	0.00021	0.49995
3.20	0.00238	0.49931	3.55	0.00073	0.49981	3.90	0.00020	0.49995
3.21	0.00231	0.49934	3.56	0.00071	0.49981	3.91	0.00019	0.49995
3.22	0.00224	0.49936	3.57	0.00068	0.49982	3.92	0.00018	0.49996
3.23	0.00216	0.49938	3.58	0.00066	0.49983	3.93	0.00018	0.49996
3.24	0.00210	0.49940	3.59	0.00063	0.49983	3.94	0.00017	0.49996
3.25	0.00203	0.49942	3.60	0.00061	0.49984	3.95	0.00016	0.49996
3.26	0.00196	0.49944	3.61	0.00059	0.49985	3.96	0.00016	0.49996
3.27	0.00190	0.49946	3.62	0.00057	0.49985	3.97	0.00015	0.49996
3.28	0.00184	0.49948	3.63	0.00055	0.49986	3.98	0.00014	0.49997
3.29	0.00178	0.49950	3.64	0.00053	0.49986	3.99	0.00014	0.49997
3.30	0.00172	0.49952	3.65	0.00051	0.49987			
3.31	0.00167	0.49953	3.66	0.00049	0.49987			
3.32	0.00161	0.49955	3.67	0.00047	0.49988			
3.33	0.00156	0.49957	3.68	0.00046	0.49988			
3.34	0.00151	0.49958	3.69	0.00044	0.49989			

附表 3 – 2　t 分布表

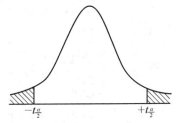

df	最大 t 值的概率（双侧界限）								
	0.5	0.4	0.3	0.2	0.1	0.05	0.02	0.01	0.001
1	1.000	1.376	1.963	3.078	6.314	12.706	31.821	63.657	636.619
2	0.816	1.061	1.386	1.886	2.920	4.303	6.965	9.925	31.598
3	0.765	0.978	1.250	1.638	2.353	3.182	4.541	5.841	12.941
4	0.741	0.941	1.190	1.533	2.132	2.776	3.747	4.604	8.610
5	0.727	0.920	1.156	1.476	2.015	2.571	3.365	4.032	6.859
6	0.718	0.906	1.134	1.440	1.943	2.447	3.143	3.707	5.959
7	0.711	0.896	1.119	1.415	1.896	2.365	2.998	3.499	5.405
8	0.706	0.889	1.108	1.397	1.860	2.306	2.896	3.355	5.041
9	0.703	0.883	1.100	1.383	1.833	2.262	2.821	3.250	4.781
10	0.700	0.879	1.093	1.372	1.812	2.228	2.764	3.169	4.587
11	0.697	0.876	1.088	1.363	1.796	2.201	2.718	3.106	4.437
12	0.695	0.873	1.083	1.356	1.782	2.179	2.681	3.055	4.318
13	0.694	0.870	1.076	1.350	1.771	2.160	2.650	3.012	4.221
14	0.692	0.868	1.076	1.345	1.761	2.145	2.624	2.977	4.140
15	0.691	0.866	1.074	1.341	1.753	2.131	2.602	2.947	4.073
16	0.690	0.865	1.071	1.337	1.746	2.120	2.583	2.921	4.015
17	0.689	0.863	1.069	1.333	1.740	2.110	2.567	2.898	3.965
18	0.688	0.862	1.067	1.330	1.734	2.101	2.552	2.878	3.922
19	0.688	0.861	1.066	1.328	1.729	2.093	2.539	2.861	2.883
20	0.687	0.860	1.064	1.325	1.725	2.086	2.528	2.845	3.850

续　表

df	最大 t 值的概率(双侧界限)								
	0.5	0.4	0.3	0.2	0.1	0.05	0.02	0.01	0.001
21	0.686	0.859	1.063	1.323	1.721	2.080	2.518	2.831	3.819
22	0.686	0.858	1.061	1.321	1.717	2.074	2.508	2.819	3.792
23	0.685	0.858	1.060	1.319	1.714	2.069	2.500	2.807	3.767
24	0.685	0.857	1.059	1.318	1.711	2.064	2.492	2.797	3.745
25	0.684	0.856	1.058	1.316	1.708	2.060	2.485	2.787	3.725
26	0.684	0.856	1.058	1.315	1.706	2.056	2.479	2.779	3.707
27	0.684	0.855	1.057	1.314	1.703	2.052	2.473	2.771	3.690
28	0.683	0.855	1.056	1.313	1.701	2.048	2.467	2.763	3.674
29	0.683	0.854	1.055	1.311	1.699	2.045	2.462	2.756	3.659
30	0.683	0.854	1.055	1.310	1.697	2.042	2.457	2.750	3.646
40	0.681	0.851	1.050	1.303	1.684	2.021	2.423	2.704	3.551
60	0.679	0.848	1.046	1.296	1.671	2.000	2.390	2.660	3.460
120	0.677	0.845	1.041	1.289	1.658	1.980	2.358	2.617	3.373
∞	0.674	0.842	1.036	1.282	1.645	1.960	2.326	2.576	3.291
df	0.25	0.2	0.15	0.1	0.05	0.025	0.01	0.005	0.0005
	更大 t 值的概率(单侧界限)								

附表 3-3 皮尔逊积差相关系数(r)显著性临界值表

$df = N - 2$	$\alpha = 0.10$	0.05	0.02	0.01
1	0.988	0.997	0.9995	0.9999
2	0.900	0.950	0.980	0.990
3	0.805	0.878	0.934	0.959
4	0.729	0.811	0.882	0.917
5	0.669	0.754	0.833	0.874
6	0.622	0.707	0.789	0.834
7	0.582	0.666	0.750	0.793
8	0.549	0.632	0.716	0.765
9	0.521	0.602	0.685	0.735
10	0.497	0.576	0.658	0.708
11	0.476	0.553	0.634	0.684
12	0.458	0.532	0.612	0.661
13	0.441	0.514	0.592	0.641
14	0.426	0.497	0.574	0.623
15	0.412	0.482	0.558	0.606
16	0.400	0.468	0.542	0.590
17	0.389	0.456	0.528	0.575
18	0.378	0.444	0.516	0.561
19	0.369	0.433	0.503	0.549
20	0.360	0.423	0.492	0.537
21	0.352	0.413	0.482	0.526
22	0.344	0.404	0.472	0.515
23	0.337	0.396	0.462	0.505
24	0.330	0.388	0.453	0.496
25	0.323	0.381	0.445	0.487
26	0.317	0.374	0.437	0.479
27	0.311	0.367	0.430	0.471
28	0.306	0.361	0.423	0.463
29	0.301	0.355	0.416	0.456

$df = N - 2$	$\alpha = 0.10$	0.05	0.02	0.01
30	0.296	0.349	0.409	0.449
35	0.275	0.325	0.381	0.418
40	0.257	0.304	0.358	0.393
45	0.243	0.288	0.338	0.372
50	0.231	0.273	0.322	0.354
60	0.211	0.250	0.295	0.325
70	0.195	0.232	0.274	0.302
80	0.183	0.217	0.256	0.283
90	0.173	0.205	0.242	0.267
100	0.164	0.195	0.230	0.254

附表 3-4　斯皮尔曼等级相关系数 r_R 显著性临界值表

N	0.05	0.01	N	0.05	0.01
4	1.000		16	0.425	0.601
5	0.900	1.000	18	0.399	0.564
6	0.829	0.943	20	0.377	0.534
7	0.714	0.893	22	0.359	0.508
8	0.643	0.833	24	0.343	0.485
9	0.600	0.783	26	0.329	0.465
10	0.564	0.746	28	0.317	0.448
12	0.506	0.712	30	0.306	0.432
14	0.456	0.645			

参考文献

1. 中华人民共和国国务院:关于基础教育改革与发展的决定.国发〔2001〕21号。

2. 中华人民共和国教育部:基础教育课程改革纲要(试行).教基〔2001〕17号。

3. 黄光扬.教育测量与评价[M].上海:华东师范大学出版社,2002.

4. 漆书青.教育统计与测量[M].广州:广东高等教育出版社,1999.

5. 戴海崎,黄光扬.教育统计与测量自学辅导[M].广州:广东高等教育出版社,2000.

6. 刘本固.教育评价的理论与实践[M].杭州:浙江教育出版社,2000.

7. 王孝玲.教育评价的理论与技术[M].上海:上海教育出版社,1999.

8. 张厚粲.心理与教育统计学[M].北京:北京师范大学出版社,1993.

9. 黄光扬.心理测量的理论与应用[M].福州:福建教育出版社,1996.

10. 李坤崇.多元化教学评量[M].台北:心理出版社,2000.

11. [美]N·E·格朗兰德.教学测量与评价[M].郑军,等,编译.石家庄:河北教育出版社,1991.

12. 黄光扬.教育测量与评价(第二版)[M].上海:华东师范大学出版社,2012.

13. 黄光扬.新课程与学生学习评价[M].福州:福建教育出版社,2005.

14. 黄光扬,王晞.基础教育学生发展的测量与评价[M].北京:中央文献出版社,2007.

15. 张敏强.教育与心理统计学(第三版)[M].北京:人民教育出版社,2010.

16. 王孝玲.教育统计学(第五版)[M].上海:华东师范大学出版社,2015.

17. 张厚粲,徐建平.现代心理与教育统计学(第四版)[M].北京:北京师范大学出版社,2015.

18. 史晓燕.教育测量与评价[M].北京:北京师范大学出版社,2016.

19. 中华人民共和国教育部:关于推进中小学教育质量综合评价改革的意见.教基二〔2013〕2号。

20. 中华人民共和国教育部:关于全面深化课程改革落实立德树人根本任务的意见.教基二〔2014〕4号。

21. 中共中央国务院:深化新时代教育评价改革总体方案.中发〔2020〕19号。